AF246637

CHARLES BENOIST

Membre de l'Institut

CÁNOVAS DEL CASTILLO

La Restauration rénovatrice

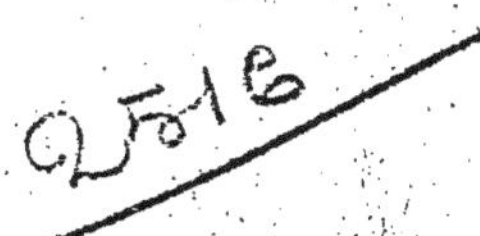

PARIS

LIBRAIRIE PLON

M.CM.XXX

CÁNOVAS DEL CASTILLO

La Restauration rénovatrice

ŒUVRES POLITIQUES DE CHARLES BENOIST

HISTOIRE ET PHILOSOPHIE POLITIQUE

La Politique du roi Charles V. — La Nation et la Royauté (L. Cerf).
La Vie nationale. — La Politique (Léon Chailley).
L'État et l'Église (Armand Colin).
Souverains, hommes d'État, hommes d'Église (Lecène et Oudin).
Le Prince de Bismarck. — *Psychologie de l'homme fort* (Perrin).
Le Machiavélisme avant Machiavel (Plon).
Le Machiavélisme de l'Anti-Machiavel (Plon).
L'Influence des idées de Machiavel. *Cours de l'Académie de Droit
  international de La Haye* (Hachette).
Sophismes politiques de ce temps (Perrin).
Les Maladies de la démocratie. *L'art de capter le Suffrage et le
  Pouvoir* (Éditions Prométhée).
Les Lois de la politique française (Fayard).
Les Lois de la politique française et le Gouvernement de l'Alsace
  sous Louis XIV. *D'après un document inédit* (Plon).

QUESTIONS POLITIQUES ET SOCIALES

Croquis parlementaires (Perrin).
L'Organisation de la démocratie (Perrin).
Les Ouvrières de l'aiguille à Paris (Léon Chailley).
Un Programme, 1902 et 1914 (Plon).
La Réforme parlementaire (Plon).
Pour la Réforme électorale (Plon).
Introduction générale au Code du travail (Plon).

POLITIQUE EXTÉRIEURE ET COLONIALE

Enquête algérienne (Lecène et Oudin).
L'Espagne, Cuba et les États-Unis (Perrin).
L'Europe en feu. — Chroniques de la Grande Guerre. Trois vol.
  (Perrin).
Les Nouvelles frontières d'Allemagne et la nouvelle carte
  d'Europe (Plon).
La Question méditerranéenne (Attinger).

LA CRISE DE L'ÉTAT MODERNE

I. L'Organisation du suffrage universel (Didot).
II et III. L'Organisation du travail (Plon).

Ce volume a été déposé à la Bibliothèque Nationale en 1930.

CANOVAS DEL CASTILLO

CHARLES BENOIST
MEMBRE DE L'INSTITUT

CÁNOVAS DEL CASTILLO

La Restauration rénovatrice

PARIS

LIBRAIRIE PLON

LES PETITS-FILS DE PLON ET NOURRIT

IMPRIMEURS-ÉDITEURS — 8, RUE GARANCIÈRE, 6°

Tous droits réservés

PRÉFACE

Lorsque, il y a plus de trente ans, au lendemain de l'assassinat de Cánovas, j'eus donné à la Revue des Deux Mondes *les articles où j'essayais d'exprimer mon admiration pour ce grand homme d'État et pour son œuvre,* Charles Maurras, qui m'a toujours voulu trop de bien, m'offrit un exemplaire de son Anthinea, avec cette dédicace encore plus flatteuse qu'impérative : A Charles Benoist, Cánovas del Castillo ou rien.

Comme il a la mémoire tenace et la volonté persévérante, il s'en est certainement souvenu, le jour inoubliable pour moi où tant d'amis réunis sur l'initiative de la Revue universelle m'ont fait l'honneur disproportionné de célébrer en commun la publication des Lois de la politique française. Dans le beau discours qu'il prononça en cette occasion : « *Il n'est plus resté devant vous,* m'a-t-il dit, *qu'un problème, mais le problème des problèmes : la vérité politique est-elle possible? Ce qui est nécessaire est-il réalisable?... Je ne sais plus quel est l'habile philosophe qui a défini un jour la politique :* L'ART DE RENDRE POSSIBLE CE QUI EST NÉCESSAIRE... *Vous avez peint, vous avez analysé... l'œuvre de quelques-uns des plus puissants artistes politiques du siècle écoulé, un Léon XIII, un Cánovas, car votre attention s'était toujours tendue vers les esprits puissants et les âmes fortes qui ont passé leur vie à soulever un monde. Laissez-nous espérer que vous ne saurez pas résister aux tentations de l'art... »*

En répondant, peut-être témérairement, à cet appel de l'amitié, je n'aurai pas le ridicule de laisser croire que c'est aux tentations de l'art que je cède. L'art est trop grand, trop haut et trop difficile pour moi. Je le sais mieux que personne : on n'est pas Machiavel pour avoir toute sa vie étudié le machiavélisme, et l'on n'est pas Cánovas pour en avoir reçu les confidences. Si le dilemme césarien de Maurras devait s'appliquer rigoureusement, il me faudrait reconnaître que, bien que mêlé pendant longtemps à l'action, — soit par la défaveur des circonstances, soit par la faute du régime, mais d'abord sans doute par la mienne, — j'ai été dans le passé, à en juger par les résultats, plus près de rien que de Cánovas, et j'ajouterais, pour le présent et pour l'avenir, que ce qui m'est demandé là n'est point une besogne de vieillard.

Mais il ne s'agit ni de reproduire ni de contrefaire Cánovas del Castillo. Il s'agit seulement de s'inspirer de lui, de l'interroger en l'interprétant. Or, Cánovas a donné de la politique une définition toute pareille à celle qu'a formulée le philosophe cité par Charles Maurras : « La politique, déclarait-il en substance, est l'art du possible. » Et il a fait beaucoup plus que de définir. Partant de cet axiome, il a résolu le problème des problèmes. Il construit.

Voilà un demi-siècle, dans l'Espagne, déchirée,

épuisée et agonisante, il s'est rencontré un homme
d'État pour préparer et pour opérer une restauration rénovatrice, la seule désirable et durable, parce
que la seule utile et féconde. Considérant comme
établie en théorie et sur expérience cette vérité politique que prétendre restaurer sans innover est chi-
mérique et que vouloir innover sans restaurer est
impossible, je me propose simplement de montrer
par un exemple que « le nécessaire est réalisable »,
si les conditions du réel sont réalisées.

Ainsi la présente étude s'affirmera comme le com-
plément naturel des Lois de la politique française.
Depuis que mes conclusions ont paru, elles n'ont
été, j'ose le dire, contestées ni doctrinalement, ni
historiquement, ni, pour tout trancher d'un mot,
sérieusement. Comme l'a fait remarquer quelqu'un
qui le déplore, « pas un écrivain de gauche n'a su
me donner la vraie réplique. » On ne m'a répondu
que par un silence dont la quasi unanimité dénon-
çait la conspiration, trahissait l'embarras et équi-
valait à l'aveu. On n'a pas opposé de raisons à
mes raisons. Toutes les objections plus ou moins
faiblement esquissées se sont réduites en fait à une
seule, qui n'est elle-même qu'un regret : — « Oui,
m'accorde-t-on, si nous avions encore la monarchie,
il serait sage de la garder. Mais il y a cent quarante ans que nous l'avons renversée, et deux tentatives infructueuses nous enseignent qu'il n'est
plus en notre pouvoir de la relever. »

On ne saurait croire combien de républicains
— et lesquels ! — en sont à cette dernière défense.

C'est donc tout ce qui reste entre nous et le salut.
J'ai à cœur de prouver que ce n'est exactement
rien. Ce qui a été fait en Espagne peut aussi bien
être fait en France. En France comme en Espagne,

il suffit de rendre le nécessaire possible. Cela même n'est jamais ni nulle part impossible, et devient plus aisé à mesure que le possible devient plus nécessaire.

Il n'y a d'impossible réellement que de continuer à vivre d'une vie qui n'est qu'une mort lente et qui menace chaque jour d'être le lendemain une mort subite. Il n'y a de moralement impossible, pour une nation, que de se suicider par l'amour passif d'une forme de gouvernement contingente et précaire.

La plus impossible de toutes les impossibilités, c'est que la démocratie soit jamais un gouvernement. Le choix s'impose. Ou la démocratie, mais, dans ce cas, pas de gouvernement. Ou un gouvernement, mais, alors, la monarchie.

Il faut se décider, il faut vouloir. C'est la leçon de Cánovas : « *Il faut vouloir pour de vrai, ou ne pas vouloir, les choses en politique.* »

Quand on ne veut plus ce que l'on a, il faut vouloir ce que l'on voudrait. Dès qu'on veut, comme fin suprême, la RÉNOVATION *de la vie nationale, il faut en vouloir, avec force, le seul moyen, qui est la* RESTAURATION RÉNOVATRICE.

LIVRE PREMIER

—

LA VIE ET L'HOMME

CHAPITRE PREMIER

NOTES BIOGRAPHIQUES (1828-1897)

> Ce jeune homme modeste qui, en no-
> vembre 1845, fixa à Madrid sa demeure,
> bien que d'âge peu avancé et sans carrière
> ni mérites encore, ...mais à qui depuis
> lors le sort a tout accordé, et avec prodi-
> galité peut-être...
>
> CÁNOVAS, *El Solitario y su tiempo*,
> t. II, p. 99.
>
> Quant à moi, le démon de la politique,
> qui a brisé les affections les plus sponta-
> nées et les plus décidées de ma vie, m'a
> séduit très tôt, presque adolescent.
>
> ID., *ibid.*, 121.

Il n'est point d'homme d'État, non pas même grand, mais seulement digne de ce nom, s'il ne sait où il va, pourquoi il y va, s'il n'a déterminé à l'avance comment il pourra y aller ; et il n'est point de vie d'homme d'État, si elle n'est gouvernée par des principes, réglée par des maximes, administrée en quelque sorte par des méthodes sûres.

Le ressort de la vie politique de Cánovas fut dans cette pensée constante qui (ne craignons pas de le répéter) doit en demeurer la leçon : « Il faut, en politique, vouloir et ne pas vouloir les choses *pour de vrai.* » Si la marque certaine de l'homme d'État est de ne rien remettre au hasard, de ne rien livrer à l'improvisation, de préparer, de combiner, d'amener, de fonder, de construire, Cánovas del Castillo apparaît comme le type parfait de l'homme d'État moderne. Mais il ne suffit pas de vouloir, il faut savoir. Économie politique et sociale, droit, finances, art militaire, diplomatie, histoire, Cánovas apprit toutes les parties du difficile métier, et il ne se refusa pas même le luxe d'ajouter à ce bagage énorme les sévères ornements de la philosophie.

Aussi peut-il bien y avoir eu des hommes d'État plus spontanés, plus originaux, plus géniaux peut-être : un Bismarck, un Cavour. Il n'y en eut pas de plus complet. Il n'y en eut pas, dans l'Europe contemporaine, qui connût mieux les raisons de ses actes et qui voulût davantage les actes de ses raisons. Cavour lui-même, dont sa formation rappelait la formation intellectuelle, eut une instruction politique moins étendue, moins profonde, moins encyclopédique que la sienne, laissant en dehors de ses prises des matières que Cánovas s'assimila. Avec des qualités différentes, mais non moindres, celui-ci n'eut en somme, par rapport aux deux autres, qu'une infériorité : tandis qu'ils trouvèrent chacun une nation à constituer, il eut, lui, un régime à refaire, après avoir d'abord empêché son pays de se dissoudre.

Pour moi, il m'a été donné, dans un âge plus jeune, d'approcher ou d'entrevoir trois politiques de première grandeur : Léon XIII, Cánovas, Bismarck ; et je les range dans l'ordre où l'évidence de cette grandeur m'a frappé. Tous, cela est clair, ne peuvent être de cette taille ; mais ceux qui ne sont pas de cette race ou de cette

école ne sont que des politiciens qui ont des réussites, non des hommes d'État qui méritent leurs
succès et sont les maîtres de leur œuvre.

Dans ces pages qui, la nécessité une fois admise
d'une restauration reconstructrice, tendent à en
établir la possibilité, la figure de Cánovas va
donc prendre une signification, une valeur, une
puissance symbolique.

Antonio Cánovas del Castillo était né le 8 février 1828, à Malaga, de parents mieux pourvus
d'honneur que de richesse. Arrivé aux sommets
de la renommée et du pouvoir, il n'a pas, on le
pense bien, manqué de biographes. J'ai autrefois
consulté une de ces notices, celle qu'a rédigée
Ramón de Campoamor, et j'en ai retenu plus
d'un trait. Aujourd'hui, au moment d'écrire, je ne
la retrouve pas parmi mes livres, mais je renonce
à la chercher. Ce que j'aurai à dire de la vie de
Cánovas, « tout ce que l'usage permet de dire en
Espagne de la vie intime des hommes, quoique
célèbres, » j'en emprunterai à lui-même les éléments, que je recueillerai notamment dans les
préfaces de ses ouvrages, éclairées par le souvenir
de ses conversations (1).

Son grand-père maternel, ancien officier, vétéran encore mal remis des souffrances endurées
sur les fameuses batteries flottantes de Gibraltar,
d'où il avait pourtant pu s'évader en gagnant

---

(1) J'ai toutefois utilisé les deux mémoires couronnés au concours extraordinaire ouvert, après l'assassinat de Cánovas et pour
honorer sa mémoire, par l'Académie royale de jurisprudence et
de législation, en 1899-1900. Le premier, à qui le prix fut décerné,
de M. Adolfo Pons y Umbert ; l'autre, qui obtint l'accessit, de
D. Antonio de Lara y Pedrajas. Tous les deux publiés par les
soins de l'Académie chez les fils de M. G. Hernandez, Madrid, 1901.

la terre à la nage, avait joué un rôle signalé dans
la malheureuse affaire du 5 février 1810. Ce jour-
là, des groupes d'habitants de la ville, à peine soutenus par quelque force militaire, avaient osé
attaquer en rase campagne la cavalerie impériale.
Rompus presque aussitôt, comme il était fatal,
ils avaient, refluant en désordre, commis ou provoqué des excès terribles, pillages, violences,
assassinats. Le vieux capitaine, après avoir pris
une part principale au combat, était allé, percé
de nombreux coups de lance, mourir non loin
des murs, en héros et en martyr du patriotisme
exalté. La famille en avait reçu, dans l'esprit de
ses concitoyens, un nouveau lustre. Sa fierté s'en
était alimentée et accrue ; par ce haut fait récent,
s'était revivifiée cette espèce d'orgueil du sang et
du nom, qu'elle entretenait jusque dans l'étroi-
tesse de la condition de fortune à quoi elle était
réduite. « *Infulas de lignajuda*, » disait-on, dont
elle aimait à décorer sa médiocrité mal dorée et
dont se plaisait à s'entourer le plus représentatif
de ses membres avant notre Antonio, celui qui
devait avoir sur la destinée du futur ministre une
si bienfaisante et si prépondérante influence, qu'il
appelait *tio*, son oncle, — et qui l'était au moins
à la mode de Bretagne, plus exigeante encore,
quant à l'emploi de ce mot, que la mode espagnole, — le poète, érudit et critique Serafin Estébanez Calderón, plus généralement connu sous le
pseudonyme ou le surnom : *El Solitario*, le Solitaire.

Traditionaliste, archaïsant, entêté de nobi-
liaires et de généalogies, d'aspirations aristocratiques, d'existence petite-bourgeoise, avec un
arrière-goût, une saveur, une verdeur populaires,

tel était le milieu domestique où grandit Cánovas. Au delà, dans le second cercle des attaches et des relations, un milieu urbain peu propice au développement d'une vocation qui ne fût pas spécifiquement commerciale. « Malaga, ville laborieuse, féconde, alors et toujours délicieuse, où était né Estébanez et où je suis né, écrira plus tard D. Antonio, offrait à l'esprit peu ou point de ressources. En fait de lettres, ses propres fils en conviennent, elle ne connaissait guère que les lettres de change. » Pas d'université, pas de chaires en dehors des couvents, pas d'autres écoles que les primaires. Une seule bibliothèque particulière un peu nombreuse ; une seule autre ayant un certain caractère public, la bibliothèque épiscopale, où, parmi de vieux in-folio de théologie et de droit canon, se trouvaient quelques classiques latins et quelque ancienne chronique en langue castillane.

La société *malagueña* était demeurée, au temps de l'adolescence de Cánovas, à peu près ce qu'elle était dans la jeunesse d'Estébanez, distante seulement d'une trentaine d'années. On y distinguait deux classes : la plus riche, que l'on disait ou qui se disait noble, sinon vraiment aristocratique, — *hidalga*, — et le menu peuple, — *el pueblo ínfimo*, — les gens appelés quelquefois *del bronce*. Elles n'étaient pas, d'ailleurs, aussi séparées que cette division pourrait le faire croire. La facilité toute démocratique des mœurs espagnoles, — cette façon d'égalité par en haut qui fait que le mendiant se couvre devant le banquier comme le Grand devant le Roi, — comblait pratiquement le fossé : ceux mêmes qui se piquaient de fréquenter les salons du haut commerce et des propriétaires d'ancienne souche « cultivant les *solares*, les *viñas* et les *cortijos* échus à leurs ancêtres dans le splendide partage de la conquête » ; les élégants mêmes, les raffinés, les *paquetes* et les *lechuguinos*, ne dédaignaient pas de heurter aux portails des rues de los Marmoles, de la Victoria, de la Carrera de Capuchinos, et nul ne le trouvait mauvais en cet heureux pays où les chanteurs et les chanteuses, les danseuses et les danseurs ont toujours été regardés comme le fruit le plus franc et le plus pur produit de la terre. Personne ne se mit jamais moins en quête de popularité que Cánovas del Castillo. Personne plus que lui ne fut accusé du péché habituel d'orgueil. Que n'a-t-on pas dit de sa *soberbia!* Je l'ai pourtant vu s'arrêter en plein Paseo de Recoletos et causer familièrement avec un balayeur. En ce point, après un demi-siècle de vie dans les Académies, au Parlement, à la Présidence et à la Cour, il était resté bien *malagueño.*

Cánovas était venu à Madrid à dix-sept ans, en novembre 1845. Il y avait accompagné ou il y avait rejoint son ami José de Salamanca. Comme beaucoup d'autres portes, les portes de Malaga pouvaient conduire à tout, à la condition d'en sortir. Dehors, on ne laissait pas, au contraire, on rencontrait l'espérance, qui attendait. Si la ville n'avait enfanté que très peu d'écrivains ou de littérateurs proprement dits, en revanche elle avait donné nombre d'érudits et de critiques : Leyva, Hidalgo, Ovando, Alderete, Valdeflores. Sérafin Estébanez Calderón lui-même, qui briguait le triple laurier, était bien plus érudit et critique que poète. Le jeune homme qui partait à son tour vers le Nord, cherchant à reconnaître son étoile au ciel de la capitale des capitales ibériques, ne devait pas échapper à cette sorte de loi. « Ce jeune homme modeste, qui, en novembre 1845, fixa à Madrid sa demeure, bien que d'âge peu avancé, sans carrière ni mérites encore ; à qui, depuis lors, le sort a tout accordé, et avec prodigalité peut-être, » il ne s'interdisait certes pas de rêver, et probablement il a rêvé tout, sauf ce qui allait vite devenir la réalité, car ses mérites étaient là aussi, mais sa carrière était ailleurs, et d'abord il s'agissait de vivre. Antonio se rendit tout droit chez son oncle, qui n'était pas seulement son oncle, mais l'une des gloires de sa province et l'une des personnalités éminentes de l'Espagne.

La protection d'Estébanez et les instances de Salamanca lui procurèrent un petit emploi dans les bureaux de la Compagnie de chemins de fer d'Aranjuez. Au prix de ce travail ingrat, il put s'inscrire à l'Université et y commencer ses études de droit et de philosophie. C'est alors qu'il se lia avec deux de ses futurs émules en politique, Castelar et Martos, d'une affection qui, traversée par tant de luttes, ne se dénouerait qu'à la mort. Mais, dans ces jours de camaraderie, les trois ministres, présidents de la République, du Conseil ou du Congrès et académiciens de l'avenir, dont l'un, Castelar, serait quelques mois le chef élu de l'État, et l'autre, Cánovas, en serait lui-même le maître pendant longtemps, ne rivalisaient que d'éloquence. Les exercices oratoires des Académies scolaires de San-Isidro n'épuisant pas leur ardeur, les disputes continuaient le soir dans la *tertulia* qui se réunissait, Calle de la Montera, à l'humble café de la Esmeralda. Comme il ne saurait être de destinée illustre dont on ne découvre tôt ou tard qu'elle avait fait l'objet d'une prédiction, la légende s'est accréditée que, tandis qu'autour d'une carafe d'eau fraîche, accessoire consacré de toute tribune, nos trois amis et leurs acolytes réformaient en paroles les lettres, les arts et le royaume entier, temporel et spirituel, à une table voisine venait s'asseoir un inconnu qui écoutait en silence, avec un intérêt si manifeste qu'ils le déclarèrent suspect. Un espion de police sans doute? Ils lui firent comprendre qu'il gênait. « C'est bon, dit-il. Vous ne me reverrez pas. » Mais, avant de s'en aller, il prophétisa que l'un d'eux (montrant du doigt Cánovas) s'élèverait aux plus hautes charges, dicterait des lois à l'Espagne. Puis, en guise de salut, il se nomma : Joaquin-Maria López, le célèbre orateur en personne. Il s'y connaissait bien en fait d'horoscopes parlementaires !

Cánovas était encore en troisième année de droit quand il débuta dans la presse, comme rédacteur à *la Patria*. C'était en 1849, et il avait vingt et un ans. Il ne tarda point à assumer la direction de cet organe, sur la désignation même de D. Joaquin Francisco Pacheco. Mais la besogne quotidienne ne l'absorbait pas ; il visait plus haut et plus loin, il ne confondait pas les lettres avec le journalisme et ne voulait pas vivre seulement de pain. L'exemple d'Estébanez, son modèle, l'encourageait. A en croire une confession qu'il fit dans la suite, Cánovas s'était senti d'abord attiré par le théâtre. « Si quelqu'un, a-t-il écrit, conserve le souvenir des obscurs commencements de ma carrière, celui-là pourra bien attester que l'amour pour l'art dramatique et pour tout ce qui s'y rapporte a précédé en moi,

et de beaucoup, tout autre objet qui depuis m'a
fait dépenser la vie (1). » Néanmoins, ce ne fut
pas à la scène qu'il offrit les prémices de ses multiples dons. Son premier ouvrage d'une certaine
étendue fut un roman, *la Campana de Huesca* (*la
Cloche de Huesca*), publié en 1852 et qui eut, peu
après, les honneurs d'une réédition. Un sous-
titre en soulignait le caractère : *Chronique du
douzième siècle*. Roman historique, par conséquent, ou, comme on dit aujourd'hui : histoire
« romancée ». Mots nouveaux, mais genre ancien,
puisque, de la *Cyropédie* à la *Vita di Castruccio*,
l'Antiquité en avait transmis la formule à la Re-
naissance. D'où elle était passée à Manzoni, Wal-
ter Scott, Stendhal, Dumas et Mérimée.

Il est remarquable que Cánovas ait eu, dès sa
jeunesse, et qu'il ait eu toute sa vie de plus en
plus grande, la préoccupation de l'histoire. Très
spécialement de l'histoire nationale. C'est en
pleine justice qu'il a pu se targuer de l'avoir « cul-
tivée avec constance ». Non pas « durant quelques
années », ainsi qu'il précisait par restriction. Mais
toujours, ayant plus ou moins de temps à lui
donner, lorsqu'il en donnait le meilleur à la politique. Encore avant d'avoir terminé ses études
de droit, il avait accepté de continuer l'*Histoire*
du P. Mariana. Devenu vieux, il parlait en souriant de ces vastes compilations du genre de celle
que grossissait infatigablement le digne D. Modesto de La Fuente, en une manière de concur-
rence laborieuse avec l'excellent Rosseuw Saint-

---

(1) *Le Théâtre espagnol contemporain*, par D. A. CÁNOVAS DEL
CASTILLO, traduit par J. G. Magnabal, Paris, Ernest Leroux, 1886.
(Introduction au Recueil de D. Pedro Gonzalez Valdès et D. Pedro
de Novo y Colson. Madrid, 2 vol. in-f°.)

Hilaire, si bien, disait-il, qu'il suffisait que l'on annonçât un volume de l'un pour que l'autre aussitôt en fît paraître deux. Dans le fond, Cánovas en voulait surtout à cette suite du P. Mariana d'avoir « servi de base » à un long article du *Dictionnaire général de politique et d'administration* (1) ; malchanceux dictionnaire arrêté après peu de fascicules, — mais plus malencontreux article repris, tiré à part, et publié sous le titre d'*Esquisse historique de la Maison d'Autriche* (2). A cette entreprise de librairie, que sans peur des mots, ni souci des conséquences, il avait appelée *Histoire de la décadence de l'Espagne* (3), l'auteur, arrivé d'un même coup à la maturité et au pouvoir, devait, sans pitié, mais non sans embarras, reprocher de lourds défauts.

Il lui en veut même de son succès, qu'il n'estime pas justifié. « Louée, déclare-t-il, avec excès par un académicien français, traduite déjà en partie et imprimée spontanément par un écrivain de la même nation, j'en vins à la fin à penser qu'elle n'était peut-être pas indigne d'une publicité plus grande que celle que je lui avais donnée, de plus d'attention et de soins que je ne lui en avais prêtés jusqu'alors. Je mis donc en jeu tout ce que je pus pour que la publication en France ne se poursuivît pas dans la forme où elle avait été commencée, offrant de la corriger et de l'augmenter avant qu'elle fût achevée d'être traduite et livrée en entier à l'impression, cependant qu'aux amis qui, par affection ou curiosité, me la demandaient, je promettais une meilleure et

(1) *Diccionario general de Politica y administración.*
(2) *Bosquejo histórico de la Casa de Austria.*
(3) *Historia de la decadencia de España.*

prochaine édition. » Ce projet, ajoutera Cánovas en 1888, dans la préface de ses *Études sur le règne de Philippe IV*, « n'est pas encore accompli, mais j'espère qu'il le sera avant peu. »

Et les raisons d'une sévérité si extraordinaire? Voici ce que l'auteur alléguait : « Il ne convient pas de tenter un résumé exact et substantiel d'une histoire aussi longue et aussi importante que l'histoire de la Maison d'Autriche en Espagne sans l'avoir fait précéder d'études d'une beaucoup plus grande étendue qui laissent loin derrière elles des monographies plus ou moins complètes d'événements particuliers, et c'est ce qui m'est arrivé précisément (de le tenter) avec l'*Esquisse historique*, fondée sur mon *Histoire de la décadence de l'Espagne;* œuvre nécessairement très imparfaite et farcie de graves erreurs, provenant de ce que je n'avais pas exécuté personnellement de recherches directes et originales, m'assujettissant, quant à l'exposition des faits, à ce qui avait été auparavant imprimé par d'autres. Mais, comme aux faits correspondent naturellement les jugements, lesdites pages, en conséquence, sont chargées aussi d'injustices, qui, pour être communes et encore accréditées, n'en ont pas moins engagé ma conscience à les désavouer depuis lors tant et plus, par des arguments et par des motifs, sur des témoignages faisant foi, et en vertu d'un examen beaucoup plus attentif, plus approfondi des personnes et des choses. »

Mais les adversaires de Cánovas, heureux d'avoir saisi et de tenir une de ses très rares faiblesses, ont prétendu qu'il ne disait pas tout. Sait-on jamais ce que l'avenir nous réserve, et, lorsqu'on est marqué au front par le destin, trop de préco-

cité, n'est-ce pas de l'imprudence? Le sage surveille sa jeunesse. « Petit, a noté Cánovas dans
cette même préface des *Études sur le règne de
Philippe IV*, petit fut le nombre des exemplaires
de cet ouvrage (l'*Esquisse historique de la Maison
d'Autriche en Espagne*) ; mais pas si petit celui
des personnes qui ont désiré le posséder depuis. »
En effet ; mais plus petit encore le nombre des
curieux qui ont pu réussir à se le procurer. Selon
le dire des malveillants, il se serait tout simplement passé ceci, que, dans l'intervalle entre la
première publication de l'*Esquisse* et la réunion
des *Études* en volume, l'élève en droit était devenu
le principal ministre, le conseiller suprême du roi
D. Alphonse XII, et que le roi avait épousé une
archiduchesse d'Autriche. Est-il vrai, n'est-il pas
vrai que quelques-uns de ses jugements, plus particulièrement désagréables, aient alors paru à
Cánovas avoir besoin d'être revisés? Il y aurait à
vérifier les dates, qui révéleraient peut-être dans
cette insinuation une médisance frisant la calomnie. Ce qui est certain, c'est que l'ancienne
édition était introuvable, et qu'il n'y en avait
point eu de nouvelle ; qu'à deux reprises, en 1894
et en 1896, j'ai prié Cánovas lui-même, qui voulait bien me faire présent de ses ouvrages, de
me donner aussi celui-là, dont on assurait qu'il
avait racheté tous les exemplaires ; qu'il me le
laissa espérer, et que je ne l'ai pas reçu. Ce qui
est également sûr, c'est qu'en m'appesantissant
sur cette histoire, j'ai conscience de n'avoir diminué en rien la noble et altière figure d'un homme
d'État vis-à-vis de qui il fallait être bien désarmé
pour croire l'atteindre avec un trait pareil.

Au fait, cela n'est rien. Cánovas s'est tout de

suite redressé et affermi dans le sentiment de sa **force**, laquelle réside, — il en a l'intime persuasion, — dans l'unité de sa pensée, de sa doctrine et de sa conduite. A l'unité de ses vues historiques, il relie l'unité de sa vie politique ; ce ne serait pas **assez** de dire qu'il appuie, il assoit, il bâtit celle-ci sur celle-là. Il l'en fait découler, il l'en tire, par une logique qui est celle des faits, par un mouvement qui est celui des temps. C'est le sens de la continuité de l'histoire qui, s'il ne la crée pas, nourrit et développe en lui, au plus haut point, le sens espagnol. C'est sa connaissance, son amour de l'histoire d'Espagne qui, de bonne heure, éveille en son esprit et en son âme la vocation du rôle auquel il est prédestiné et auquel il se dérobe d'autant moins que, pénétré de la grandeur du passé, il n'en ignore point les misères et sait l'onéreux héritage qu'une décadence prématurée a légué au présent. C'est elle, cette connaissance profonde, c'est lui, cet ardent amour, qui lui arracheront ce cri du cœur : « Un rôle triste, mais honorable, m'est échu dans l'histoire de mon pays. » En attendant, il se rassure : « J'ai eu la bonne fortune, dit-il, que, hormis mes erreurs partielles et involontaires, la conception que, dans l'ensemble, je me suis formée de l'histoire d'Espagne durant les seizième et dix-septième siècles fût la même que celle que j'ai encore, après avoir réuni une bien plus grande quantité de renseignements, avec beaucoup plus de travail employé à épurer la vérité, et l'expérience supérieure que m'ont nécessairement donnée les années, et ma carrière même, si longue déjà et accidentée. »

Mais nous n'en étions qu'à ses débuts. Et c'est encore autour de cette passion de l'histoire nationale que leur dispersion extérieure se rassemble, se ramasse et cristallise, comme, autour du noyau, se fait pulpe une sève exubérante. Vers ce moment, et dans le même moment, Cánovas ouvre à Madrid un cabinet d'avocat et commence à prendre, quoique en amateur encore, autrement dit sans mandat, une part active à la politique. Il signe, avec cinquante-cinq autres, parmi lesquels des personnages célèbres ou notoires, tels que Antonio de los Rios Rosas, Luis Gonzalez Brabo, Salustiano de Olozaga, le duc de Rivas, Saturnino Calderón Collantes, Nicolas M. Rivero, Adelardo López de Ayala, Manuel Bermudez de Castro, N. Pastor Diaz, la lettre adressée, en janvier 1852, aux rédacteurs des journaux *El Diario español*, *El Clamor publico*, *Las Novedades*, *La Nación*, *La Epoca*, *El Tribuno*, *El Oriente*, poursuivis par le gouvernement. Il accepte, à l'Athénée scientifique et littéraire, la chaire d'histoire où ses leçons sont suspendues par l'autorité (1853-1854) ; il collabore à *Las Novedades*, ce qui lui rapporte de la prison, et au *Murciélago* de Gonzalez Brabo ; il y gagne, en somme, la confiance du général O'Donnell, qu'il va représenter dans les conversations qui préparent le soulèvement de Vicalvaro, soulèvement qui arbore pour bannière le manifeste de Manzanares, écrit de la propre main de Cánovas del Castillo.

C'est encore une chose remarquable que, dans les circonstances décisives de sa vie, il rédigera des manifestes, et ce n'est pas un simple hasard : vingt ans après le manifeste de Manzanares, le manifeste de Sandhurst. Je ne crois pas qu'il ait aspiré au titre de « doctrinaire » ; il me semble

même qu'il se serait plutôt défendu de l'être ;
mais doctrinal, sinon dogmatique, il l'a été, au
moins dans la mesure où toujours il a voulu connaître et faire connaître les raisons de ses actes.
Or, voici que, sortant de ce qu'il en a nommé
« les commencements obscurs », sa carrière se
dessine. Rios Rosas lui avait offert, au ministère de l'Intérieur, un emploi qu'il avait refusé.
En revanche, Cánovas avait accepté du général
O'Donnell, en récompense des services rendus,
la fonction d'auditeur de Guerre, autrefois remplie, — coïncidence non insignifiante, — par Estébanez Calderón, dont l'image était sans cesse devant ses yeux. Estébanez, en effet, avait servi
comme auditeur général, pendant la première
guerre carliste, à l'armée *cristina* du Nord, sous
les ordres de Fernandez de Cordova, qui, appelé
en 1835 au commandement en chef de l'armée
d'opérations, l'avait envoyé à Logroño, dans la
Castille-Vieille, en qualité de *Jefe politico*, littéralement chef politique, poste de confiance et
comportant des attributions administratives, sans
que je sache exactement à quoi il correspondait
dans notre organisation militaire ou civile, ni s'il
faut traduire par préfet, délégué ou commissaire.
De tout temps, Serafin Estébanez Calderón,
qui devait rester publiquement attaché au général
Fernandez de Cordova, avait été, à peine moins
que par la poésie, les lettres et l'érudition, attiré
par la politique. Mais, malgré tout le respect et
toute la reconnaissance que Cánovas lui avait
voués, malgré le bel hommage qu'il lui a rendu :
« Il n'importe à personne de savoir, mais à moi
il en coûterait de taire qu'il est le seul être au
monde à qui j'aie dû aide et protection », ce n'est

pas le politique que le protégé a le plus admiré,
ni tâché d'imiter dans le protecteur. Un traditionalisme inné et le romantisme ambiant, de
tendance libérale et d'accent quasi révolutionnaire, avaient fait dans le cerveau du « Solitaire »
un singulier mélange. On se rappelait, à Malaga,
une petite pièce signée Safinio, *El Listón verde, le
Ruban vert*, touchante en sa naïveté, et qui, fanée,
démodée par les ans, paraît de loin un peu ridicule. Elle disait : « Enlace à ma tête le doux ruban
vert, ô belle Élisa, de ta main innocente, et fais
que le joli nœud m'entoure le front, portant gravé
comme devise : *la Constitution ou la Mort!* » Bien
que les rubans verts de 1820 n'aient point, encore
disparu en 1835 et 1836, il n'y a pas eu de *listón
verde* dans la jeunesse de Cánovas. Le point où
Estébanez et lui se rejoignaient, c'était la fidélité dynastique, le sens de la continuité historique, qui avait porté le poète à embrasser d'enthousiasme la cause royale, sous la forme qui assurait immédiatement la paix intérieure à la patrie,
en la personne de l'infante Isabelle. Mais, à vrai
dire, Cánovas n'avait pas une bien haute idée
des aptitudes politiques de son oncle. Lui qui
voulait de la passion dans l'histoire même, il en
voulait bien plus encore dans la politique. Il y
voulait un démon. « Quant à moi, le démon de la
politique, qui a rompu les plus spontanées et
décidées affections de ma vie, m'a séduit très
jeune, presque adolescent. » Or, ce démon n'admet
pas de partage, et Estébanez partageait trop, il
n'était pas l'homme d'un seul amour : « La passion politique ne le domina jamais en réalité...
Estébanez n'eut jamais la persévérance, ni
l'aveugle et exclusive ardeur avec laquelle, uni-

quement, on peut obtenir, plus tôt ou plus tard, les tristes satisfactions de l'ambition politique. » (Notons le retour de cette impression de tristesse, associée à la volonté de puissance.) Cánovas insiste, dénonce « les erreurs pratiques » de D. Serafin. « Son cœur, vivement sollicité au bien tel qu'il se le représentait en sa conscience, en son imagination vaste et ardente, obnubila la clarté de son jugement dans ce cas et dans beaucoup d'autres relatifs à des matières d'État, d'elles-mêmes concrètes, réalistes, peu dociles aux impulsions du sentiment et à l'empire de ce qui est purement rationnel ou idéal. Justement à cause de cette manière d'être, jamais Estébanez ne fut, ni n'aurait été, encore qu'il l'eût tenté sérieusement, un véritable homme politique. »

De l'auditorat de la Guerre, Cánovas passa à la « Secrétairie d'État », qui est le ministère espagnol des Affaires étrangères, consolidant et élargissant son éducation, sa préparation. Il avança rapidement de grade en grade jusqu'à ce qu'il fût en situation d'être envoyé à Rome pour y tenir l'*Agencia de Preces* (mot à mot l'agence de Prières), succursale ou annexe de l'ambassade et jusqu'à ce que, après un nouvel avancement, il y prît résidence comme chargé d'affaires, et se désignât ainsi pour les missions les plus importantes. Puis il revînt au ministère d'État, où il resta de janvier à octobre 1856.

Voici arrivé l'instant où le jeune homme prédestiné aurait pu reprendre à son compte la grande parole de *la Vita Nuova*, que le poète ne s'était dite tout bas qu'en tremblant : « *Ecce deus fortior me...* », s'il n'avait nourri la secrète confiance d'être plus fort que le dieu ou le démon même,

de l'enchaîner, de le diriger, d'en faire, non son
maître, mais son serviteur. Élu, pour la première
fois, représentant du district de Malaga aux Cortès
constituantes de 1854-1856, il y avait prononcé
des discours mémorables, sur la conduite du gouvernement du 18 juillet 1854, sur le renouvellement des municipalités et sur les articles 1 et 9
du projet de Constitution. En répondant au premier de ces discours, M. Nocedal avait salué l'éclat
du *Maiden speech* par lequel Cánovas « inaugurait
brillamment, comme il l'espérait (lui, Nocedal),
sa carrière parlementaire. » Ce qui ne l'empê-
chait pas de profiter de son séjour en Italie pour
cultiver ses goûts et accroître ses connaissances
artistiques, enrichissement dont il donnait la
preuve en deux études, intitulées : l'une, *Ce qu'est
un voyage en Italie;* l'autre, *la Aricia.* Car il continuait à mener de front, ainsi qu'il l'avait toujours fait et qu'il devait toujours le faire, ses
tâches politiques et ses travaux littéraires. Collaborateur intermittent, mais fidèle de *la America*
et de *la Revista de España,* il fut élu membre de
l'Académie d'histoire le 11 février 1859. Il avait
trente et un ans depuis trois jours.

La carrière parlementaire de Cánovas del Castillo était donc « brillamment » ouverte ; sa carrière littéraire brillamment consacrée ; sa carrière
administrative, brillante aussi, n'était pas encore
close, puisque, le cumul n'étant pas interdit, à
la fin de 1856, le ministère Armentero-Martinez
de la Rosa l'avait nommé gouverneur civil (préfet)
de la province de Cadix ; en 1858, le ministre de
l'Intérieur, Posada Herrera, lui avait confié
d'abord la direction générale de l'administration ;
ensuite, en 1860, allait l'appeler au sous-secrétariat

de son ministère, où il ne demeura que peu. Il y renonça, parce que, expliqua-t-il aux Cortès, il ne se sentait pas disposé à approuver l'abandon sans combat de l'entreprise déjà en train au Mexique ; et sa démission, sensationnelle, fut accompagnée de plusieurs autres. Par là même, orateur signalé et attendu, Cánovas s'élevait au plan politique : un jeune chef était né aux jeunes recrues d'un vieux parti.

Chef, il le fut du premier coup : ses pareils à deux fois ne se font pas connaître. Lorsque se forma le cabinet du 1er mars 1864, quoique Mon en fût le président, pour tout le monde il prit le nom de cabinet Mon-Cánovas. Ministre de l'Intérieur, Cánovas réussit à faire voter par les Cortès quatre ou cinq lois qu'un de ses biographes qualifie de « transcendantales », et qu'on peut dire à tout le moins d'ordre éminemment politique, concernant : une dérogation à la réforme constitutionnelle de 1857 ; une sanction pénale pour les délits électoraux ; les incompatibilités parlementaires ; la presse et les réunions. Le ministère resta en fonctions un peu plus de six mois, pour être remplacé, le 16 septembre, par celui que présidait le général Narváez. Sans hésiter, Cánovas adopta, en face du nouveau cabinet, une position de combat, protestant vigoureusement contre l'abandon de la partie de l'île de Saint-Domingue qui, après s'être de sa propre volonté réincorporée à l'Espagne, maintenant se levait en armes pour revendiquer son indépendance. Notons cette protestation, s'ajoutant à celle qu'il avait déjà formulée contre l'abandon de l'expédition au Mexique ; plus tard, sur ce point encore, ses adversaires essaieront de le sur-

prendre en contradiction avec lui-même et le
mettront dans l'obligation de défendre l'unité de
sa pensée et de sa politique.

En 1865, Cánovas reparut au gouvernement
dans le ministère présidé par le maréchal D. Leopoldo O'Donnell, duc de Tétouan. Il y reçut,
comme titulaire, le portefeuille des Colonies, et,
comme intérimaire, celui des Finances. Sans nul
doute, le succès de ses interventions dans les deux
affaires du Mexique et de Saint-Domingue ne fut
pas étranger à la première de ces attributions.
Son passage, sa présence de deux années à la tête
de l'administration coloniale demeureront marqués, pour les contemporains et pour la postérité,
par un acte d'une portée considérable, par l'ouverture d'une enquête vaste et approfondie sur
les conditions du travail à Cuba et à Puerto-
Rico, d'où devait sortir, à peu de temps de là,
l'abolition qu'on peut juger tardive, mais qui fut
définitive, de l'esclavage dans les Antilles. Lui-
même s'en fit honneur toute sa vie. Au milieu
de la table centrale du grand salon de La Huerta
(c'était le nom de la belle demeure habitée par
Cánovas en ses dernières années), figurait, bien en
évidence, une cassette d'argent, contenant un
exemplaire sur vélin des *Réponses* faites à
cette enquête (1). Il n'y avait à côté d'elle
qu'un seul autre objet, tenu pour aussi précieux ou davantage encore : le maître de la
maison ne manquait pas de les signaler à ses

(1) *Ministerio de Ultramar, Junta informativa de Ultramar.*
Extracto de las contestaciones dadas al interrogatorio sobre la ma-
nera de reglamentar el trabajo de la población de color y asiática,
y los medios de facilitar la inmigración que sea mas conveniente
en las mismas provincias.

hôtes. Je dirai en son lieu quel était ce second souvenir.

Le cabinet O'Donnell se maintint au pouvoir jusqu'au 22 juin 1866, où la mutinerie militaire du quartier de San-Gil l'amena à se retirer. L'Espagne rentra alors dans une période, s'il est permis de parler ainsi, de syncope constitutionnelle. Contre cette interruption d'une vie d'État régulière, Cánovas écrivit ou du moins signa, avec un certain nombre de députés, une lettre de remontrance respectueuse à la Reine, déplorant et blâmant que les Cortès ne fussent pas réunies avant la fin de l'année. La requête fut mal prise en haut lieu et revint à ses auteurs avec un accusé de réception désagréable. Le ministre de la veille, pour sa part, était, — faut-il dire exilé au sens où la cour de France le disait sous Louis XIV? — ou banni, ou relégué, ou déporté (le texte espagnol dit *desterrado*), envoyé en résidence forcée à Palencia, puis à Carrión de los Condes. C'est l'aveu qu'on redoutait de lui autre chose que de l'éloquence, que sa parole ou que sa plume. On ne traite pas de cette manière forte les simples bavards. En une page émouvante de son livre *le Solitaire*, Cánovas a conté, sans excès de rancune, sa mésaventure : « Dans les derniers jours de décembre 1866, dit-il, je reçus un ordre du gouvernement de l'époque, me prescrivant de sortir de Madrid dans un délai de vingt-quatre heures, par une tempête de neige comme on n'en avait peut-être jamais vu en Castille, pour avoir mis ma signature au bas d'une adresse des députés à la Reine, demandant la réunion des Cortès, alors qu'après avoir résisté longuement, je ne pouvais me dérober, sans reproche de faiblesse (ou même de mollesse, ou même de lâcheté, *sin nota de flaqueza*), certaines violences ayant été commises, comme elles le furent, contre les présidents des Chambres législatives. » Il s'en consolait en pensant que cet éloignement, pis qu'involontaire, l'avait, par compensation, empêché d'assister à la mort de Serafin Estébanez Calderón, survenue dans ce moment, et dont le spectacle eût été déchirant pour son affection et sa reconnaissance.

Les discussions, les polémiques, la démonstration des fautes de Narváez et de Gonzalez Brabo ne suffisaient pas à remplir une activité à l'habitude mieux alimentée. Dans ces loisirs relatifs, et en attendant que la révolution de 1868 vînt mettre brutalement ces fautes au jour et en faire supporter les conséquences à la monarchie, en la personne de la reine Isabelle II, Cánovas, retournant au grand amour de sa jeunesse, alla, dès que l'interdit fut levé, travailler aux archives de Simancas et de Alcala de Hénarès. Cette espèce de retraite laborieuse se prolongea durant plusieurs années, par delà la Révolution même, sous la dictature de D. Juan Prim, pendant le règne d'Amédée de Savoie, pendant les présidences de Pi y Margall, de Salmerón, de Castelar, et pendant celle du maréchal Serrano. Mais quand ils plongent dans le passé, ce ne sont pas des cendres et de la pourriture que les hommes du tempérament de Cánovas y vont chercher, ce sont des racines et des germes. On m'a raconté qu'un de ses amis l'ayant trouvé acharné à ces fouilles et s'en étonnant, l'ancien et le futur ministre frappa de la main les dossiers poudreux sur lesquels il était penché et répondit : « Ici sont les ingrédients qui me serviront à refaire la monarchie. » Plus que tout autre, ce qu'il demandait à la mort, c'étaient les paroles, les formules de vie ; ce qu'il voulait arracher à l'histoire, c'était le secret non seulement de la connaître et de la comprendre, mais de la continuer. L'histoire, pour lui, n'eût pas été une résurrection, si elle n'eût fait, en se promenant à travers les tombeaux, que réveiller des spectres et éclairer par dehors de vaines images : il ne l'aimait si passionnément que parce qu'elle crée, qu'en illuminant, elle allume et qu'en ranimant, elle anime. Ses forces de restitution ne seraient rien, si elles n'étaient pas des forces de reconstitution.

Parce que la foi politique de Cánovas avait son fondement, sa règle et sa direction dans l'histoire espagnole, il n'avait apporté à la tentative de D. Amédée de Savoie ni sa collaboration, ni même son concours. Il avait assisté à cette expérience sans y faire obstacle, mais sans y prendre part. Pour ce qu'elle avait de monarchique, il ne l'avait pas contrariée, mais, pour ce qu'elle avait d'étranger, il n'y avait ni aidé ni cru. Assurément ni l'une ni l'autre des deux grandes dynasties qui, au long de plusieurs siècles, avaient régné sur l'Espagne, ni la maison d'Autriche, ni la maison de Bourbon, n'étaient nationales à leurs origines. Cependant la première se rattachait au sol en Charles-Quint, — Charles Ier d'Espagne, — petit-fils, par sa mère. Jeanne-la-Folle, de Ferdinand d'Aragon et d'Isabelle de Castille, les Catholiques. La seconde, en Philippe V, désigné par le testament de Charles II, et qui pouvait, comme petit-fils de Marie-Thérèse, alléguer des droits à la succession, touchait à la couronne d'Espagne par le sang, si elle n'y tenait pas par la terre. La maison de Savoie n'avait avec l'Espagne, malgré ses alliances princières, aucun lien de la même nature, serré et proche au même degré. Pour elle, l'histoire n'avait pas, comme elle l'avait fait pour les Autrichiens et pour les Bourbons, donné au temps le temps d'effacer les différences, et de nationaliser ce qui n'était pas ou n'était qu'à demi national. Quand bien même Amédée eût eu toutes les qualités royales et toutes les qualités personnelles, ce défaut même d'une apparence d' « espagnolité » aurait empêché Cánovas d'avoir confiance dans la durée du régime nouveau, et comme il n'entendait jouer sur cette carte ni le sort de l'Espagne, ni les chances de la maison de Bourbon, ni son propre avenir, il lui eût commandé la réserve.

Des résistances chez les uns, l'indifférence ou l'abstention chez les autres, l'ignorance du pays, de ses traditions et de ses coutumes chez le prince, chez lui encore, accessoirement, certaines façons d'une liberté de mœurs un peu populaire héritée du Roi galant homme, qui faisait revivre, un échelon au-dessous, les scandales privés de l'ancienne cour, eurent vite fait d'abattre un trône demeuré en l'air depuis qu'il avait été relevé, et que n'étayait aucun appui solide (1). Abandonnés de tous, dans un dénûment cruel, mourant pour ainsi dire de faim, ce roi de bonne volonté et cette reine de bonne grâce, appelés, élus, mais non adoptés, reprirent tristement le chemin d'une patrie à laquelle ils s'étaient loyalement, mais vainement efforcés d'en substituer une autre. Eux partis

(1) Décembre 1870-février 1873.

dans le désespoir, à leur place s'installa, parmi
les tristesses et les horreurs de la guerre civile, la
République, ou, de son vrai nom, l'anarchie. Le
carlisme en armes dans les provinces du Nord,
le fédéralisme déchaîné, débordé dans le Midi,
jusqu'au point de s'émietter en cantonalisme, des
provinces à retenir adhérentes à la nation, des
villes se déclarant une à une communes libres,
à reprendre après un siège ; une ombre de pouvoir central mal assise sur les ruines causées par
l'abandon de toute autorité ; trois présidents se
succédant de trimestre en trimestre, ou même
plus rapidement (1), les deux premiers, Pi y
Margall et Nicolas Salmerón, poursuivant chacun
sa chimère, et ne laissant au troisième, Emilio
Castelar, moins utopiste, moins idéologue, plus
conscient des nécessités, qu'une extrême faiblesse
pour une situation extrême ; le geste brusque, mais
bref et tout de suite lassé du général Pavia, « fleur
d'un jour » ou plutôt d'une nuit (2) ; coup d'État
qui ne fut qu'un coup de tête, et d'où il ne sortit
que l'essai hésitant d'une République bourgeoise,
assagie et d'apparence rassurante, qui associait,
avec le maréchal Serrano et M. Sagasta, la double
irrésolution de la plus petite quantité possible de
Chef de l'exécutif et de « la plus petite quantité possible de Président du Conseil des ministres », ainsi
que Cánovas le dira plus tard de son rival ; pour
lui, pour Cánovas, il n'y avait rien à faire en tout
cela, qu'à suivre les progrès de la décomposition
de ces faux régimes et qu'à recueillir les germes
de recomposition d'un véritable gouvernement.

(1) Pi y Margall, février 1873 ; Salmerón, juillet 1873 ; Castelar,
septembre 1873.
(2) 2-3 janvier 1874.

Ce n'est pourtant pas à dire que de 1866 à 1873, en dehors de ses recherches d'archives, il se soit tenu complètement inactif. Parlementaire dans l'âme, il n'a point poussé la retraite jusqu'au *retraimiento*. Au lendemain même de sa mésaventure, de son internement, de son envoi en domicile forcé à Palencia, il s'était mêlé, dans les Cortès de 1866-1867, aux débats sur la conduite du gouvernement depuis le mois de juillet 1866, sur la responsabilité du ministère, sur les comptes de 1854, sur l'exil de quelques députés, sur la réforme du règlement de la Chambre, sur les documents relatifs à l'escadre du Pacifique, sur la conversion des dettes amortissables. En 1868, la Révolution prétendit l'embrigader parmi les vainqueurs, sans doute à cause de son attitude et de sa proscription en 1866, suivies d'une disgrâce d'où il ne s'était pas beaucoup efforcé de sortir. Député de nouveau, aux Cortès de 1869-1871, il s'y occupa surtout de questions constitutionnelles (c'était en effet le nœud vital pour l'Espagne désorganisée), parla sur le projet de constitution lui-même, sur la nomination et la démission des ministres, puis sur le vol des joyaux de la Couronne, sur l'exposé signé par neuf mille Espagnols de Cuba, demandant l'ajournement de la réforme antillane, sur les bons du Trésor, sur la dissolution des Cortès constituantes, sur l'attentat commis contre le général Prim. Pendant la session de 1871-1872, il se distingua notamment par le discours qu'il prononça dans la grande discussion sur l'*Internationale*. Dès cette heure se forma, sur son initiative et sous sa direction, le noyau du futur parti conservateur par l'adhésion d'un petit nombre d'hommes tels que D. Joaquín Vasquez de Puga, D. Luis Estrada, D. José de Elduayen, D. Saturnino Alvarez Bugallal, D. Manuel Quiroga Vasquez et D. Francisco Silvela, qui tous, alors, le reconnaissaient pour chef. Cependant les événements mûrissaient. A l'approche de la République fédéraliste, aux prodromes de l'anarchie, le 2 octobre 1872, Cánovas adressa, à ses électeurs des districts de Cieza et Yecla, une lettre d'adieux dans laquelle, mettant un terme à l'espèce de demi-neutralité expectante qu'il avait observée depuis la Révolution de septembre 1868, il traçait la voie où, selon lui, il fallait s'engager, et affirmait délibérément la nécessité de la Restauration comme l'unique espérance du pays.

Dans l'entre-temps, et parallèlement, se développait son activité scientifique, littéraire, artistique, mais plus particulièrement historique, qu'il est impossible, sans ne pas le comprendre et sans le trahir, de séparer de son activité politique. Le 3 novembre 1867, à trente-neuf ans, il était entré à l'Académie espagnole, ayant pris pour sujet de sa harangue de remerciement *la Liberté dans les arts*. En 1868, il avait publié les deux volumes de ses *Études littéraires*, contenant, le premier son roman *la Campana de Huesca* et diverses poésies, dont on est bien obligé d'avouer que la valeur a été contestée; le second, les discours académiques, *les Mémoires d'Italie*, deux articles d'histoire, et un autre sur le socialisme en 1848. Mention doit encore être faite, à cette date, du trop fameux *Bosquejo historico*, de l'*Esquisse historique de la Maison d'Autriche en Espagne*, imprimée dans le *Dictionnaire d'administration et de droit*, de Suarez Inclán et Barca. Éclate la Révolution de septembre. Cánovas del Castillo règle pour ainsi dire les comptes de son passé, fait son point sur les chemins de l'avenir. Dans le journal *la Epoca*, qui le soutiendra avec une fidélité jamais défaillante et une admiration sans bornes, dans une lettre adressée à la reine Isabelle, il reconnaît et proclame les faits accomplis ; et d'un cœur ardent, d'un esprit froid et ferme, il reprend son labeur politique, dans la presse, dans la chaire, dans les assemblées, et ne le quitte, ou ne s'en repose, que par ses travaux scientifiques et littéraires. Ce sont les préfaces, les introductions à l'ouvrage édité par Guijarro, *les Femmes espagnoles, portugaises et américaines*, à l'*Histoire de Philippe III*, publiée par le marquis de la Fuensanta et Sancho Ramón ; — et ce sont de grands morceaux, auxquels se joignent, en quantité, des articles insérés dans la *Revista de España*, dans la *Ilustracion española y americana*, la *Ilustracion de Madrid*, la *Epoca*, el *Tiempo*; et aussi, et toujours des discours, d'Académie ou d'Université, car la Chambre ne suffit pas au perpétuel mouvement d'une si vaste et si souple intelligence ; discours d'une solidité de fond, d'une plénitude de forme sans égales chez aucun homme politique, dont les plus importants sont ceux composés à l'occasion de l'ouverture des cours de l'Athénée, en novembre 1870, 1871, 1872, 1873.

Mais en 1873, Cánovas a bien autre chose à penser. Je ne veux pas dire qu'il conspire, mais il combine. Il n'y a qu'un mot, auquel il faut revenir : il prépare. Il prépare la restauration de la monarchie, la rénovation de l'Espagne. L'une par l'autre, réciproques : la restauration par la rénovation, la rénovation par la restauration. C'est un grand travail. Il y donne toutes ses forces ; il s'y donne de toutes les puissances de sa nature, de sa science, de son art, de tout ce qu'il y a en lui d'inné, de tout ce qu'il y a d'acquis. L'heure approche dès la fin de cette année 1873 ; le mal est à son comble. Dans le printemps, dans l'été, dans l'automne de 1874, le remède n'apparaît pas encore à la masse, ni peut-être à une assez large élite de la nation, dont on essaie d'endormir la souffrance par des expédients et des émollients. Pourtant, en secret, l'œuvre de Cánovas se dessine. Successivement vont se produire au jour l'abdication, la renonciation de la reine Isabelle, premier acte qui commande et déjà découvre la suite ; le manifeste de Sandhurst, à quoi la majorité de l'infant D. Alphonse fournit un prétexte, le ralliement de révolutionnaires de notoriété et de poids, comme l'illustre poète dramatique Adelardo López de Ayala et l'orateur parlementaire renommé Francisco Romero y Robledo. D'autres concours, qui ne s'avouent pas ou ne se crient pas, sont prêts. L'action, sous les paroles, chemine sourdement, quoique le rôle de la conjuration, de style classique, soit réduit autant que possible. A la fin de 1874, l'heure de l'homme de tête, après la minute des hommes de main, est venue. Cánovas la saisit, c'est la sienne. La Restauration est faite ; le ministère-régence l'assied ; la Constitution l'organise : on entre dans la période de rénovation, où l'on avance peu à peu, à travers mille difficultés, mille périls, — les problèmes les plus délicats, comme les plus ardus, se posant ensemble à l'intérieur, aux colonies, à l'extérieur, dynastiques, politiques, économiques, — mais enfin dans l'ordre. Le pays, hier agonisant, souffle, respire, revit. Au bout de vingt ans, en 1894, le mot admirable de Cánovas : « Je viens continuer l'histoire d'Espagne, » est devenu une vérité. L'histoire d'Espagne continue.

Et la vie aussi de Cánovas continue, double, triple, multiple. Il est partout, il est dans tout, il est à tout. Rien que comme écrits, qu'on pourrait appeler « volants », parce qu'ils sont comme jetés au vent entre deux grandes affaires, je note, de lui, depuis 1873, une introduction (c'est un genre qu'il aime, parce qu'il y montre l'universalité de son esprit et de ses connaissances) à *Los Vascongados, su país, su lengua, y el principe* L. L. Bonaparte, de Miguel Rodriguez Ferrer (1873) ; une autre introduction, prologue au *Voyage en Orient (Madrid-Constantinople)* d'Adolfo de Mentaberry (1873) ; une lettre-préface à *la princesse d'Eboli* de Gaspar Muro (1873) ; et toute une série de prologues : *Prologo general* à *Los Autores dramaticos contemporaneos y Joyas del theatro español del siglo* xix (1881-1882) (1) ; prologue aux *Œuvres* de Manuel de la Revilla (1883) ; prologue aux *Mémoires* de Nieto de Silva, marquis de Tenebrión (1888) ; prologue aux *Œuvres* de Juan Valera (1890) ; et puis, et en outre, les œuvres de longue haleine, livres ou recueils : les deux volumes de *El Solitario y su tiempo, Biografia de D. Serafin Estébanez Calderón y Critica de sus obras* (1883) ; les deux volumes des *Études sur le règne de Philippe IV* (1888-1889); les trois volumes des *Problèmes contemporains* (1884-1890). Encore, que n'oublie-t-on ou que ne néglige-t-on pas !

____

(1) C'est sans doute l'ouvrage traduit en français par Magnabal, sous le titre : *le Théâtre espagnol contemporain* (1886).

Président du Conseil sans interruption ou à travers quelques interruptions, par exemple, de septembre à décembre 1875, de mars à décembre 1879, et plus tard, quand, ayant amené Sagasta à la monarchie, il eut établi l'alternative, la *rotativa*, le roulement parlementaire entre le parti conservateur et le parti libéral, président de la Chambre des députés en décembre 1885, Cánovas demeura le conseiller privilégié, permanent, perpétuel de la Restauration, comme il en avait été plus que l'artisan, l'inspirateur, l'auteur et le directeur ; après le roi, le premier personnage du royaume, soit qu'il fût au pouvoir, soit qu'il n'y fût pas. Les vingt-trois années de 1874 à 1897, toutes pleines de lui, sont le temps, leur histoire est la vie de cet homme.

Malheureusement, si l'œuvre est immortelle, la personne physique de l'ouvrier ne l'est point. Cette œuvre même le désigne et l'expose aux coups des factions en furie. Le dimanche 8 août 1897, aux bains de Santa-Agueda, Cánovas tombe sous les balles de l'anarchiste italien Angiolillo. Ce jour-là, j'écrivis sur mon carnet de notes : « Que Dieu sauve l'Espagne et la monarchie ! »

Ainsi, de 1845, où Cánovas del Castillo vint à Madrid, en quête de sa destinée, à 1897, où, l'ayant remplie au delà de ses espérances, il périt assassiné, se trouve assemblé le cadre d'une vie exemplaire. Mais, jusqu'ici, dans un récit sommaire, presque une liste chronologique, le cadre seulement. Essayons maintenant d'y mettre le portrait. Ensuite, il faudra tâcher d'y faire tenir tout un tableau.

CHAPITRE II

L'ESPRIT D'UN HOMME D'ÉTAT

> Tout ce qui n'est pas possible est faux
> en politique.
>
> CANOVAS, *Études sur le règne*
> *de Philippe IV*, I, 91.
>
> Il n'est jamais de bonne politique,
> quelque excellentes intentions que l'on
> ait, d'entreprendre l'impossible.
>
> ID., *El Solitario*, I, 297.
>
> La politique n'est que l'appropriation
> à une nation, en chaque instant de son
> histoire, de la part d'idéal qu'elle est en
> état de recevoir.
>
> Discours au *Congrès des Députés*,
> 2 mars 1880.

Il fut un temps où la mode voulait que l'on résumât comme en un centon d'opinions et d'aphorismes les exploits, faits, gestes et dits de son héros, reconstituant, d'après ces fragments qui ne devaient pas périr, sa physionomie, sa psychologie, sa vie, son être et sa manière ou ses manières d'être, son âme même. Quelque part d'artifice que le genre comportât, le peintre y trouvait cette commodité et cette sécurité que c'était le modèle en personne qui tenait le crayon et le pinceau. On appela cette espèce de sommaires, de croquis, de vues cavalières ou, pour mieux

dire, de « miroirs », d'un titre ingénieux : *la Mente
d'un Uomo di Stato,* — *l'Esprit d'un homme d'État.*

*Traits caractéristiques de Cánovas : la volonté,
le goût de l'action raisonnée.* — Le signe originel
et constant de l'esprit de Cánovas del Castillo,
le trait principal de son caractère, il n'y a aucun
doute, est *la volonté,* toujours tendue, positive-
ment et négativement, *vouloir et ne pas vouloir*
avec force dans les affaires d'État, savoir choisir
et décider, intervenir ou s'abstenir, accorder ou
refuser, approuver ou combattre, dire oui ou non,
faire ou ne pas faire ; mais, quoi que l'on ait résolu,
y aller à plein, de toutes les forces de son pouvoir.
Ne point verser dans la débilité de dire à la fois
oui et non, de faire en même temps et de ne pas
faire, de risquer toute sa fortune, selon le mot de
Machiavel, et de ne pas, pour un si grand enjeu,
engager toutes ses forces. En tout, tenir compte
de la psychologie et de l'histoire nationales ; être
bien persuadé que tout, jusque dans les plus petits
détails, mérite le plus profond respect, lorsque,
sans s'opposer à un progrès certain, c'est l'expression du tempérament et de la vie traditionnelle
de la nation. A cet égard, le plus traditionaliste,
le plus conservateur, le plus archaïsant des
hommes ne vient jamais à contretemps, parce
que c'est en tout temps l'heure de rappeler aux
nations ce qu'elles ont été, afin qu'elles puissent
en prendre le souvenir pour point de départ nouveau vers ce qu'elles souhaitent et méritent d'être.
Élever et maintenir au-dessus de tout le reste,
planter, en quelque sorte, comme un drapeau,

sur toutes ses pensées et sur tous ses actes, ce principe dont on a donné, au cours des siècles, plusieurs formules, telles que : « La patrie doit être sauvée ou avec gloire, ou avec infamie ; mais, de toute manière, elle doit être sauvée ; » ou, plus récemment et plus brièvement : « Par tous les moyens, légaux ou illégaux ; » mais dont la transcription par Cánovas était (il s'y retrouve tout entier, avec son perpétuel souci *d'agir ses raisons* et de *raisonner ses actes*) : « On est pour la patrie avec raison et sans raison. » Cela dit et entendu, ne pas craindre de s'abandonner quelquefois à l'instinct pratique, plus sûr que la réflexion, s'il se fonde, comme ici, sur des axiomes préconçus et peu flexibles. Mais, dans sa conduite, avoir incessamment présentes deux vérités, qui bornent, pour ainsi dire, le champ de l'action : l'une, que la faiblesse en arrive souvent à être plus violente et cruelle que l'énergie de la volonté vraiment ferme et en possession d'elle-même ; l'autre, qu'il n'est jamais de bonne politique, quelque excellentes intentions que l'on ait, d'entreprendre l'impossible.

Le sens du possible, de la mesure et de l'équilibre. — C'est en ces limites que la politique et le politique ont à se mouvoir. Il leur faut l'audace ou du moins la hardiesse, mais il leur faut aussi la prudence. Cette prudence, ce sage équilibre, cet heureux mélange d'instinct et de réflexion, il est vain de l'espérer des masses populaires ; mais on devrait les rencontrer chez les hommes d'État de tous les partis. Car la confiance en l'instinct pratique, même guidé par des principes éprouvés, exagérerait et pourrait être payée très cher si elle était poussée jusqu'à s'en remettre à ce qu'on appelle la logique des faits, qui n'est que l'empire de la force brutale, si sympathique au vulgaire. Que le commandement, comme l'obéissance, soit raisonnable. Que la volonté forte qui, en tout cas, doit tenir la direction et se réserver le contrôle, soit une volonté éclairée, une conscience qui veut, une volonté qui sait. Ainsi l'exige l'objet même du gouvernement, si cet objet est — et que serait-il d'autre? — de réduire autant que possible la part du hasard, ou, de quelque nom qu'on le nomme, accident ou fatalité, dans les choses de ce monde.

Sur la prudence et l'équilibre nécessaires au politique, Cánovas revient à plusieurs reprises et insiste. Le grand point pour l'homme d'État est d'apprendre, de s'habituer à ne pas s'en départir. Mais là commence l'art, qui est toujours difficile. « Il est plus aisé de s'agiter en haut, en bas, que de garder dans l'immobilité la perpendiculaire, comme un soldat en faction. » D'autre part, la première qualité du chef étant d'être un chef, il doit ne pas s'encombrer l'esprit, se libérer de menus soucis, se décharger du détail des affaires sur ses subordonnés de tout degré ; d'où ce qu'il entre de sévérité dans ce jugement que le ministre, chez Cánovas, souffle à l'oreille de l'historien : « Olivarès s'appliqua à tout avec une constance signalée et des prodiges d'activité et d'intelligence ; mais précisément, parce qu'il s'appliqua à tant et à tout, il ne put le faire à rien d'une manière suffisante. » Vertu de chef de bureau, non de chef de gouvernement.

Nécessité d'une doctrine. — Doctrinaire dans cette mesure, Cánovas del Castillo ne perd pas une occasion d'affirmer qu'il faut qu'une politique ait, à sa base, une doctrine. L'homme d'État, selon lui, est, par obligation, un homme à principes. Qu'il en ait peu, si l'on veut, mais nets et sûrs. C'est la partie immuable de sa personne ou de son personnage ; c'est à la fois son roc, son ancre et sa boussole. C'est ce qui donne à son action sa base, sa solidité, sa direction, un sens, une tenue, la continuité, l'unité. Cette unité que Cánovas n'accepte pas que l'on mette en doute quand on parle de lui : « Pour ma part, que ce soit un pur hasard ou une certitude indélibérée (je consens à tout, pourvu que le fait soit reconnu), la vérité est que, depuis que, bien jeune, j'ai commencé à répandre mes pensées par la presse et par la parole, jusqu'à ce jour, je n'ai eu à faire aucune modification, absolument aucune, dans mes opinions religieuses, philosophiques ou sociologiques, ni dans mes opinions fondamentales sur le droit public. » Unité de pensée démontrée non seulement par les deux premiers volumes des *Problémas contemporaneos*, qui ne renferment que des écrits des quinze dernières années (1870-1885), mais « par la totalité de mes discours parlementaires, à la disposition de tous depuis longtemps, sans qu'on ait jamais pu y relever aucune contradiction de système ». D'autres n'en sauraient dire autant ; mais lui-même en eût-il à se reprocher, qu'il lui paraîtrait mieux de les confesser, puisqu'elles ont pour excuse la faiblesse humaine, que de les nier avec acharnement. « C'est une fausse honte que celle d'une honnête apostasie, et une véritable immoralité que de n'embrasser jamais, pour ne lier son intérêt propre et personnel à rien, des principes fermes, encore qu'à la fin ils se révèlent erronés. » Là-dessus, Cánovas est intransigeant : « On n'a pas le droit d'intervenir dans les affaires des autres hommes, réunis avec nous en nation et en patrie, sans des doctrines délibérées et formelles auxquelles s'ajustent, autant qu'il soit possible dans la pratique, tous les actes... » L'homme d'État doit toujours pouvoir se donner et donner « la raison théorique de sa conduite ».

Tempérée pourtant, dans l'application, par la connaissance des possibilités. — Mais la raison théorique n'est pas une raison absolue, ni, à soi seule, une raison suffisante : trop absolue, elle devient même fausse et dangereuse, si elle refuse de s'accommoder, de se plier aux nécessités de l'État considérées suivant les possibilités du temps et du moment. En tout cas, les spéculations de la théorie les plus nobles et les plus justes ne sont réalisables que dans le sens de ces nécessités et dans la limite de ces possibilités. C'est le double critérium auquel, par le politique, sinon par le philosophe, elles doivent être soumises. Lorsqu'il les y soumet, le pouvoir de l'homme d'État en est doublé. « Olivarès fut le seul Espagnol (de son siècle) dont on sache certainement qu'il embrassa dans son esprit et qu'il sentit en son cœur la plénitude de cette conception (d'une Espagne totale et indissoluble). Seul il en eut par cela même une conviction suffisante pour vouloir en faire une réalité, plus ou moins lentement, par des moyens doux ou rudes, et d'une manière plus ou moins complète, mais de semblables idées, ce n'est pas la pure spéculation qui les lui suggéra. Les nécessités évidentes de l'État les signalèrent à sa perspicacité naturelle. » Ne pas vouloir voir les obstacles ne les empêche pas plus de barrer la route, que ne pas vouloir voir le mal ne l'empêche d'exister. Au demeurant, qu'on ne se fasse pas d'illusion, il n'y a point d'homme d'État parfait. « Ceux qui s'imaginent, s'il en est, que les gouvernants heureux et victorieux possèdent uniquement d'éminentes qualités, n'ont pas vraiment étudié l'histoire, et ne doivent pas être intervenus personnellement dans les grandes affaires d'État. » Et puis, l'histoire ne dit pas tout ; il y a des choses qui ne peuvent pas être dites, même pour l'histoire. « Il est rare, très rare qu'une personne, si véridique qu'elle soit, raconte absolument tout. Il est au moins une chose qu'elle se réserve et doit se réserver, quelque confiance que le confident inspire, et c'est ce qui importe à d'autres, ce qui pourrait porter préjudice à d'autres, surtout quand il s'agit de se confier, sur une feuille de papier manuscrite, aux insécurités de l'avenir. Taire ou dissimuler n'est pas en pareil cas le signe d'un manque de véracité, mais bien une preuve de délicatesse et de prudence. » Prudence donc devant les contemporains, et prudence encore devant la postérité.

Vue du réel, prudence, mais puissance et décision. — Comme « tout homme a vu le mur qui borne son esprit », tout homme d'État voit le mur

qui borne sa puissance. En fait, le plus puissant
ne peut que le possible. Il ne peut qu'incorporer
au réel la part d'idéal que l'instant permet de
saisir. La connaissance de l'histoire, — telle qu'on
la connaît, — et l'expérience dictent à Cánovas
cette définition, une de celles, assez nombreuses,
mais toutes à peu près identiques, qu'il a données
de la politique. « La politique n'est que l'art de
réaliser dans chaque moment historique cette
portion de l'idéal qu'admettent expressément les
circonstances. » Par-dessus le mur du réel, l'œil
découvre le champ immense de l'idéal ; entre les
deux, une heure brève circonscrit la zone étroite
du possible. C'est dans l'appréciation exacte de la
distance et du temps que consiste la sagesse. « Tout
ce qui n'est pas possible est faux en politique. » La
méconnaissance du réel, l'erreur sur le possible, est
la pire infirmité dont puisse être affligé l'homme
d'État : le pire des défauts est de se montrer, au
pouvoir, « impuissamment téméraire. »

Il faut que l'homme d'État, au pouvoir, soit
aussi prudent que puissant, puissant de sa prudence même ; il faut qu'il soit fort. D'une force
qui ne s'endorme pas, qui ne se relâche pas, qui
n'ait point, comme on dit, des hauts et des bas,
ni emportements ni dépressions, qui soit en ligne
droite, qui, comme il disait, « garde la perpendiculaire ». La faiblesse du pouvoir est un malheur
et un péril publics, d'abord parce qu'elle est
faiblesse, ensuite parce que subitement elle devient
colère, passe outre mesure, et perd l'équilibre
dans les deux sens. « La débilité du commandement oblige tôt ou tard les gouvernements, premièrement à exagérer leurs rigueurs, et ensuite
à soutenir des luttes douteuses, s'ils ne préfèrent

se livrer à la merci de leurs adversaires. » Au contraire, la force réglée, ordonnée, contenue, dans la main et non dans le poing, est, par elle-même, un bienfait : « C'est peu de chose, en vérité, que les pures batailles et les triomphes de tel ou tel jour dans la destinée des nations... Ce qui profite est un pouvoir constant, mais une force sûre et progressive par quoi répondre aux hasards divers de la politique et des armes. »

Il y a du vrai dans l'ancienne maxime florentine : « Donner du temps au temps, » traduite en langage britannique : « Attendre et voir. » Mais elle n'est pas toute vraie ou toujours vraie. « Quand les infirmités menacent sérieusement la vie, rarement la médecine expectante est rationnelle. » C'est encore Olivarès qui fournit à Cánovas son exemple. « Pas de doute que le temps pour tout ne lui eût été bienvenu, si effectivement il avait pu le gagner par ses habiletés, mettant par leur vertu les choses en meilleur point qu'elles n'étaient ; mais il lui manqua, comme il a coutume de manquer à ceux qui attendent trop, et tous ses calculs, médités et subtils, mais erronés, ayant été déjoués, il se trouva dans cette position que, ni peu ni prou, il n'avait prêt le remède supplémentaire ou unique quand les autres font défaut : celui de la force. » A l'intérieur, comme à l'extérieur, dans les grandes difficultés, la force est le suprême remède : « tels sont le prestige et le pouvoir de l'autorité qui se défend. »

Avantage de la Monarchie. — La monarchie, évidemment, crée le milieu le plus favorable à l'exercice de cette autorité, elle en est le siège naturel, le lieu privilégié. Du reste, il y a une distinction essentielle à faire entre les monarchies nationales, héréditaires, et celles que Cánovas qualifie d'*adventices*, étrangères ou élues. Cette fois, il tire exemple du cas du duc de Bragance, proclamé roi de Portugal sous le nom de Jean IV. « Point n'est besoin de dire qu'il ne pensa jamais à aller défendre l'indépendance de sa patrie et avec elle son trône, chose beaucoup plus à considérer en des rois adventices qu'en des rois héréditaires. » Mais, derrière le duc de Bragance en Portugal, il est permis d'entrevoir, dans une histoire plus récente et toute récente, un autre duc venu du dehors en Espagne pour y être roi. A moins de s'imposer par la conquête, un roi étranger est toujours appelé ou élu. Mauvais départ. Mauvaise condition, même s'il n'était pas étranger. « Une monarchie créée par le vote d'une assemblée est la plus faible, la moins propre à s'enraciner, la plus éphémère, la plus caduque de toutes. » Elle le sera d'autant plus que l'élection aura été faite à une plus petite majorité. Léopold Ier avait été élu roi des Belges par 152 voix ; Louis-Philippe, roi des Français par 219 (1). « Cependant, remarque Cánovas, ne savez-vous pas combien de fois on a reproché à cet intelligent, habile et libéral monarque de Juillet, d'avoir dû le trône à 219 voix sans plus? Ne savez-vous pas que quelques-uns de ses plus chauds partisans se sont repentis jusqu'à la dernière heure

(1) Il s'agit ici des 219 voix (sur 250 votants) par lesquelles, le 7 août 1830, fut adopté l'ensemble de la résolution de la Chambre des députés, « appelant au trône » Louis-Philippe d'Orléans et sa descendance.

de n'avoir pas demandé au pays la confirmation de leur œuvre, et que ceux qui vivent encore recourent à de pénibles explications pour se faire absoudre de cet oubli? » Jamais pourtant referendum ni plébiscite ne communiqueront à l'élu les dons, les grâces de l'hérédité. Ils ne lui conféreront pas la survie, la perpétuité, l'espèce d'immortalité de la monarchie, aussitôt saisie dans le mort par le vivant ; ils ne lui infuseront pas les mérites du sang et de la race, ne suppléeront pas aux enseignements de la famille et du foyer. L'élu pourra bien être le fils de la patrie : pour en être le père, il lui manquera ses pères. Il y aura, à chaque élection, une solution de continuité ; il y aura, dans l'histoire, un de ces « espaces de silence » que Gonzalez Brabo avait invoqués peu de temps avant la Révolution de 1868, et dont Cánovas ne voulait pas, y voyant moins une halte qu'une syncope.

L'ancienne monarchie espagnole. — La monarchie, en Espagne, se présente avec des caractères, des traditions, des devoirs qui correspondent à des mœurs, des habitudes, des besoins particuliers. « Elle doit, chez nous, être une force réelle et effective, décisive, modératrice et directrice, parce qu'il n'y en a pas d'autre dans le pays. » Mais cette force ne doit pas être aveugle ni sourde, elle ne doit pas aller au bout d'elle-même, la monarchie ne doit pas être despotique, absolue, si l'absolu était de ce monde ; ce n'est pas une satrapie supérieure, une souveraineté démente sur tout et sous Dieu seul. Contrairement à la légende, Cánovas s'en porte garant, elle ne l'a jamais été en Espagne. D'après lui, Philippe II lui-même n'aurait pas été le prince des ténèbres, l'homme tout noir, le tyran mélancolique et glacé que nous ont peint nos manuels d'histoire. Lui-même, dans un temps où il fallait qu'un roi fût l'un ou l'autre, il eût préféré, en son triste cœur, être « aimé plutôt que craint », assure Cánovas, qui va jusqu'à nous le montrer « partageant une illusion plus propre aux gouvernements parlementaires modernes qu'aux souverains omnipotents : celle de s'imaginer que des intérêts de leur nature rivaux et irréductibles se peuvent concilier au moyen de caresses, ou que la seule bienveillance suffit pour maintenir les empires ni aucun régime politique, si légitime et populaire qu'il soit. Ainsi que l'établissent sa correspondance et ses véritables actes, Philippe II, à l'ordinaire, cherchait beaucoup plus à se faire aimer qu'à se faire craindre. » Sur quoi Cánovas fait observer : « La générosité et la bénignité sont bonnes, sans doute, et l'on ne doit pas perdre une occasion de les exercer, quand cela est réellement faisable, dans les affaires humaines ; mais elles ne sont, par malheur, utiles qu'en tant qu'il reste une force irrésistible pour reprendre et tenir avec facilité les rênes lâchées, réprimant, à tout moment et d'une main dure, les ingrats. » Voilà une morale qu'on ne s'attendait pas à voir tirer, par contraste, de la vie et du règne de Philippe II !

D'autre part, Philippe IV n'a pas été du tout le monarque fainéant et nul, adonné uniquement à ses plaisirs ; mais au contraire, un prince attentif, appliqué à toutes ses tâches, laborieux, et même, en langage d'aujourd'hui, « paperassier » ; (on disait déjà alors, et on le disait des rois : *pape-listas*). Plus et mieux. Cánovas nous a restitué de lui un prologue extrêmement remarquable, écrit pour sa traduction des livres VIII et IX de la *Storia d'Italia*, de Guichardin, à qui le roi se vante, en passant, de faire, par cette marque d'estime, un « incomparable honneur ». Philippe se défend d'abord d'avoir exécuté ce travail au détriment de sa fonction royale. Il l'a fait, et il tient à ce qu'on le sache, « en dehors de ses heures de bureau ». Non pas qu'il le considère comme un travail superflu, mais bien comme nécessaire et exigé pour la plus grande intelligence et l'expédition assurée des affaires de cette monarchie ; « d'autant que je n'y ai pas dépensé même un instant de *las horas del despacho* (c'est lui, le roi, qui le dit), ni sacrifié les obligations de ma fonction. »

On a fait bien des contes de la fameuse « fenêtre de Philippe II » à l'Escurial. Peut-être ne servit-elle pas seulement à des usages inquisitoriaux. En tout cas, il y en eut d'autres, dans les palais, destinées à d'autres usages. « Je pensai aussi, déclare Philippe IV, à ce que j'avais entendu dire, que les rois de Castille avaient coutume de descendre au Conseil ; et, comme j'étais trop jeune pour le faire, comme d'ailleurs cette pratique était en désuétude depuis longtemps, j'employai un autre moyen plus efficace pour mon instruction, et de plus de fruit pour mon gouvernement, qui fut d'ouvrir dans les tribunaux et conseils quelques guichets, disposés de manière qu'on ne pût m'entendre entrer, et avec des jalousies si épaisses qu'une fois entré on ne pût non plus connaître ma présence ; et ainsi j'allais continuellement

m'informer des questions les plus importantes ;
de là, je pouvais entendre ce que, par aventure,
on n'aurait pas osé me dire ailleurs, ce lieu étant
si sacré ; moyen excellent tant à cet effet que pour
tenir les gens toujours en éveil, et moyen où se
rencontrent beaucoup d'autres convenances avan-
tageuses pour la souveraineté. »

Philippe IV avait, en outre, soutenu et complété de bonne heure, par des lectures, sa préparation, qu'il avait voulue tout ensemble « générale et technique ». « A la deuxième ou troisième
année de mon règne, j'avais déjà lu une partie
de ce que j'ai rapporté, mais non pas tout, et
c'est pourquoi j'ai continué et, avec l'aide de
Dieu, je continuerai dans les loisirs que me laissera
le labeur de ma charge. Il m'a paru qu'il était
temps de passer plus avant dans l'acquisition de
ces connaissances, et, pour y réussir, j'ai cru con-
venable de traiter moi-même sur table (par écrit)
des matières d'État, qui sont celles que les princes
doivent savoir le mieux et celles qui leur importent
le plus pour tenir avec certitude le timon de cette
nef de la monarchie, qu'il est si difficile de bien
gouverner. »

A quoi tout ce travail, — lectures, commentaires, assiduité aux discussions et délibérations,
— aboutira-t-il ? En s'y livrant, c'est la voix de
Philippe II que Philippe IV écoute, c'est à elle
qu'il obéit : « Le roi, mon seigneur et mon aïeul,
qui était le plus prudent des princes, disait que
« plus on examine une chose, et plus on en entend
« à son sujet, plus sûr est le succès ; plus les
« affaires ont d'importance, plus il est nécessaire
« de bien regarder et de bien écouter pour bien
« choisir, — ce qui est notre suprême obligation. »

Bien choisir, suprême obligation du Prince ; essence de la fonction royale. C'est par cette faculté, qualité première quand ils l'eurent, la cultivèrent et ne permirent pas à la faveur de la corrompre, que des hommes, peut-être médiocres, surent être de très grands rois. Si Philippe IV, malgré le choix du Comte-Duc, n'en'fut pas un, si son règne fut assombri par de redoutables épreuves, si, par exemple, le Portugal se sépara alors de l'Espagne, « ce ne fut pas exclusivement parce qu'il se plut aux comédies et aux courses de taureaux ; non, de toute évidence. Ce malheur national et tous ceux qui l'accompagnèrent eurent beaucoup, infiniment d'autres causes, et de plus graves. » Il reste, au jugement de Cánovas, qu' « aucun monarque de ce temps, ni presque aucun monarque moderne, ni presque aucun ministre parlementaire, n'est autant intervenu de sa main dans les actes, consultes et négociations que ce Philippe IV, si calomnié. »

La Monarchie moderne. Le premier devoir du Prince : Bien choisir. — Cánovas ne nourrit donc contre l'ancienne forme de la monarchie espagnole aucune prévention, il s'attache même à détruire les préjugés qui la discréditaient historiquement. Mais il lui assignait sa place dans l'histoire ; par le seul fait qu'il distinguait la monarchie « moderne » de l'autre, il les opposait l'une à l'autre, il en reconnaissait deux types, et, entre les deux, il choisissait : « suprême obligation » de l'homme d'État comme du prince. Le roi doit se rendre capable d'être lui-même son principal conseiller, de demeurer, dans tous les cas, l'arbitre et le juge en dernier ressort. Mais la question tant débattue au seizième siècle par les écrivains politiques est désormais résolue : le roi a besoin d'un conseil, il lui faut, dans son intérêt, des conseillers connus, déclarés, responsables. Mieux vaut, pour lui et pour tous, qu'il ait, à côté de lui, des personnes certaines, que certaines personnes derrière lui.

Il ne lui servirait de rien de prétendre s'enfermer et se retrancher dans sa légitimité, car il n'est pas de légitimité si forte qu'elle ne puisse se trouver contrainte de composer avec les faits accomplis. « Ce système politique, **tel qu'il était** alors, chose humaine et pratique, et non tel que se présente aujourd'hui une arbitraire et irréalisable hypothèse, était très loin d'assujettir à l'inflexible rigueur d'aucun principe absolu la direction des grandes affaires humaines. Les hommes de ce système étaient trop intelligents pour s'abstraire de ce qu'à présent quelques-uns appellent avec dédain les circonstances, et trop bons patriotes pour sacrifier les intérêts immédiats de la nation à des prétentions chimériques, si justes qu'en principe ils les estimassent. » Aussi n'est-il pas' d'*absolu* qui puisse, en politique, être, partout et toujours, *absolument* intransigeant. Philippe IV l'a bien éprouvé, lors de la révolution qui coûta le trône et la vie à Charles Ier d'Angleterre, et il l'a bien dit : « Si nos affaires étaient en un état différent, il y aurait peu à discourir sur ce sujet, puisque la raison et tous mes désirs demandent de nous déclarer pour le roi ; mais *la nécessité ne permet pas de faire ce qui serait le meilleur* (mot à mot : *d'exécuter le meilleur*). »

4

Et Cánovas appuie : « Devant cet intérêt primordial, le roi, comme ses conseillers, étouffa les
sentiments naturels d'horreur que devait éveiller
en eux un gouvernement non seulement révolutionnaire et usurpateur, mais régicide. » Il se
résigna à recevoir un ambassadeur de Cromwell
(qui, d'ailleurs, fut assassiné). Accommodement
d'où l'historien, fidèle à son habitude de toujours
scruter le passé en vue du présent, tire cette
morale : « Ce que démontrent les documents, c'est
que le principe de la légitimité était loin d'inspirer le respect superstitieux que l'on suppose à
nos rois de la Maison d'Autriche, intitulés maintenant *de droit divin*, et à nos hommes d'État
absolutistes du dix-septième siècle. Et n'est-il pas
vrai aussi que ces mêmes documents mettent
encore en évidence que les faits accomplis avaient
coutume de soulever dans l'Espagne, par excellence catholique et monarchique, de ce siècle-là,
autant de considération, pour le moins, qu'on y
en apporta, il y a quelques années, quand la
proposition de reconnaître le royaume d'Italie
provoqua un tel tapage? »

Les institutions sont toujours ou tempérées ou
exaspérées par les mœurs. C'est pourquoi une
monarchie véritablement absolue, même si elle
eût été possible ailleurs, aurait été sinon incon-
cevable, irréalisable en Espagne. Elle eût trouvé
un frein non seulement dans les privilèges de
l'aristocratie, comme dans les *fueros* provinciaux,
mais encore dans cette espèce particulière d'esprit ou de sentiment qu'il serait d'un mauvais
langage de dire démocratique, que, faute de mieux,
on peut qualifier d'égalitaire, et qui de haut en bas
et de bas en haut circule dans tout le corps de la

nation. D'en haut, condescendance sans morgue ; d'en bas, familiarité sans irrévérence, et les extrêmes se rapprochent. « Cette espèce de démocratie de la vieille Espagne, fondée sur les fumées de noblesse de tous, qui, contemplée dans ce qu'il en reste, si par aventure elle apparaît sans mélange de leçons étrangères mal apprises, étonne les bons observateurs transpyrénéens. »

Monarchiste, mais Espagnol, et l'un autant que l'autre, autoritaire, mais doctrinaire, ou homme de doctrine, ou du moins homme ayant du goût et de l'inclination pour la doctrine, historien de l'ancienne Espagne, mais politique de la nouvelle, qui ne s'était penché sur le passé que pour se redresser vers l'avenir, Cánovas del Castillo ne pouvait vouloir que cette sorte de monarchie qui pouvait convenir à son pays et à son temps.

Toute sa foi politique reposait sur trois principes, tout son *Credo* politique se composait de trois articles, dont le premier était : la Nation ou la Patrie ; le deuxième, la monarchie constitutionnelle ; le troisième, la dynastie, et la dynastie héréditaire. Alors que sévissait la manie de disserter sur le « siège » ou le « lieu » de la souveraineté, les uns la faisant résider dans le peuple, les autres dans le prince, Cánovas s'était établi dans une position intermédiaire ; distinguant entre l'origine de la souveraineté et l'exercice de la souveraineté, il concédait que la souveraineté, en son origine, appartenait à la nation, pourvu qu'il fût bien entendu que l'exercice n'en appartenait qu'au roi. Il lui en coûtait peu d'en reconnaître au peuple le domaine éminent, si le prince en demeurait le seul occupant actuel et effectif : cela seul importait, et le reste était logomachie.

Ainsi, d'après ces trois principes, en ces trois articles, Cánovas lui-même s'était-il défini, à l'aube de la Restauration, devant le Congrès des députés, dans son discours du 15 mars 1876 ; l'un de ses biographes a repris et résumé : « enthousiaste et notable parlementaire, moins conservateur que les conservateurs et plus libéral que beaucoup des libéraux de son temps. » Toujours est-il que le parti qu'il fonda, dirigea, et dont, malgré quelques dissidences à la longue inévitables, il resta jusqu'à la fin le chef tout-puissant, porta précisément le titre de « parti conservateur libéral ». De cette double épithète, le premier terme était pour l'histoire, pour la monarchie et la dynastie ; le second pour la politique, pour la nation et les institutions. Mais ce n'est pas faire injure à Cánovas, c'est lui rendre l'hommage de la vérité, que d'avertir tout de suite qu'il avait sa manière à lui de concevoir et de pratiquer le libéralisme.

Il était très parlementaire : nous osons dire aujourd'hui, et lui-même sans doute, aujourd'hui, ne se défendrait pas de dire : trop parlementaire. En 1876, il n'avait ni fait ni pu faire l'expérience que depuis lors nous avons faite, quoique les débuts en Espagne n'aient pas été bien encourageants ; mais il semblait qu'on n'y eût pas autre chose à opposer aux *pronunciamientos*, si ce n'est un *absolutisme* impossible, qui, du reste, en eût provoqué de nouveaux, et ainsi de suite, à l'infini. Cánovas voulait fortement le roi, mais non le roi absolu, *el Rey neto*. Fervent admirateur du modèle britannique, connaissant les débats de la Chambre des communes au point de pouvoir citer impromptu, au cours d'une discussion aux Cortès,

l'opinion de tel ou tel de ses *leaders*, quelle que
fût l'époque de l'histoire à laquelle cet orateur
se rattachât ; préoccupé, jusqu'à l'obsession, de
l'idée de se rapprocher de ce modèle, s'il était
interdit au peuple espagnol, par son tempérament, et par ses mœurs, de s'y conformer tout à
fait, il s'accrochait de tout le sentiment de sa
supériorité et de tout le souvenir de ses triomphes
au régime parlementaire, dont il n'avait pas vu,
dont il se serait peut-être difficilement résigné
à voir la dégénérescence commençante, le « parlementarisme », puis la décomposition définitive,
la « parlementarite ». Et c'était proprement la
forme de son libéralisme : il était parlementaire.
Le gouvernement à l'anglaise : « Cela, et rien
d'autre, a toujours été mon idéal concret pour
l'Espagne. » Vue de l'esprit, qui étonne un peu
chez cet historien, chez cet homme d'État, et
qui négligeait plus qu'il n'était permis trop d'éléments du possible, trop de données du réel.

Cánovas reconnaissait pourtant les embarras
que causent les assemblées délibérantes. « Si
soumis que soit un corps délibérant (voilà une
note intéressante, qui ressemble fort à une révé-
lation psychologique, et qui découvre un trait
profond du caractère), si soumis que soit ce corps,
et encore qu'au fait et au prendre il le soit en
tout ce qui emporte engagement formel, il ne
laisse jamais complètement de susciter des embarras. » Mais quoi? La monarchie moderne doit
être constitutionnelle, et elle ne peut l'être qu'en
étant représentative, ou parlementaire ; mais elle
ne peut l'être qu'en admettant, parmi ses organes
principaux, une ou plusieurs assemblées délibérantes. Le gouvernement, Cabinet, Ministère,

Conseil **du** Roi, ou sera tiré d'elles, ou établira le contact, maintiendra la communication avec elles, et créera entre elles et le pouvoir royal une sorte de solidarité, exonérera l'un de la responsabilité, en chargera plus ou moins fictivement les autres, en tout cas la dénoncera. Ce n'est pas chose aisée de savoir où elle est. « Rien, à l'ordinaire, de plus difficile, après l'échec d'une mesure, qui dans la pratique engendre de funestes effets, que d'en identifier sûrement l'auteur. » La pratique de la monarchie constitutionnelle, du gouvernement de cabinet, le désignera au moins dans la mesure où les justes noces proclament la paternité : *Is pater est...*

La responsabilité des accidents et des malheurs, le peuple se montre prompt à la faire peser toute sur autrui, mais souvent il en a sa part. « Il convient que l'histoire enseigne aux peuples toute la part de faute qui leur incombe de coutume dans les événements, abandonnant le faux et préjudiciable système de la rejeter en entier sur les gouvernants. Les individus passent, et les peuples demeurent ; et jamais un individu ne fera grand un État à soi seul ni le perdra par soi seul. A peine les hommes d'État ont-ils la force d'avancer ou de retarder les événements. Le reste vient à être, dans la généralité des cas, œuvre commune des nations, empire des circonstances, fatalité antérieurement créée par de libres, mais collectives certitudes ou erreurs. »

Pourtant, la part de l'homme d'État dans ces fautes et cette responsabilité communes demeure la plus grande, car son opinion doit peser plus que ne doit compter celle du peuple, exprimée notamment par le suffrage. Elle doit peser plus,

parce qu'il doit être et plus compétent et mieux
informé : quelque place qu'on accorde au nombre
dans l'État, au moment des résolutions suprêmes,
« l'opinion publique n'est pas tant à considérer
que celle des hommes de gouvernement ». La
monarchie selon Cánovas est une monarchie constitutionnelle, libérale et parlementaire ; mais elle
l'est des deux côtés ; il n'y souffre pas plus un
libéralisme, un parlementarisme absolu, qu'un
despotisme non réglé, non contre-balancé, non
équilibré ; c'est une monarchie conseillée, mais
conseillée par ceux qui ont droit et qualité de
conseil ; des deux côtés, la Constitution fait limite, mais c'est, avant tout et après tout, une
monarchie. Elle l'est plus que jamais aux heures
graves, dans les temps forts, dans les crises nationales ; car « tout péril imminent pousse les
pouvoirs vers la dictature », et la monarchie est
si bien la forme légitime et naturelle de la dictature que les républiques elles-mêmes, à ces heures-
là, tout démocratiques qu'elles sont, et ne cessent
pas de se croire, courbées sous la nécessité, agissent
monarchiquement. Elle seule, cette monarchie de
fait, par l'unité du commandement, la clarté des
desseins, la rapidité des décisions, la continuité de
l'exécution, leur prête la puissance de vaincre.

Le prétendu pessimisme de Cánovas. — Il y a
des siècles que philosophes et moralistes disputent
entre eux sur le point épineux de savoir si le
pessimisme peut être un principe d'action, et,
dans ce cas, quel est, du pessimisme ou de l'optimisme, celui qui est le plus actif, le plus agis-

sant, celui qui excite le plus à l'action. Pour la plupart, ils décident en faveur de l'optimisme, en dépit de l'adage célèbre et vérifié par l'événement qu'il n'est pas nécessaire d'espérer pour entreprendre. Tout ce qu'on en veut dire ici, c'est que le pessimisme de Cánovas, en supposant qu'il fût prouvé, ne l'a point empêché d'agir, et d'agir comme il recommandait de vouloir et comme il voulait, fortement. Mais la forme de ce pessimisme était très particulière ; elle lui était en quelque sorte propre et personnelle. Il prenait sa source dans le sens aigu que Cánovas avait de la réalité, dans le souci qu'il avait du possible, dans la perpétuelle contemplation de l'histoire, dans l'application continuelle à connaître et apprécier exactement les conditions, les circonstances, la situation présente de l'Espagne, ce qu'elle lui permettait, ce qu'elle ne lui permettait pas. Par-dessus tout, le pessimisme de Cánovas était d'origine historique ; voilà l'explication du mot plein d'amertume : « Un rôle triste, mais honorable, m'est échu, à moi, en ce qui se rapporte à l'histoire d'Espagne... » Cette histoire même, il l'avait prise aux temps de « décadence », comme historien après Rocroy, comme politique après l'anarchie de 1873 et le laisser-aller de 1874 ; et, quoiqu'il en souffrît et qu'il en gémît, c'est elle qu'il devait se résigner à continuer.

« Rôle triste, mais honorable... » Cánovas a plaint le Comte-Duc d'y avoir été condamné, non sans un retour sur lui-même : « Incontestablement, il avait tout d'un homme d'État, bien qu'il lui échût de l'être en des temps de ruine et d'impuissance, ce qui est le plus mélancolique devoir qui puisse incomber ». Si pénible que soit ce devoir, il faut cependant le remplir. Il faut discipliner sa pensée et sa volonté à voir le réel et à n'entreprendre que le possible, en vertu de l'axiome primitivement posé : « Tout ce qui n'est pas possible est faux en politique. » Le fait est, en ce sens, le maître et le père du fait. Retenons la leçon de l'histoire. « Puisse l'Espagne entière, s'écriait l'auteur des *Études sur le règne de Philippe IV*, prendre conseil des faits, heureux et contraires, qui font la trame de ces études, pour ménager et obtenir dans les jours à venir tout ce qui lui a manqué en un autre temps, et tout ce dont, au surplus, elle a besoin pour occuper de nouveau, et cette fois perpétuellement, un rang distingué entre les nations ! » Mais que les Espagnols ne se contentent pas de dire, comme le fait trop souvent, au sujet de l'un et de l'autre état de choses, une histoire qui s'intitule nationale, qu'ils furent « très grands et valeureux jusqu'à une certaine date, très malheureux et dégénérés par la suite ». Et puis que, l'ayant dit, ils n'en prennnent pas indifféremment leur parti, comme lorsque, les bras croisés en face des régimes qui finissent et des révolutions qui grondent, ils disent sans sourciller : « *Eso se va.* Cela s'en va. » Le vrai pessimisme, cruel, impie, mortel, c'est celui-là, le pessimisme désespéré ; l'atonie, la paralysie, le suicide de la nation.

Celui de Cánovas ne lui ressemble en rien. Écoutons-le encore parler d'un autre, avec un retour sur son propre cas : « Peut-on croire avec vraisemblance qu'un homme qui presque sûrement se proposait de dominer les Cortès par l'ascendant de sa personne ait entendu faciliter son dessein en pleurant ses disgrâces, et en troquant

d'un coup son ancienne et notoire arrogance et
sa confiance en soi-même, qui était le fondement
de celle de tous, contre une attitude et des paroles
si désabusées? Les hommes qui voient le dedans
des choses, et qui, au milieu de quelque passagère faveur de la fortune, aperçoivent clairement
les périls de l'avenir, déplorent en leur for intérieur la joie superficielle et les espérances exa-
gérées, ou parfois chimériques, du vulgaire qui
ne retient que ce qui se passe devant ses yeux.
Ils éprouvent alors comme une nécessité d'interrompre une joie qui, encore qu'elle flatte les
sentiments, pèse intérieurement à l'âme... Il n'y
a pas de doute que la valeur d'un seul homme
puisse retarder l'événement qui paraît le plus
imminent, pour quelque temps et même pour
longtemps, bien que, les choses étant arrivées à
un certain point, il soit difficile qu'un jour ou
l'autre il ne survienne pas quelque accident im-
prévu qui de nouveau détermine et ensuite pro-
duise la catastrophe. C'est pourquoi l'on ne peut
ni ne doit attribuer légèrement à de petites causes
les grands événements, mais non plus il ne convient pas de négliger ces causes pour juger ces
événements. Et c'est pour de pareils cas, qu'il
est impossible d'assujettir à un calcul sûr, que
l'opinion des hommes réserve l'inexplicable et
aveugle intervention de la fortune. »

Les enseignements de l'histoire. — Cánovas insiste, et nous le trahirions en n'insistant pas avec
lui, parce que là, dans la nature de son prétendu
pessimisme, il nous fait toucher le fond de son

caractère, le ressort de sa conduite, le secret de sa politique. « Ce n'est pas, après tout, reprend-il, l'étude des événements et des hommes heureux qui a le plus d'utilité pour les nations, ni qui est le plus digne des méditations de l'histoire. Le malheur en apprend beaucoup plus que la prospérité, aussi bien à une nation qu'à un individu. » Ni une nation ni un homme, sans doute, n'aime à s'instruire de la sorte. « Il est naturel que l'homme fuie autant qu'il le peut les souvenirs pénibles ou tristes, et surtout ceux qui, avec ou sans raison, blessent son orgueil... De là doit venir que nous tirons si peu d'enseignement de nos propres annales, parce que nous avons coutume de ne savoir d'elles que ce qui suffit à stimuler la vanité, ressemblant à ces hidalgos enorgueillis qui consacrent à la contemplation de leurs parchemins inutiles les heures qu'ils emploieraient mieux à rechercher et à combattre les causes de la diminution de leurs revenus, en en acquérant d'autres, par surcroît, au moyen desquels faire face aux croissantes nécessités des temps. » Est-ce, d'ailleurs, s'humilier que de se recueillir ainsi? Cánovas ne le pense pas, mais le fût-ce, que l'humiliation serait salutaire. « Même l'orgueil bien entendu gagnerait à étudier plus à fond nos erreurs et nos désastres. Chaque nation, au bout du compte, a ce qu'elle mérite ; car les nations sont perpétuelles et peuvent réparer les œuvres du hasard en plus ou moins de temps, tout à l'opposé des individus, que d'ordinaire la mort frappe avant qu'ils aient pris congé de la mauvaise fortune. Les désastres irréparables se méritent tout comme les triomphes constants et sûrs... Pour ma part, j'ai déjà dit, et je repète,

que, si la mémoire des grandeurs passées vaut
pour réconforter les esprits découragés et élever
les pensées vers les sphères plus hautes que notre
patriotisme entrevoit présentement, les revers et
les infortunes historiques peuvent servir à beaucoup plus, qui est d'apprendre à les éviter. »

La grande sagesse pour un peuple, et le grand
art pour un homme d'État, le régulateur de son
action, est de savoir bien mesurer ses moyens :
toujours la limite du possible, au delà de laquelle
il n'y a que l'aventure et la chute. Pour ce qui
est du peuple espagnol, « la vérité est que l'ex-
ceptionnelle pénurie dont nous souffrons, déclare
Cánovas, ne pouvait avoir de sûr remède qu'en
changeant tout ensemble de politique et en abandonnant une position, atteinte à contretemps et
que tôt ou tard il nous faudrait infailliblement
perdre. Je ne prétends pas que ce remède fût
d'une application facile en aucun pays, et moins
qu'en tout autre en un pays d'un aussi commun
orgueil que l'Espagne : je dis seulement que c'était
l'unique moyen qui, employé en son lieu et en
son temps, nous aurait épargné la plupart de
nos épreuves et de nos déceptions postérieures. »
Comment chasser l'idée que ces réflexions ne se
soient représentées plus poignantes à l'esprit de
l'homme d'État, dans les deux dernières années
de sa vie, assombries par la perte qu'il sentait
fatale et prochaine de Cuba et des Philippines,
ces deux poids lourds, disait-il, que l'Espagne
affaiblie devait soutenir à bras tendus, aux deux
extrémités du monde?

Pessimisme? Non, mais sens de la réalité, vue
directe de l'homme d'État sur une affaire d'État.
Certes, il lui eût été plus agréable de ne point

aller ainsi à l'encontre du sentiment public, de ne point lancer cette douche froide sur l'enthousiasme patriotique surchauffé. Mais, dans de semblables questions, le politique pouvait-il parler en poète, et Cánovas del Castillo comme Estébanez Calderon? Plus d'une fois la strophe célèbre du « Solitaire » dans son *Ode au Roi sur les événements d'Amérique*, dut revenir chanter à l'oreille de son neveu, lui-même sensible aux nombres et aux rythmes. « Ceux donc qui savent qu'en naissant ils vivent — avec droit à la lumière de soleils opposés — et qu'ils trouvent leur illustre patrie partout — où ils posent le pied sur l'immense sphère, — comment peuvent-ils voir, en repos et couardise, — à un cercle mesquin et plus étroit, — se réduire la plus vaste Monarchie? » Magnifique envolée, mais la politique ne vole pas, elle marche, et souvent elle piétine et quelquefois elle rompt. « Pour un homme d'État expérimenté et froid, pas même en vers il n'était permis de proposer à l'Espagne de 1830 qu'elle tentât de reconquérir les provinces d'Amérique totalement organisées déjà en nations indépendantes. » Devant cette hantise de l'impossible, il se révolte, la colère l'emporte, il tranche : « Pour tout bon Espagnol, le projet de rendre à sa patrie la place éminente qu'elle occupa jadis entre les nations fait partie de son idéal, mais tout politique qui, prenant son désir pour une possibilité, se comporterait en tout comme avaient coutume de le faire nos ancêtres du temps de Charles-Quint, devrait à bon droit être envoyé comme pensionnaire dans une maison de fous. »

Ainsi Cánovas, résistant à la fois aux assauts de ses adversaires et aux impulsions de ses amis, se refusait à jeter l'Espagne telle qu'il l'avait reçue dans les hasards d'une grande politique internationale, à rechercher pour elle des alliances où elle ne serait pas entrée à égalité, des compagnies où elle n'aurait été admise qu'en parente pauvre au bas bout de la table, elle qui avait été l'Espagne de Charles-Quint et de Philippe II. Mais elle n'eut à lui reprocher ni son pessimisme ni sa faiblesse, lorsque le droit, la dignité, l'honneur national furent en cause, comme, par exemple, dans le conflit au sujet des îles Carolines, alors que se dressait, en face d'elle et en face de lui, en sa colossale puissance, l'Allemagne de Bismarck. Il savait pourtant mieux que personne le peu qu'il eût pu militairement, ayant mieux que personne mesuré la courbe de la décadence militaire de l'Espagne depuis et déjà avant Rocroy. S'il n'avait jamais mis en doute les vertus naturelles d'un sang héroïque, s'il professait même que les critiques étrangers se trompent en accordant une plus grande estime en Espagne à la terre qu'à la race dont elle est peuplée, tandis que l'opinion contraire serait plus juste à son avis, il n'était pas de ceux qui oublient que « l'art de la guerre est un art complexe », que des soldats et surtout des chefs ne s'improvisent pas ; et bien moins encore pouvait-il être de ceux-là qui témoignent « d'un excès de confiance en leur propre armée et d'un dédain indiscret pour l'armée ennemie. »

C'est encore l'étude de l'histoire, et c'est encore le sens du réel, qui lui inspiraient cette prudence, don nécessaire selon lui et signe d'élection de l'homme d'État, mais prudence virile et sans lâcheté, qui, au besoin, n'exclut pas la hardiesse, ne va que très rarement jusqu'à l'audace, qu'en tout cas elle veut réfléchie, et proscrit radicalement toute témérité. D'autre part, l'histoire et l'observation des choses avaient formé Cánovas à ne pas faire fond sur « des amitiés extérieures que l'intérêt ne soutient pas. » Mais ni prudence innée ou acquise, ni méfiance de soi et d'autrui, n'étaient capables d'entamer sa foi en la patrie, qui devait se superposer et survivre à tout. « La grande tragédie de la monarchie de Charles-Quint et de Philippe II, a-t-il écrit à propos du *Voto original* du duc de San-Lucar (Olivarès) n'eût pas été mieux portée à la scène par le génie de Shakespeare que par le talent analytique et l'expérience consommée de ce vieil homme politique, qui, au bord de sa tombe, se souciait tant de ne pas voir s'ouvrir du même coup celle de sa patrie. La patrie ne mourut point, sans doute parce que les nations meurent difficilement. »

L'amour de la patrie, la foi en la perpétuité de la patrie, la nécessité de cette perpétuité, quelque formule qu'on emploie, celle de Machiavel : « La patrie doit être sauvée ou avec gloire ou avec ignominie, mais de toute manière elle doit être sauvée, » ou celle de Canovas luimême : « Il en est de la patrie comme de notre père et de notre mère : on est pour elle avec raison ou sans raison ; » là-contre, il n'est pas de pessimisme, fût-il délibéré, systématique, invétéré, qui tienne, ne vienne s'abattre tout d'un coup et ne se brise comme verre. Mais tout ce que nous avons dit montre que, chez Cánovas, le pessimisme, si pessimisme il y eut en lui, ne fut point de l'espèce amollissante et neutre ; qu'il ne fut pas prétexte à passivité, annulation de volonté ; mais que, plutôt principe d'action, il eut pour seul effet de soumettre cette action elle-même à la méthode et à la règle, de la contenir dans les limites du possible, suivant les données du réel.

Dans son deuxième discours de l'Ateneo (25 novembre 1872), il a pris soin de dissiper l'équivoque, par le parallèle qu'il a tracé du pessimisme et de l'optimisme, et la position de juste milieu où il s'est arrêté entre l'un et l'autre. « Bannissez, Messieurs, le soupçon, si, contre ma volonté, de telles paroles le répandent, que je sois de ceux que confond et épouvante la contemplation des événements contemporains. Non, je ne suis pas pessimiste ; pour l'être, il faudrait que je ne me confiasse pas comme je me confie en l'intervention de la Providence dans l'histoire, et, n'étant pas pessimiste, il n'est rien dont je doive spéculativement m'épouvanter. Pour moi, tout, en son temps, a sa raison manifeste ou latente, et j'espère que tout, à la fin, servira à améliorer en cette vie le sort des hommes et à leur faire gagner le bien éternel. Imprévus, douloureux et grands sont beaucoup des événements actuels, à n'en pas douter ; mais l'histoire de l'espèce humaine en offre de si grands, que personne qui la connaisse à fond puisse désespérer de l'avenir et dans le présent ressentir un extrême effroi. » Les plus étonnés, les plus épouvantés de tout ce qui se passe, devraient être « ces optimistes impénitents qui, non contents de la certitude du progrès humain, prétendent que l'approche lente et toujours distante de la perfection qu'il détermine se convertisse en possession immédiate, totale, absolue... ceux qui tenaient pour axiome depuis trente ans qu'à cause de la supériorité de sa

civilisation matérielle et de l'indubitable accroissement de jouissances qu'il offre aux hommes,
le monde ne connaîtrait plus désormais ni longues
guerres, ni conquêtes, ni formations ou dissolu-
tions d'États, ni violentes et cruelles révolutions
de peuples cultivés. Ne prenez pas pour un paradoxe ce que je vais vous dire ; mais je pense en
vérité, Messieurs, que ce sont les optimistes qui
sont non pas assurément les plus méchants, mais
sans conteste les plus dangereux de tous les
hommes... Il n'est point de bonne politique, et
il ne peut pas y avoir d'avancement certain dans
les sciences morales, sans une juste conception
de la vie et de la mort. Parce que les pessimistes
s'en font une très erronée, en n'apercevant dans
l'homme que ce qu'il a de mauvais, ils attristent
et même rapetissent la vie, mais, après tout, ils
ne la corrompent pas. Les optimistes, au contraire, en falsifiant la nature et la réalité des
choses, la corrompent premièrement et, malgré
eux, la remplissent ensuite aussi de déceptions et,
par conséquent, de tristesse... Ce qu'il importe
de découvrir et d'exposer, ce n'est que la réalité
des choses en général, et ici, spécialement, celle
des choses humaines, laquelle réalité dément également les optimismes et les pessimismes arbitraires. » Ajoutons, pour conclure : laquelle réalité, étant le seul fondement du possible, se trouve
par cela même être la seule base d'une politique
saine et raisonnable.

Le prétendu scepticisme de Cánovas. — De même,
que faut-il entendre par « le scepticisme » de

Cánovas? Et comment aurait-il pu être tout ensemble « pessimiste » et « sceptique »? Il semble
que l'une de ces deux accusations détruise l'autre ;
mais, en serrant les mots de plus près, on se con-
vainc, et Cánovas en était le premier convaincu,
que « scepticisme », ici, signifie simplement « va-
riations ». Aussi, tenant comme il y tenait à
l'unité de sa doctrine, de sa vie et de son œuvre,
s'en est-il défendu avec énergie, partout où il
lui a été donné de le faire, par la parole et par la
plume, notamment dans la préface de ses *Pro-
blemas contemporáneos*. Il nie dans cet ouvrage,
il a nié dans plusieurs de ses discours parlementaires, qu'on puisse, en ses travaux antérieurs
à 1868, relever la moindre contradiction, la
moindre différence avec l'esprit qui depuis lors
a toujours inspiré ses actes. « Je ne citerai pas,
dit-il, de travaux philosophiques, ni même sociologiques, parce que je n'en ai pas de cette époque,
mais historiques et politiques, qui sont ceux que
l'on calomnie et qui manifestent avec toute évidence l'esprit spéculatif qui m'animait réellement. Par eux on verra surabondamment qu'un
même esprit dirigeait alors et dirige aujourd'hui
ma plume et ma parole... De toute manière, rien
ne m'est aussi facile que de le prouver : le sens
intime et général de notre histoire aux seizième
et dix-septième siècles, que je découvris et fis
connaître dans cette œuvre juvénile, est le même
que je lui donne encore après trente années
d'études sur les hommes et les choses de ce
temps-là. »

Eh ! bien, oui, il y a l'*Esquisse historique de
la Maison d'Autriche en Espagne*. Mais c'était
pour son « *estudiantil* » auteur, qui s'était laissé

surprendre, une question de conscience, « d'avoir
copié avec légèreté, et sans un suffisant examen,
beaucoup de calomnies historiques qui pèsent sur
les gouvernants espagnols de cette époque. » Il
se jugeait en conséquence plus obligé que d'autres
à rechercher et établir la vérité, afin de se démentir
chaque fois qu'il y aurait lieu, comme il s'était
déjà démenti fréquemment, et comme il pensait
encore démentir chaque jour davantage ses « peu
scrupuleux « prédécesseurs. Cela n'a pas empêché
quelques-uns de ses « adversaires », plutôt que
de ses « critiques », de prétendre que, dans cette
œuvre de ses vingt ans (exactement vingt-quatre
ans), « j'ai exprimé des idées différentes de celles
que je professe maintenant en politique, et même
peu favorables au principe monarchique ; qu'on
m'excuse donc de démontrer le contraire par des
textes qui fassent foi. » Ces textes sont, entre
autres, deux portraits de Philippe II, datés l'un
de 1852, l'autre de beaucoup plus tard, tous les
deux conformes, identiques, — avec, comme il
est naturel, de moins en moins d'inexactitude de
pensée et de langage, — à son jugement d'aujour-
d'hui. Autre preuve, et plus directe, de cette inva-
riabilité d'opinion : un passage du discours, son
vrai début parlementaire, aux Cortès constituantes
de 1855, sur l'origine et le fondement de la souveraineté nationale ; sujet que Cánovas devait
reprendre dans son discours de l'Ateneo du 6 novembre 1889. Il y repoussait dès lors, comme il le
repousse toujours, « le *libre arbitre national* et la
volonté nationale soi-disant exprimée en des scrutins ou résumée en des assemblées politiques ».
Il voulait bien reconnaître « les nations maîtresses
d'elles-mêmes, mais elles tout entières, dans leur

grande vie historique ; et non aucune minorité d'habitants de l'un ou de l'autre sexe, ni même aucune majorité ivre, passagèrement séduite ou dévoyée de quelque façon ». — « Quel bon démagogue, raillait-il, ne fallait-il pas être pour apporter de telles négations dans les Cortès de 1855 ! »

Mais il y avait pis, il y avait « plus roide ». Ne l'avait-on pas traité de « partisan du régicide » dans le moment même où il écrivait son apologie de Philippe II ! Sans doute tirait-on prétexte de certains passages tronqués de son *Histoire de la décadence*, de celui peut-être où, racontant la conspiration de D. Carlos Padilla qui tendait à réunir de nouveau sur une seule tête, — mais celle du duc de Bragance, — les deux couronnes d'Espagne et de Portugal, il estimait ce complot « un crime odieux » et déclarait « juste » qu'il fût puni de mort. Sans doute aussi visait-on sa participation, aux côtés des plus nobles représentants de l'opinion modérée, dans les événements de 1854. Il s'en était pourtant expliqué devant le Congrès, le 5 juin 1867, et victorieusement, à en juger par le profond silence qu'avaient observé ses censeurs. Ils s'étaient tus : il les avait crus désarmés.

Une encyclopédie de la politique. — Contre son prétendu scepticisme, toute son œuvre, écrite, parlée, agie, protestait. Et quelle œuvre ! A ne considérer pour l'instant que ses écrits et ses discours, on en aura un aperçu par les sommaires des trois volumes de ses *Problèmes contemporains*. Lequel de ces problèmes, des plus hauts, des plus ardus, des plus pressants dans tous les ordres, n'y est point abordé en son temps, aussitôt qu'il est posé, parfois même avant qu'il soit posé pour le public? Ce sont en 1870, dès le 26 novembre, les transformations européennes ; la question romaine sous son aspect universel ; la guerre franco-prussienne et la suprématie germanique en Europe ; en 1871, le pessimisme et l'optimisme par rapport aux problèmes de l'époque actuelle ; le concept et l'importance de la théodicée populaire ; l'État en lui-même et dans ses relations avec les droits individuels et corporatifs ; les formes politiques en général, et, particulièrement, la monarchie constitutionnelle en Angleterre. C'est, en 1872, le problème religieux et ses relations evec le problème politique ; le problème religieux et l'économie politique ; l'économie politique, le socialisme et le christianisme ; les erreurs des écoles modernes par rapport au concept d'humanité et à la notion d'État ; l'inefficacité des solutions proposées jusqu'à présent pour les problèmes sociaux ; le christianisme et le problème social ; le naturalisme et le socialisme scientifique ; la morale indépendante et la morale chrétienne ; le christianisme comme fondement de l'ordre social ; la croyance au surnaturel et l'Athénée scientifique. En 1873, voici : la liberté et le progrès dans le monde moderne, le concept de liberté dans les écoles philosophiques modernes, le déterminisme et la liberté humaine et ses manifestations, l'idée de progrès, les systèmes de Spencer et de Hæckel, et le christianisme, l'identité fondamentale de l'idée de progrès dans les systèmes philosophiques contemporains ; la philosophie de Kant, le scepticisme et le déterminisme actuels, la réalité des concepts de liberté et de progrès. Là se termine la première série des discours prononcés à la présidence de l'Ateneo (1870-1874) ; mais Cánovas y reviendra huit ans après ; dans l'intervalle, il y a eu la Restauration.

En 1882, il prend pour thème : l'état actuel de l'investigation philosophique ; le fait de l'existence des nations, et la recherche de leur origine et de leur nature ; les différences entre la nationalité et la race ; le concept de nation dans l'histoire ; le concept de nation totalement considéré en lui-même et sans le distinguer de celui de patrie ; les tendances communes aujourd'hui à toutes les nations civilisées ; l'opposition du monde réel au fantastique de la paix perpétuelle entre les nations, ou la solidarité universelle des hommes. Enfin, troisième série des discours de l'Ateneo, en 1889, sur la démocratie ; l'exercice de la souveraineté dans les démocraties modernes ; les révolutions de l'âge moderne ; classification des systèmes démocratiques, la démocratie pure en Suisse ; la démocratie mixte dans les cantons suisses ; la souveraineté exercée en Suisse par la Confédération, le régime municipal ; la démocratie des États-Unis ; le concept de la souveraineté dans les États-Unis et en Suisse ; principes théoriques de la démocratie française. En 1890, la question ouvrière et son nouveau caractère, sujet sur lequel Cánovas insistera ailleurs.

Ailleurs, c'est partout où il trouve l'occasion de parler ou d'écrire : à l'Académie royale des sciences morales et politiques, le 5 juin 1881, il traite des hypothèses qui ont servi ou pourraient servir de fondements à la sociologie ; de la sociologie moderne et du socialisme. Il étudie successivement les nouveaux concepts de la substance et de la force ; la morale et le droit dans les écoles philosophiques modernes ; les lois du progrès et de l'association dans l'humanité. Puis ce sont, dans un autre genre, et dans un autre ton, des articles ou des discours sur l'économie politique et la démocratie économiste en Espagne ; la production des céréales en Espagne ; et les tarifs douaniers actuels (au Congrès des députés, 1888) ; le libre-échange et l'économie politique, à propos d'un traité de commerce ; la nécessité de protéger, en même temps que les céréales, la production espagnole en général. Un jour, il explique « comment il en est venu à être doctrinalement protectionniste » ; le lendemain, il s'inquiète des résultats de la Conférence ouvrière de Berlin et de l'état officiel de la question ouvrière qui occupe une place de plus en plus grande dans ses préoccupations.

Il confronte en chef de gouvernement les droits des gouvernements nationaux et les prétentions de l'Internationale. Comme prologue au recueil de ses *Discours parlementaires*, il expose, non sans scepticisme (cette fois, c'est le mot propre), la question, alors à la mode, du jugement par jurés. Outre ces gros morceaux, ces études de fond, tout un cortège de ce que, en termes de journal, on appellerait des « Variétés » : sur les *Arbitristas* (expression ingénieusement empruntée de *Don Quichotte*, pour dire les donneurs d'avis qu'on ne leur demande pas) ; un autre précurseur de Malthus ; les orateurs grecs et latins ; le centenaire de Sebastian del Cano ; le Congrès géographique de Madrid, etc. En somme, — on voit

que c'est véritablement une Somme, — philosophie, sociologie, morale, droit, économie politique
et sociale, théorie et pratique, cette curiosité
universelle s'intéresse à tout, cette intelligence
encyclopédique embrasse tout, cette activité
d'État se saisit et se rend maîtresse de toutes les
matières d'État.

Et maintenant, Grands de la terre, instruisez-
vous ! Ministres nés des jeux de l'Urne électorale
et du Hasard, comparez, et considérez ce qu'est
l'Art, vous qui ne vous êtes même pas donné la
peine d'apprendre le métier !

J'ai poussé aussi avant que je le pouvais dans
l'espace qui m'est étroitement mesuré l'analyse
de l'esprit de Cánovas, homme d'État. Il n'avait
pas, lui, usurpé ce titre ; il l'avait bel et bien mérité et conquis par l'effort de toute sa vie. Mais cet
esprit si ouvert et si passionné, si vivant et si vi-
brant, si attentif et si actif, à l'analyser de la
sorte, je crains de l'avoir distillé, desséché, désin-
carné, car l'homme d'État fut un homme, et
l'homme fut ce qu'est tout homme, non seulement
esprit, mais âme, corps, cœur et chair. Comme tout
homme, il eut des qualités et des défauts, *ses* qualités et *ses* défauts, qui fixent sa personnalité. Ne
tombons pas dans l'erreur dénoncée par Cánovas
del Castillo lui-même : ceux qui s'imagineraient
que tout est éminent dans l'homme le plus éminent et que le plus fort est sans faiblesse, feraient
l'aveu qu'ils ont mal lu l'histoire et qu'ils ignorent
le maniement des affaires d'État.

Pour moi, j'ai cherché l'homme d'État et j'ai
cru le trouver dans ses pensées et ses paroles,
dans la masse, que je n'ai fait qu'effleurer, de ses
livres et de ses discours. Mais qu'en reste-t-il
dans le peu que j'en ai pu noter? A supposer
même que toutes ses parties y soient, y est-il?
Ne faut-il pas, pour le recomposer, aller à présent
chercher l'homme dans son être et son caractère,
sous son vêtement et sa figure, *intus et in cute?*
Ah! comme tout cela est froid et mort, et comme
c'est loin de lui! Je voudrais, après trente ans,
retrouver quelque chose de l'impression de grandeur que je ressentis quand je l'approchai et de
la douloureuse émotion que j'éprouvai à la nouvelle de la fin sanglante par laquelle venait
d'être interrompue si malheureusement pour son
pays la carrière, encore riche de services, de Celui
qui fut un faiseur d'ordre, qui le fut, il est vrai,
lorsqu'il le fallut, à la manière forte, mais, quoi
qu'en aient dit les factions domptées, n'eut jamais
rien d'un tyran.

CHAPITRE III

L'HOMME

Tout ce que l'usage, en Espagne, permet
de dire des hommes, même célèbres.

Canovas, *El Solitario y su tiempo*, II, 96.

Ce fut un homme. Avec des qualités et des défauts, ses qualités et ses défauts, je l'ai dit, qui firent sa personnalité, très forte. Un Homme fort. Autre que le Prince du type classique et de tous les temps. Autre, en son temps, qu'un Bismarck, vis-à-vis de qui il s'est une fois trouvé et avec qui parfois on l'a mis en parallèle.

De taille moyenne, d'une charpente ramassée et robuste, assez gros sans obésité, la tête attachée par un cou puissant à de puissantes épaules, souvent redressée et comme renvoyée en arrière, l'air toujours un peu campé devant l'obstacle et face à l'ennemi ; le front élevé, ample, bombé, renflé au sommet, aplani, distendu à la base, souverain, dominateur ; le nez d'un pur dessin, continuant fermement la ligne, infléchi vers le milieu en bec d'aigle qui s'arrêterait, s'arrondirait avant la pointe ; la bouche fendue d'un coup hardi, couverte d'une moustache tombante, épaisse, rude et couvrant elle-même des dents larges, solides, enracinées, gencives nues, dans l'os d'une mâchoire formidable ; au menton proéminent, une touffe de poils gris, rêches, rebelles, une mouche roulée de travers et retournée en virgule, en apostrophe ; le visage asymétrique, les deux profils très différents ; sous d'épais sourcils restés plus noirs que la barbe et la chevelure, les yeux dépareillés, déparés d'une divergence qu'accusait à chaque minute un tic nerveux par lequel les muscles tirés de bas en haut, imprimant de continuelles secousses au lorgnon, voilaient et dévoilaient alternativement le globe tout blanc de l'œil : tel était, au premier aspect, Cánovas del Castillo. A l'examiner mieux, la figure s'adoucissait, revêtait un agrément, et, de tout près, dans la conversation, un charme ignoré des curieux et des passants. Mais Cánovas ne tenait pas à donner cette impression de douceur et de facilité. Des photographies que j'ai de lui, il en est une, signée et remise de sa main, mais qu'il n'aimait pas. « Je vous l'offre, m'avait-il dit, parce que c'est celle-là que ma femme préfère ; mais je ne la trouve pas bonne ; j'y parais trop aimable. » (1) L'image qu'il avouait, c'est celle qu'il a fait placer au frontispice de ses livres ; où, posé de trois quarts, le regard projeté haut et loin, imperturbable, de bronze ou de marbre, dans la vérité d'une attitude qui lui était habituelle et qui ne sent nullement le théâtre, il surveille et il ordonne ; celle précisément dont je viens de m'appliquer à tracer en quelques lignes une description fidèle.

Quelque chose d'altier, c'est visible, et de très sûr de soi. Plus que tout le reste, on lui a reproché son orgueil, sa superbe, la *sobérbia de*

______

(1) Celle-là même qui est reproduite à notre première page.

Cánovas. Ici encore, il faut s'entendre, et, pour s'entendre, définir. Si, par « superbe », on veut dire le sentiment de sa propre valeur, la foi en soi-même, l'intime persuasion que l'autorité n'est pas faite pour qu'il y ait à demander humblement pardon de l'exercer, à l'entourer de formes, d'explications et d'excuses, au risque de la compromettre et de la perdre ; qu'elle ne donne tout son effet que lorsque ceux qui la font mouvoir la laissent peser de tout son poids en la faisant tomber de toute leur hauteur ; alors, il est certain que Cánovas eut cet orgueil ; mais juste orgueil qui, dans l'homme d'État, est moins celui de l'homme que celui de l'État. Sans vanité et sans raideur, il lui suffit de ne pas abaisser les sommets pour conserver et marquer les distances, ce qui lui permettait, au courant de la vie quotidienne, d'être familier avec le populaire, sans dégradante recherche de popularité. En quoi consistait donc au vrai la tant fameuse et tant alléguée *sobérbia* de Cánovas? Je crois qu'on peut penser de lui, sous ce rapport, ce qu'il pensait, lui, d'Amador de los Rios : « Le plus considérable de ses défauts était de dire à haute voix de lui-même ce qu'injustement les autres omettaient ou se retenaient de confesser. » Sentiment transparaissant, et comme transperçant, de ce qu'il valait et de ce qu'il pouvait, assurance qu'il avait été le premier et presque l'unique artisan de sa destinée. Après avoir reconnu et payé sa dette de gratitude envers le Solitaire, Estébanez Calderón, « le seul homme au monde de qui il avait reçu aide et protection, » il ajoutait fièrement : « Tout le reste, je l'ai acquis ou conquis, sans en devoir absolument rien à personne, qu'à

moi-même. » Les malveillants l'ont plaisanté sur
l'abus redondant et surabondant qu'il aurait fait
du pronom personnel : Je... Moi... A moi... *En-
tiendo* yo... *No he dicho* yo... *Como he venido* yo
à ser... Mais, si, en effet, il disait volontiers :
Moi, c'est qu'il sentait, et qu'il y avait véritablement en lui, un grand *Moi*. Ainsi qu'un de ses
apologistes l'a remarqué, le trait distinctif de son
caractère était « une accentuation vigoureuse
de sa personnalité ». Il mettait l'accent sur le *yo*
et, comme tout ce qu'il était, tout ce qu'il faisait,
était fort, il frappait fortement la tonique. Cette
personnalité très forte n'était sujette ni aux changements des temps ni aux caprices de la fortune :
sa loi était l'unité ; à travers les vicissitudes, elle
demeurait une, parce qu'il la voulait une et la
plaçait si haut qu'elle était hors d'atteinte ; et
son invulnérabilité la rendait imperturbable.
Tout jeune, et dès le début de sa carrière politique, Cánovas s'était persuadé qu'il avait à
remplir une mission importante dans l'histoire de
son pays et il s'était mis avec résolution en devoir
de s'en acquitter. Cette foi profonde en lui-même
l'avait invité à tenir pour des réalités les pressen-
timents dont il était assailli, que l'avenir lui
appartenait. Mais l'on n'a pas à un tel degré foi
en soi-même, sans se subordonner les autres,
sinon sans se les immoler. Si on lui annonçait
que quelque personnage de son parti s'écartait
de son opinion en un certain point, et ne craignait pas de le déclarer, parce que « ce personnage
avait le courage de ses convictions », il répondait :
« Ce qu'il doit avoir, c'est le courage des miennes, »
revendiquant, d'une façon si tranchante, pour soi,
l'hégémonie absolue de sa pensée et la subordi-

nation inconditionnelle de celle de tous les autres
à la sienne.

Dans cette espèce d'autorité despotique du
chef de parti, il entrait moins de mépris ou de
dédain des autres que d'estime de soi, et d'estime
fondée sur l'idée moins d'une supériorité naturelle
que de cette supériorité qui découle de l'apprentissage longuement fait, du travail fourni, de
l'œuvre déjà accomplie. Je demandai un jour à
Cánovas s'il n'éprouvait plus du tout l'espèce
d'appréhension dont avouent qu'ils ont tant de
peine à se défaire, avant de monter à la tribune,
les orateurs les plus sûrs de leurs moyens et les
plus légitimement renommés. « Non, me dit-il,
je n'ai jamais pu m'en débarrasser tout à fait.
Mais, quand je me prépare ou m'attends à prendre
la parole, je viens à la Chambre en me promenant,
et, comme, selon ma mauvaise habitude, j'arrive
en retard, aux environs du Palais, je n'aperçois
que députés, retardataires aussi, qui se hâtent.
Alors, le souci se divise et se disperse. Au lieu
que l'Assemblée m'apparaisse en bloc comme une
chose énorme, confuse et redoutable par son
inconnu même, elle se précise à mes yeux, se
concrète dans mon esprit en autant de menus
fragments que je vois et que je reconnais de têtes.
Je me dis : Allons ! Tu sais pourtant mieux ton
affaire que celui-ci ou celui-là !... La raison
m'eût peut-être effrayé. La comparaison me rassure. »

Mais, de même qu'il avait reconnu les limites
du possible, et qu'il les avait données comme
limites mêmes à la politique, il connaissait aussi
les limites de son pouvoir, et sa foi en soi était
trop intelligente pour aller au delà. Il n'est point

d'homme à qui tout, en son temps et en son pays, soit accessible ou réalisable. Qu'il s'en console par le témoignage de sa conscience, si elle l'assure qu'il a fait tout ce qu'il pouvait, et que son mérite ait sa récompense dans la certitude intérieure d'avoir bien mérité. « Personne ne naît dans le siècle, personne dans la nation, personne dans les circonstances qu'il voudrait. Autant que vaincre, après tout, vaut de prouver que, l'occasion s'étant offerte, on eût mérité la victoire. Si cette victoire, en échange, on ne l'obtient pas par ses propres actes, mais par une alliance fortuite avec les circonstances, quelle âme vraiment grande aimerait à se décorer de ces feuilles de laurier artificielles ? Tout est égal dans la vie et peut être indifférent, sauf sa propre conscience et la satisfaction de soi-même. »

Telle était donc la qualité de cet orgueil devenu proverbial à force d'être dénoncé, et que le dernier trait définit exactement : la satisfaction de soi-même, suffisant et suppléant à l'approbation publique, quand celle-ci se refuse ou se dérobe : « Quiconque espère gratitude immédiate pour ses services réels et possibles ne mérite pas de s'appeler homme d'État, » déclarait Cánovas. « Il y a bien longtemps que j'aurais cessé d'intervenir dans le gouvernement de ce pays, si j'eusse espéré, comme récompense de mes actes, de la reconnaissance. » Être soi, savoir que l'on est soi, ne pas trouver en soi une raison d'être mécontent d'être soi ; s'examiner sévèrement, et, lorsqu'on ne s'est pas condamné, ne point se soucier du jugement des autres ; c'est de la superbe peut-être, mais c'est la cuirasse, *robur et æs triplex* de l'homme politique, dans les régimes d'opinion. Il faut, s'il

veut n'en pas être l'esclave et y sauver sa personnalité, qu'il ait toujours présent le conseil de
notre vieux poète :

Mesprise un titre vain, des honneurs superflus,
Retire-toy dans toy; parois moins, et sois plus.

Toutes les hauteurs sont solitaires. A ces alti-
tudes seulement, se découvrent les larges vues,
s'élaborent, se mûrissent et s'exécutent les vastes
desseins.

Au dire des détracteurs de Cánovas, consé-
quents avec eux-mêmes, tant de *sobérbia*, tant
d'orgueil dans le fond, quelle qu'en fût exactement la nature, devait logiquement s'accompagner de *malhumor*, de mauvaise humeur dans
la forme. Comment un homme aussi plein de lui
n'aurait-il pas repoussé, rejeté, bousculé le reste
des humains? Comment ne se serait-il pas montré
à tous hautain, bourru, dédaigneux, hargneux
même en ses minutes d'énervement? Il convenait
qu'il fût ainsi pour être dans son personnage.
Mais ou bien sa superbe n'était pas ce qu'on a
prétendu, ou bien elle n'entraînait pas ces manifestations de misanthropie à fleur de peau. De
toute façon, je puis témoigner que je l'ai toujours
trouvé, au contraire, d'une courtoisie parfaite,
d'une politesse à la fois spontanée et attentive.
Son accueil n'était pas seulement correct, il était
aimable, avec un léger vernis de grâces anciennes.

Ce qui est vrai, c'est que l'autorité, au sens
moral du mot, la supériorité irradiait de lui au
point que l'on ne pouvait pas un instant oublier
devant qui l'on était. On a dit d'un autre, que
j'ai aussi beaucoup connu et qui était très loin
de donner cette impression de puissance, qu'il

excellait à « vous faire sentir, en vous écoutant, que vous n'étiez qu'un imbécile ». Rien de pareil en Cánovas, qui ne mettait, en vous parlant, aucune coquetterie à vous convaincre qu'il avait sur vous le dessus et vous dominait. On le savait, et peut-être savait-il qu'on le savait, mais il ne le marquait pas... Ce qui est vrai encore, c'est que, l'esprit sans cesse occupé des plus graves problèmes, soit dans son cabinet ministériel, soit dans sa bibliothèque, à sa table de travail, soit même à la promenade, qui favorisait sa méditation, en augmentant son activité cérébrale, en l'échauffant, pourrait-on dire, par le mouvement, il n'aimait pas être dérangé par un importun à l'heure pour lui opportune. D'autre part, il ressentait trop vivement les hypocrisies et les trahisons, grandes et petites, pour pouvoir, en présence de leurs auteurs ou immédiatement derrière eux, dissimuler tout à fait. Comme j'entrais chez lui au moment où en sortait le correspondant d'un journal qui l'accablait de flagorneries, mais sur le compte de qui il était édifié, il éclata : « Vous avez vu ce monsieur? me dit-il. C'est l'homme le plus perfide que je connaisse. Et j'en ai connu, depuis un demi-siècle bientôt que je suis dans la vie politique ! »

On se rappelle l'âpre, amère, foudroyante réplique dont Cánovas écrasa son lieutenant de la veille, Francisco Silvela, à qui il ne pardonnait point une dissidence tournée finalement en défection, et dont les facultés critiques s'étaient aigries jusqu'à se faire agressives. C'était au Congreso, à la Chambre des députés (séance du mardi 7 juillet 1896), dans la discussion de l'adresse en réponse au discours de la Couronne. M. Sil-

vela avait attaqué vivement le président du
Conseil sur les vingt-trois projets de loi accordant des réformes par lesquelles il espérait arrêter
ou circonscrire l'insurrection de Cuba. En répliquant, Cánovas s'était attaché à établir que
les idées de son contradicteur n'avaient pas toujours été si éloignées des siennes. A demi rassis·
déjà, d'un ton sec, les yeux dans les yeux du
transfuge, il acheva ainsi sa harangue : « Il reste,
pourtant, une profonde différence, qu'a notée
M. Silvela. Les adjectifs dont il a qualifié la conduite du gouvernement ne peuvent, à moi, rien
me faire. (Littéralement : ne peuvent me faire
aucune brèche : *a mi no me pueden hacer mella
ninguna*). Après tout, je ne suis pas, moi, de ces
ministres qui, à aucun âge ni dans aucun temps,
aient passé au gouvernement sans y laisser une
trace profonde ; et, pour avoir le droit de me dire
cela, à moi, il faudrait être passé par les ministères, en y laissant quelque chose de plus que le
nom dont ont été signés quelques décrets insignifiants. »

Dans une autre occasion, il poussa plus loin
encore ; au moins osa-t-il viser plus haut. Cuba et
les Philippines étaient en pleine révolte. Il s'agissait d'envoyer ici et là deux capitaines-généraux qui fussent de vrais chefs de guerre, car
l'heure de la force était venue, et il n'y avait
plus de recours qu'en elle. A Cuba, Cánovas avait
décidé de nommer Weyler, dont la réputation
d'énergie farouche et presque sauvage était universelle, et sur le compte de qui l'on racontait
de terribles histoires. Quand il présenta le décret
à la signature de la reine-régente, Marie-Christine s'émut, s'indigna : « De quoi un tel homme,

dans un tel poste, si loin, sans contrôle, ne serait-il pas capable? — Votre Majesté, aurait dit froidement Cánovas (j'emploie le conditionnel parce que, de si bonne source qu'elles viennent, ces anecdotes sont toujours sujettes à caution), Votre Majesté pense-t-Elle que l'on fait la politique avec des anges? » Pour les Philippines, les rôles étaient renversés. C'était la reine qui avait un candidat, le chef de sa Maison militaire, le général Polavieja, et c'était le ministre qui élevait des objections. Pour finir, le désir royal prévalut. Des officieux trop zélés, qui trouvaient que Cánovas portait une bien grande ombre, commirent la faute, pire qu'une simple faute de goût, de triompher un peu bruyamment. On publia, en le grossissant, le conflit entre la Couronne et le Gouvernement, et l'on en célébra l'issue, moins comme la victoire de la régente que comme une défaite du premier ministre. La riposte fut prompte et péremptoire. En tête de la première colonne de sa première page, la *Epoca*, organe accrédité du parti conservateur libéral, c'est-à-dire organe avoué de Cánovas, inséra un communiqué conçu à peu près en ces termes (faute d'avoir conservé le texte, je suis réduit à citer de mémoire) : « A propos de la nomination du nouveau capitaine général des îles Philippines, certains journaux ont prétendu que S. M. la reine-régente avait imposé le choix du général Polavieja. Les choses ne se sont point passées, et ne pouvaient point se passer ainsi, Sa Majesté connaissant trop bien la limite de ses droits et le président du Conseil l'étendue des siens pour que, de part et d'autre, une pareille attitude ait été possible. »

Sobérbia? Malhumor? Défense de la Consti-

tution par son auteur, ou réaction maussade d'un
moi hypertrophique, aisément ombrageux et
hérissé? Encore n'aurait-ce été, dans toutes ces
reparties, à en croire la médisance, que les pi-
quants mous et flexibles d'une écorce qui eût
enfermé le plus réfractaire et le plus acide noyau.
Soutenue par l'orgueil, fouettée par la mauvaise
humeur, l'instinctive dureté de Cánovas, sa passion tyrannique de l'autorité, se seraient em-
portées à des actes de cruauté qui, parfois même,
auraient été entachés, dans l'exécution, d'une
sorte de sadisme. Ainsi, du moins, l'a prétendu
un livre dont le titre seul : *les Inquisiteurs d'Espagne*, exprimait clairement la tendance, et dont
l'auteur, M. Tarrida del Marmol, n'avait pas
craint de tremper sa plume dans le rouge et le
noir. Ce sont des publications comme celle-là qui
ont armé et levé le bras de l'assassin. Pour mettre,
avec le recul du temps, ces invectives au point
de la vérité historique, tout bien pesé, je ne saurais mieux faire que de reproduire aujourd'hui
ce que j'ai écrit au lendemain du crime de Santa-
Agueda. « A la longue, disais-je, les rancunes et
les convoitises aidant, une légende s'établissait,
dont on peut dire qu'il a fini par en être la victime ;
légende mensongère qui ne se contentait pas de
le peindre inflexible, faisait pis et le peignait cruel.
J'ignore si les anarchistes ont réellement souffert
dans les cachots de Montjuich des tortures qui
déshonoreraient à jamais le geôlier qui les invente
et les applique, et je voudrais, avant de condamner
personne, un témoignage plus impartial que le
mélodramatique récit de M. Tarrida del Marmol.
Mais admettons qu'ils n'exagèrent pas, et que leur
prison ait été, contre toute loi et tout droit,

changée en martyre, que la question ait été res-
suscitée pour eux par de nouveaux *inquisiteurs*.
Supposons-le, maint exemple nous montrant de
quelle inhumanité l'homme livré à lui-même est
capable. En quoi l'accusation touche-t-elle M. Cánovas? Qui prétendrait sérieusement qu'il a ordonné, approuvé, toléré des actes aussi odieux,
s'ils ont été commis et lui ont été révélés? N'y
eût-il pas, pour qu'il ne les eût ni ordonnés, ni
tolérés, ni approuvés, pour qu'il n'en fût à aucun
titre ni en aucune mesure responsable, ce motif
qu'ils étaient odieux, il y en aurait un autre,
et c'est qu'ils étaient inutiles : ces prisonniers
étaient des prisonniers, enfermés dans une citadelle qui ne lâche pas aisément ce qu'elle tient ;
donc impuissants, hors d'état de nuire. Or, on
peut, quand on est, au sens plein du terme, un
homme de gouvernement, ne pas reculer devant
des moyens qui feraient hésiter de plus timorés ;
encore faut-il que ce soient des moyens de gouvernement, bons à atteindre une fin de gouvernement. Dans le cas des anarchistes de Montjuich, la fin était atteinte ; il eût été absurde,
puisque aussi bien il était superflu, de recourir
à ce moyen qui n'en était pas un ; et quiconque
a vu de près le politique qu'était M. Cánovas del
Castillo, n'a pas besoin d'en savoir davantage (1). »

Mais, cependant, si, il y a autre chose qu'il
faut savoir, et que ceux qui ont vu Cánovas de
plus près encore, et l'ont plus assidûment suivi
dans le feu de l'action politique, nous ont appris
ou confirmé. Sujet à de la « mauvaise humeur »
quand son « orgueil », tel qu'il fut en réalité,

(1) *L'Espagne, Cuba et les États-Unis*, 1898 ; p. 180-181.

celui d'un chef de parti et d'un chef de gouvernement, nourri du sentiment de l'autorité et de la
discipline nécessaires, se trouva blessé ou irrité
ou inquiété par des paroles ou des gestes qui
menaçaient l'une ou l'autre, prompt alors à couper,
à piquer, à tailler, et alors impérieux et dur
(c'est le mot propre), Cánovas, même dans la
colère, ignorait néanmoins la haine et la rancune.
Don Alejandro Pidal y Mon l'a proclamé dans
le discours qu'il prononça en prenant la présidence du Cercle libéral conservateur, après la
mort sanglante du grand ministre, le 3 janvier 1898. « Je suis témoin, dit-il, et, par bonheur,
je ne suis pas le seul, que toujours Cánovas ac-
cueillit favorablement toute réconciliation politique et personnelle, quelques difficultés qu'y
pussent opposer des pages amères du *Compte
rendu des séances* et même des colonnes du *Journal
officiel*. Je suis témoin que jamais il ne m'entendit
mal lorsque je lui proposais et que jamais il ne
me vit mal lui proposer un moyen de conciliation avec les diverses dissidences auxquelles
il s'était heurté dans son histoire. Nous sommes
tous témoins de l'oubli absolu qui régnait en lui,
une fois la lutte terminée, par rapport à l'origine,
au nom, au mode et à la manière de combattre
de ses adversaires de la veille devenus ses amis
du lendemain. »

Cette absence de rancune, à elle seule, ne con-
clurait rien contre la dureté de la répression dans
l'éclair de la colère, ni même contre la dureté
habituelle du caractère. Il y a beaucoup plus,
et, sous un certain aspect, on peut dire de Cánovas
que ce fut un tendre. En dépit de toutes les apparences, on a bien pu, sans paradoxe, le dire de

Bismarck ! Pour le chancelier allemand, ses lettres à sa fiancée et à sa sœur Mme d'Arnim en fournissent assez de preuves : il y eut deux Bismarcks en Bismarck ; l'un était différent de l'autre au point d'en être le contraire ; l'homme d'État eut d'abord à vaincre l'homme privé ; et ce n'est qu'à force de volonté que du premier il tira le second. « Sois dur, Landgrave ! » l'apologue qu'il aimait à citer s'appliquait à lui tout autant qu'au Hohenzollern. Sans doute, si, de nature, il n'y avait pas de dispositions, du moins n'y rencontra-t-il pas, dans les délicatesses et les scrupules de la conscience, ni dans les timidités du tempérament, d'opposition insurmontable. Mais la dureté de Bismarck, telle qu'il nous la fit sentir, était, chez lui, pour partie, œuvre de volonté et d'artifice. Dans le sens et dans la mesure où il demeure permis de parler de la dureté de Cánovas, il fut tel, il ne se voulut pas tel ; il n'y mit aucun art. Jamais son personnage ne dissimula ni ne travestit sa personne ; jamais sa vie publique ne contraria les inclinations, n'étouffa les affections de sa vie privée. Il a consacré plus d'une page de son livre sur Estébanez Calderón à disserter des femmes et de l'amour, et, il n'est point d'autre mot, à en disserter amoureusement. « C'était, a-t-il écrit, le refrain d'Estébanez, que j'ai entendu cent fois de sa bouche, qu'on ne doit pas aller à l'autel tant qu'on possède sa raison, mais quand l'ivresse de l'amour a soumis l'âme tout entière... » Qu'est-ce que l'amour ? D'où et comment vient-il ? « Je crois que Dieu seul le sait, lui qui seul pénètre et déchiffre les mystères du cœur, et connaît les causes cachées desquelles naît et par lesquelles dure et périt l'amour... L'origine

de cette espèce d'électricité morale qui s'appelle
l'amour n'est pas moins inconnue que celle de
la véritable électricité dans la nature. On sait
uniquement que certains corps sont conducteurs,
d'autres isolateurs, sans raison apparente, et que
si deux corps chargés d'électricité différente s'at-
tirent, deux de même électricité se repoussent.
Et je ne nie pas que certains prestiges, celui de
l'élégance, ou l'admiration, par exemple, ont coutume de disposer les femmes à l'amour. La dernière, surtout, exerce de l'influence sur les plus
intelligentes ; et c'est ainsi qu'Estébanez gagna
une affection qui fut également stérile et éternelle. Mais il ne faut pas toujours s'y fier... Ah !
la femme n'est pas seulement un objet de désir,
d'amour et de soins, de plaisir ou de divertisse-
ment, comme on le pense dans la jeunesse. Dès
l'enfance on éprouve et dans la maturité l'on sait
qu'il y a en elle un élément, l'*éternel féminin de
Gœthe*, sans lequel jamais, à aucun âge, la vie
humaine n'est complète. » Heureux, d'ailleurs,
les ménages comme les nations qui n'ont pas
d'histoire ; et plus heureux encore, note Cánovas
avec un sourire, les maris que les peuples. Mais
quelle n'est pas la fragilité du plus pur et du plus
sûr des bonheurs terrestres ! Sa première femme,
Doña Maria de la Concepción Espinosa de los
Monteros y Rodriguez de Villamayor, avait à
peine vingt-cinq ans quand il la perdit. Ce fut
pour lui une atroce douleur, qui ouvrit dans son
cœur meurtri une source de poésie. A cette nuit
funeste du 3 septembre, et à l'image désolée
qu'elle laissa dans ses yeux, il consacra une de
ses meilleures pièces, et le souvenir ne s'en effaça
plus. Lorsqu'à son tour le roi don Alphonse XII

devint veuf, le ministre rapprocha pieusement du deuil de son Maître la peine que le temps n'avait point adoucie : « Sire, si mon respect le pouvait souffrir, je me comparerais à vous, car il y a des années que je garde secrète une douleur comme celle qui voile aujourd'hui votre visage... » Mais ce n'est pas seulement par ses tristesses qu'il connut l'amour, et, avant d'en pleurer les deuils, il l'avait chanté pour ses espoirs et ses joies, il s'était plaint de ses désillusions. A part quelques morceaux patriotiques et politiques, qui sont en leur ensemble les plus remarquables du recueil (et c'est significatif), *A propos du mariage de l'infante Doña Maria de la Paz; — A la France, au sujet de l'accession au trône de la comtesse de Teba; — Cierra España! Chant de guerre à l'occasion d'une insulte portée, à la Nouvelle-Orléans, à notre drapeau; — Sur le transfert en Italie des cendres du roi Charles-Albert; — L'invasion piratesque de Cuba;* tous les travaux ou tous les délassements poétiques de Cánovas sont inspirés par l'amour ou plus précisément par l'amour de l'amour. *Amo amare et amari.* Comme Bismarck encore, cet autre Homme fort eut évidemment « besoin de beaucoup de tendresse autour de lui », et ce fut peut-être sa manière particulière, personnelle, un peu égoïste, d'être tendre. Cela mesure à la fois ce qu'il y a dans ses vers, et ce qui y manque, ou plutôt ce qui leur manque. Quoi qu'il en soit, personne, ni lui-même, n'a attribué d'importance à ses *Poésies;* et personne n'a jamais pensé à juger ni l'homme, ni l'œuvre d'après elles. On les lui passait, comme à M. Ingres son violon, mais en le renvoyant à sa toile et à ses pinceaux. « Je suis, disait Emilio Castelar avec son bon rire sonore, et sans oublier qu'il existait entre eux une amitié, à base d'admiration mutuelle, qui avait empli toute leur vie, je suis un plus grand poète que Cánovas et un plus grand homme d'affaires que Moret, car je n'ai jamais fait de vers, comme Cánovas, et je n'ai jamais fait d'affaires, comme Moret ! » Je viens de relire le recueil incriminé et je ne le traiterais pas aussi sévèrement ; mais il est bien certain que ce n'est pas comme poète que les contemporains ont assigné à Cánovas del Castillo son rang et que la postérité lui paiera un juste tribut.

Au fait, ce rang et ce tribut, par où Cánovas les a-t-il le plus mérités? Posada Herrera a dit de lui que ce fut « un orateur du premier ordre, un homme d'État du deuxième et un écrivain du troisième ». Méfions-nous de ces sentences aiguisées en pointes et de ce qu'il se cache d'arbitraire sous la prétendue précision de ces formules arithmétiques. D'autres renverseraient, tout aussi justement, les facteurs, et il resterait toujours Cánovas. Pour ce qui est de l'écrivain, le classement de Posada Herrera ne pourrait se défendre que s'il se contentait d'envisager en lui le poète et le romancier, celui-ci mort jeune, celui-là qui n'a jamais vécu que dans ses rares loisirs. Mais il y avait au-dessus d'eux le philosophe, l'historien, le théoricien politique, l'essayiste curieux de tout ce qui peut se concevoir et s'exprimer. Quant au style lui-même, un étranger en serait mauvais juge. Certaines périodes peuvent bien lui en paraître parfois lourdes et embarrassées ; quelques propositions peu claires ; mais est-ce la faute de l'auteur ou la sienne? Est-ce l'écrivain qui écrit médiocrement, ou n'est-ce pas plutôt le lecteur qui lit mal? De bons connaisseurs, et même d'excellents, m'ont, au contraire, assuré que personne, parmi les modernes, ne s'est, autant que Cánovas, approché de la langue classique, et que s'il y avait à le reprendre de quelque chose, ce serait d'avoir trop complaisamment, à l'exemple de son oncle le Solitaire, imité les anciens maîtres, cultivé leurs modèles, et recherché leurs archaïsmes. Emilio Castelar, entre autres, m'a maintes fois répété que nul n'avait parlé ni écrit le castillan, ni mieux ni aussi bien que D. Antonio.

« Parlé », tout le monde est d'accord. Et il faudrait souscrire à l'arrêt de Posada Herrera, s'il n'en subsistait que ce terme : « Orateur du premier ordre. » Orateur, on a peint de lui, sur le vif, ce tableau de genre qui, par sa fidélité, se hausse au tableau d'histoire, et qu'il n'y a qu'à copier, en s'efforçant d'en conserver les lignes et la couleur : « Cánovas est Cánovas partout, dans les Académies, à l'Athénée, au Sénat, mais nulle part comme au Congrès, parce que c'est là que l'attaque atteint les proportions de la passion, et que le grand orateur a besoin de cette atmosphère échauffée. Quand il est dans l'opposition, il s'assoit à l'extrémité de l'un des bancs de la travée qui correspond à la première porte à gauche de la présidence : une fois qu'il était distrait, il entra par l'autre et se trouva dans les bancs occupés par les fusionnistes qui se levèrent en riant, et lui offrirent à l'envi chacun son siège pour faire publiquement constater son accession à leur parti. Cánovas n'accepta point l'offre ; il remercia, en souriant lui aussi, et s'en fut à sa vraie place. A l'ordinaire, il arrive à la Chambre après quatre heures, et il n'est pas un député

qui n'éprouve le besoin de l'y voir. Les spectateurs
des tribunes se disent : « Voici le monstre ! »
les provinciaux murmurent : « C'est lui ! » et
les dames le regardent à travers leurs lorgnettes.
La tête de Cánovas est d'une extraordinaire vigueur ; les pupilles ne sont pas bien pareilles ; la
moustache est d'un militaire retraité de la première moitié de ce siècle, et la mouche révèle
que le barbier n'est pas très entendu en symétrie,
puisque le peu de poils qui la forment s'en vont
du côté droit ; la bouche est grande, sa partie
gauche fait de bas en haut un mouvement nerveux répété, qui agite depuis la mâchoire jusqu'aux tendons du cou ; les dents sont larges et
décharnées ; les traits du visage prononcés, le
cheveu gris, abondant, rebelle au peigne ; quand
il lève la tête, la peau au-dessous de la barbe
forme un pli qui arrive à la nuque. (On trouve
ici comme une contre-épreuve de notre portrait,
et la similitude des deux garantit la ressem-
blance...) Il porte le col de la chemise rabattu,
s'habille de noir et fait le désespoir de son tailleur,
parce que, pour Cánovas, la toilette n'a pas d'importance, et par instants il semble que sa redin-
gote veuille lui échapper par la tête. Il ne la porte
pas boutonnée, et les manches en deviennent trop
larges sans l'être. Le gilet est ouvert ; à la chaîne
de montre pend un crayon de métal précieux.
Cet ensemble attire, s'impose dès le premier moment, parce qu'il exerce la fascination du grand ;
et, pour donner une idée exacte de la matière
au service de l'esprit, il faudrait que sa statue fût
sculptée par un Michel-Ange. »

En attendant, le peintre continue, et c'est vraiment très bien : « Lorsqu'il est président du Con-

seil des ministres, Cánovas n'a pas coutume de
se prodiguer dans les Chambres ; mais, dans l'opposition, il ne perd aucun débat important. A
son arrivée, il ne manque pas d'amis qui le mettent
au courant de la séance. Au banc de derrière
est assis Pidal, et à celui d'à côté Romero Robledo. Pendant la discussion, il a l'habitude de
faire des commentaires, réduits à une paire de
phrases dites à voix basse. Il est très courtois au
Parlement, et quelquefois il se contraint à demeurer à son banc, pour que l'orateur ne prenne
pas en mauvaise part son absence. Il y a toujours
un mouvement d'attente dans la Chambre quand
il demande la parole, et, quand il se lève, tous les
regards se fixent sur lui. Il laisse sa canne sur
le banc ; prie le député qui est près de lui de sonner
pour qu'on lui apporte un verre d'eau sucrée
avec du café ; appuie la main gauche au dossier
du banc qui se trouve devant lui, et la tête in-
clinée, à laquelle il imprime un mouvement lent,
il commence à parler sans être tout à fait libre
d'émotion. A peine a-t-il desserré les lèvres que
s'engage la lutte d'abord de la main droite et
puis des deux mains avec le lorgnon qui se tord
et glisse, et qu'il remet en sa position naturelle,
sans réussir à l'y faire tenir plus d'une demi-
minute ; lutte que, durant tout le discours, il
soutient automatiquement, si acharnée que, s'il
s'en rendait compte, il finirait par sentir l'effet
du mal de mer, comme ceux qui ont les yeux
fixés sur elle ; mais la vérité est que le discours
parlementaire n'y perd rien. Il parle la tête un
peu basse, et dans les doigts de la main gauche
se marquent les effets de l'émotion, qui les agite
quoique d'une manière à peine perceptible. Quand

il est au banc des ministres, il dresse la tête pour faire front aux opposants. Dans les passages de grande énergie, il lève la main droite fermée à la hauteur de la tempe, vers les cheveux, comme si avec elle vibrait la pensée qu'il expose, et il l'abaisse énergiquement à la fin de la période. Pour le fond, ses discours sont d'un homme du Nord ; pour l'exactitude de la phrase, d'un vieux Castillan ; et pour l'accent, d'un Méridional ; lorsqu'il expose, il domine ; il étonne, lorsqu'il synthétise ; et lorsqu'au feu de l'imagination la pensée se fond jusqu'à s'évaporer en paragraphes grandiloquents, alors il est impossible de se soustraire à la fascination qu'exerce cet orateur d'intelligence privilégiée qui sait tout et à qui toutes les grandes questions sont familières, dont la parole résonne encore au dedans de nous après qu'elle est éteinte dans l'espace. »

En traduisant et transcrivant ce morceau d'un réalisme si expressif, je me rappelle que j'ai jadis comparé à une course de taureaux un des combats livrés par Cánovas à Sagasta, auquel j'ai assisté, en 1894, quand il eut décidé de reprendre le pouvoir. J'entends encore la voix sourde et le ton tranquille dont il disait : « *Pido la palabra.* Je demande la parole, » et qui suffisait à faire passer dans l'assemblée l'anxiété, le désir et comme l'appétit cruel, la volupté frissonnante de la mise à mort. C'était le champion le plus vigoureux dans la défense et le plus redoutable dans l'attaque. S'il eut peu de rivaux dans le discours académique, où il pouvait avec une égale supériorité aborder tous les genres, à l'émerveillement commun des quatre classes dont il était membre, le discours parlementaire ne fut jamais pour lui un de ces élégants, mais un peu vains exercices : ici, il fallait frapper, parce qu'il fallait vaincre, et il fallait tuer, parce qu'il fallait vivre. Le Parlement était une arène, un champ de bataille, et, pour parler des luttes qui s'y livraient, il empruntait, sans croire exagérer, le langage du bon Chevalier dont il lisait et relisait continuellement les aventures, dans quelqu'une de ces belles éditions qu'il possédait toutes : « L'orateur, disait-il, à l'imitation de don Quichotte, est celui qui fait de la tribune la dame de ses pensées et qu'enfièvre la multitude, ainsi qu'enfièvrent un vieux soldat la vue des troupes et le tout prochain resplendissement des armes. » A ces duels, qui n'étaient pas toujours loyaux, il se présentait, visière haute, armé de la lance, de l'épée et de la dague, armé de la raison, de l'esprit et de la science, et les coups qu'il portait ne s'égaraient pas dans le vide.

Il s'était fait de l'éloquence une conception particulière, qui n'était pas spécifiquement espagnole, qui même prenait le contre-pied de la façon la plus habituelle de comprendre et de pratiquer l'art oratoire en Espagne. En étudiant les orateurs grecs et latins, en pensant à ce que la parole publique avait pu dans l'Athènes et la Rome antiques, il considérait avec regret ce qu'elle pouvait et imaginait avec effroi ce qu'elle pourrait dans son pays et dans son temps. Cette puissance, à double fin ou à double tranchant, de la parole, capable, selon l'apologue, du plus grand bien et du plus grand mal, mais plus facilement du mal que du bien, moins que qui que ce soit, Cánovas la niait ou la rabaissait, lui ayant dû autant et plus que qui que ce soit. Historien et philosophe, ainsi qu'il fut, avant tout, homme d'État, il fut, avant tout, orateur ; sa forme écrite est une forme oratoire ; sa période longue, mais fortement articulée et emportée d'un mouvement rapide, est la période d'un orateur. (J'en ai connu d'autres dont on a dit, comme de lui, qu'ils étaient des écrivains « de troisième ordre », parce que, comme lui, éminemment orateurs, leur phrase écrite était une phrase parlée.) Quand on ne l'avait pas entendu, on ne se doutait pas de ce qu'est le don de « dominer », ainsi qu'il le disait, « dans le silence. » Tous ses émules, les plus illustres, les plus grands, cherchaient l'applaudissement (ces Latins !) et leur succès se mesurait au bruit et à la durée des acclamations. Ainsi l'*Extrait officiel* du *Journal des Séances*, enregistrant l'impression produite par un discours célèbre de Castelar, par le plus célèbre de ses discours, celui du 7 février 1888, lui voue tout un quart de colonne : *(Applaudissements vifs et prolongés sur les bancs de la majorité, sur ceux des minorités républicaines, et dans les tribunes, qui se répètent à diverses reprises. La plupart des députés se lèvent pour saluer l'orateur avec un incroyable enthousiasme.) (Nouveaux applaudissements enthousiastes à M. Castelar. Nombreux cris dans les tribunes, de :* VIVE CASTELAR ! *qui se répètent pendant longtemps.)* M. le Président : Silence dans les tribunes ! *(Les applaudissements et les acclamations à M. Castelar se répètent et durent très longtemps.)*

Et c'est peut-être pourquoi les Latins ne sont pas faits pour le régime parlementaire, ou ce régime n'est pas fait pour eux.

Mais l'effet oratoire que Cánovas se proposait, quant à lui, n'était ni l'applaudissement, ni l'acclamation, ni l'enthousiasme, ni l'ébranlement des nerfs, ni le déchaînement du délire : c'était la domination de la raison par la raison ; il voyait la fin et le prix de l'éloquence dans le silence, car faire taire, c'est être le maître. Écoutez l'hymne que ce prince des orateurs chante au Silence (il faut écrire le mot avec une majuscule), « effet suprême et incomparable satisfaction, la plus grande que goûte l'orateur... Le silence, communication intime, magnétique, de l'intelligence de celui qui écoute avec celui qui parle ; le silence, qu'imposent premièrement la voix et le geste, et ensuite la phrase, le sentiment, l'idée ; le silence qui soumet humblement mille voix différentes à une unique voix, et à une seule intelligence mille intelligences en désaccord ; le silence, enfin, dans lequel les uns étouffant leur enthousiasme, les autres leur colère, et tous subjugués, rendent un tribut unanime, et le plus rare des tributs, à la vraie et virile éloquence. »

Remarquons les mots significatifs, les mots qui font cime et arête, points de repère de l'idée et de l'intention. C'est « impose », c'est « soumet », c'est « unique voix », c'est « une seule intelligence », c'est « subjugués ». Il est clair, il est confessé, il est professé par Cánovas lui-même que pour lui la tribune est un lieu de maîtrise et l'éloquence un moyen de domination. Au moins était-ce la domination, incontestée, incontestable, d'une intelligence, plus encore que d'une volonté, qui s'imposait instantanément, comme par un choc, dès qu'on entrait en contact avec elle. Aussi les adversaires de Cánovas, qui l'avaient baptisé « le monstre » (mais c'était, même pour eux, un terme d'admirative estime, et cela ne voulait dire

que : le prodige) qualifiaient-ils encore d' « at-
mosphérique » et de « cosmologique » cette toute-
puissance de l'esprit. Ils disaient cela comme on
dit : c'est une force de la nature ; et cette force
se révélait successivement ou simultanément,
s'avérait en tout et toujours égale à elle-même,
dans la philosophie et dans l'histoire, dans la
synthèse et dans l'analyse, dans la théorie et
dans la pratique, dans la pensée et dans l'action.
Posada Herrera n'était que juste en saluant en
Cánovas un orateur du premier ordre, mais il
devenait aussitôt injuste en ne reconnaissant plus
en lui qu'un homme d'État du second. Tous deux
étaient du même rang ; le tout à fait premier, si
même, quant à l'homme d'État, l'œuvre de restauration et d'instauration politique accomplie
par Cánovas, maintenue et développée par lui
pendant un quart de siècle, ne le place absolument hors rang.

En ces combats de la tribune où Cánovas paraissait armé de toutes pièces, la raison fortifiée
par la science était l'épée, et l'esprit, trempé dans
l'ironie, la dague. L'ironie de Cánovas était d'une
qualité spéciale ; quelque chose comme le sourire de son fameux *malhumor*, la bonne humeur
de sa mauvaise humeur ; et ce sourire pouvait
être terrible. Souvent aussi, l'humeur ne conservait rien d'âcre, et ses jeux étaient innocents.
Un dimanche que nous prenions le frais sous les
ombrages de la Huerta, la libre conversation se
promena des uns aux autres, se posant à la volée
sur toutes choses et toutes gens, gaie et légère.
On sait quelle amitié de jeunesse, prolongée durant toute la vie et jalousement sauvegardée à
travers les hostilités de la politique, unissait Cá-

novas et Castelar. Lorsque j'étais allé dîner chez Cánovas, c'est Castelar qui m'y avait conduit, et c'est lui qui, comme ancien chef du pouvoir exécutif de la République espagnole, présida la table du Premier Ministre de la Monarchie. Naturellement, il leur arrivait à la Chambre, postés, comme ils l'étaient, aux deux pôles de l'opinion, d'échanger quelques chiquenaudes. Si, par mégarde, don Emilio, dans une de ces immenses fresques oratoires où il faisait défiler tous les âges et tous les climats de l'humanité, toutes les civilisations et tous les empires, commettait un *lapsus* ou faisait une confusion, ce dont sa merveilleuse érudition ne l'exemptait pas entièrement, Cánovas se laissait volontiers aller à plaisanter, en s'extasiant sur « l'infaillible mémoire de *Su Señoria* ». Et Castelar, à l'occasion, lui rendait la taquinerie. Mais tous les deux ne manquaient pas de proclamer, ce que nul n'ignorait du reste, l'affection qu'ils avaient l'un pour l'autre. Vingt fois, à toutes les époques et dans toutes les vicissitudes de leur histoire, Castelar, notamment, plus chaleureux, plus expansif ou plus démonstratif, l'avait affirmée : « Je me trouve en face d'un président du Conseil des ministres contre lequel j'ai une inimitié politique irréconciliable, et pour lequel une admiration littéraire et scientifique inextinguible. » Sentiment, au surplus, qui n'était pas seulement une admiration mutuelle et qu'ils ne craignaient pas de déclarer sous son vrai nom : « Mon éternel adversaire, disait encore Castelar, et très cher ami M. Cánovas del Castillo. » Nous venions donc, ce jour-là, de faire à l'envi l'éloge des talents et des vertus de don Emilio, à qui, dans ma déférente gratitude, ébloui et charmé, je n'avais pas marchandé les hommages de toute sorte, et Cánovas avait renchéri sur tous les points : « Oui, conclut-il, c'est le premier homme que nous ayons en Espagne. Grand orateur, grand historien, grand poète en prose, grand lettré, grand patriote. Il n'a guère qu'un petit défaut : qui n'a pas les siens? S'il fonde une République, il veut en être le président ; s'il va à la messe, il veut être le prédicateur ; à un mariage, il veut être la mariée, et à un enterrement, il veut être le mort ! »

Puis nous passâmes à des Français. Le président du Conseil me conta que, peu de temps auparavant, il avait reçu la visite d'un journaliste parisien fort connu, qui lui avait demandé audience, pour l'interroger ou bien, appuya-t-il, « l'interviewer » sur les affaires de Cuba. « Vous avez dû, fis-je, être content de lui? — Certainement, répondit Cánovas. Il m'a donné des conseils excellents pour le gouvernement de l'Espagne ! »

Ce fut ensuite le tour d'un de nos historiens : « J'ai lu dernièrement, reprit mon interlocuteur, un livre français qui traite de l'Espagne contemporaine. Comment appelez-vous l'auteur? — Une histoire contemporaine? Ne serait-ce pas M. Hermile Reynald? — Non, ce n'est pas cela ; c'est un nom plus long, il me semble, et qui sonne davantage. Aussi bien ne s'agit-il pas d'un ouvrage entier sur l'Espagne, mais plutôt d'un cahier, d'un fascicule. Le reste du volume est sur d'autres pays... J'ai lu ce chapitre et même je l'ai relu, car ma première lecture m'avait laissé une impression singulière. La seconde ne l'a pas dissipée, elle l'aurait plutôt accrue. Je n'ai point relevé

d'erreurs ni de faits, ni de dates. Et pourtant,
Dieu me pardonne ! Je n'y reconnais rien de l'histoire telle que je l'ai vu faire, et telle que je l'ai
moi-même un peu faite ! Le matériel, l'extérieur
des choses y est bien ; l'impondérable, l'enchaînement des causes ou des motifs et des conséquences n'y est pas. Le résultat en est que cette
histoire, quoique les données positives en soient
généralement exactes, ne ressemble nullement à
l'histoire. »

La transition était tentante : « L'histoire qu'un
professeur ne pouvait pas faire, et que vous seul
sans doute pourriez écrire, ne nous la donnerez-
vous pas? — Peut-être, dit Cánovas, si les circonstances me permettent, comme je le désire,
de me retirer de la vie publique, quand, bientôt,
j'y aurai passé cinquante ans. Je songe en effet
à finir ainsi que j'ai commencé. L'histoire m'a
mené à la politique ; il serait équitable que la
politique me ramenât à l'histoire. » Alors je le
regardai et ne pus réprimer un battement de
paupière. « A quoi pensez-vous? me demanda-t-il.
Vous pensez que, l'histoire de mon temps, je ne
saurais pas l'écrire sans passion. » Il me serra
le bras : « Mais, moi, jeta Cánovas tout d'un trait,
je ne comprends l'histoire que passionnée ! »

Devant nous s'étendait, descendant en pente
douce, le vaste jardin, plein de fleurs et d'oiseaux ;
derrière nous, la belle bibliothèque, dont nous
n'étions séparés que par l'épaisseur du mur, éta-
geait ses rayons chargés de livres rares et ali-
gnait ses tables couvertes de bronzes antiques.
C'est l'opulent asile qu'une sollicitude quasi fi-
liale a préparé à l'homme d'État vieillissant.
Après un veuvage supporté dans un long et labo-

rieux isolement, Cánovas avait épousé en secondes
noces Doña Joaquina Osma, fille du marquis de
La Puente, de bien des années plus jeune que
lui. La fin de sa vie en était tout illuminée. Sa
jeunesse avait été pauvre, il n'en rougissait pas.
Si sobre qu'il fût de confidences, il me dit un jour,
avec ce sourire des yeux qui transformait son
visage sévère : « Un de mes concitoyens de Malaga,
qui veut me faire honneur, raconte que, jusqu'à
un âge avancé, je n'avais jamais vu cinquante
mille francs ensemble. Il exagère. Si fait ; je les
avais vus. Pas souvent. Mais je les avais vus...
une fois ! » Le pouvoir ne l'avait pas enrichi ;
il n'avait même fait que peu d'économies ; l'argent dont il avait disposé, il l'avait placé en livres,
pendant longtemps sa seule compagnie et toujours son seul luxe. Trente mille volumes environ,
réunis plutôt que choisis, par un bibliophile qui
travaillerait. Sa farouche et inaccessible probité
n'était pas moins proverbiale que sa *sobérbia;*
elles tenaient étroitement l'une à l'autre ; indis-
solubles, inséparables, comme un double aspect
de sa nature. Puisque j'ai déjà cité, pour son
orgueil, deux vers d'Agrippa d'Aubigné, souve-
nons-nous encore de ceux-ci qui y font suite :

> *Prends pour ta pauvreté seulement cette peine*
> *Qu'elle ne soit pas sale et l'épargne vilaine...*
> *Garantis du mépris ta simple probité...*

Cánovas était de plain-pied avec cette hauteur
d'âme ; il avait sans effort cette dignité et cette
sérénité. En venant embellir sa vieillesse, la fortune ne l'avait pas changé. Elle avait passé près
de lui, il s'était installé près d'elle, sans qu'il
fît rien pour croire qu'elle était à lui. Il n'en aimait

que l'enchantement qu'elle avait mis dans sa
demeure, la facilité de son labeur, la paix de ses
loisirs. Il n'en attendait et n'en acceptait pas
plus. L'ingénieuse délicatesse de Mme Cánovas
del Castillo était astreinte à mille précautions
pour ne point heurter sa fierté. Elle n'avait trouvé
en lui qu'un point sensible, faut-il dire un point
faible : le goût des beaux livres, des livres vraiment bons et beaux, beaux par l'enveloppe, bons
par le contenu. A ce département, elle avait pré-
posé le secrétaire de Cánovas, M. Morlesin, dont
la principale occupation était de dépouiller les
catalogues de ventes, et qui n'a probablement
jamais écrit autant de lettres à d'autres qu'à des
bouquinistes.

C'était la réserve, le trésor que le grand homme
d'action se constituait, qu'il se laissait constituer
doucement, pour le temps du repos. De la verdure,
de la fraîcheur, du silence, et « beaucoup de tendresse autour de lui, » c'est à quoi aspirait du
fond du cœur l'homme qu'on disait si ambitieux,
impérieux et dur, qui avait, disait-on, le don,
l'amour, et le besoin du commandement, qui en
effet, avait eu tout cela ; le président du Conseil qui, murmuraient les envieux, ne pouvait
tolérer de ministres à ses côtés et voulait être,
lui seul, le ministre universel ; le despotique serviteur qui servait, insinuait-on, en maître... « Vous
savez, me disait-il, ce que je désire désormais,
et que ce qui me plairait le mieux, ce serait de
travailler dans ma bibliothèque et de prendre
l'air dans mon jardin. Me voici qui touche à
soixante-dix ans, et il y en aura bientôt cinquante
que je suis entré dans la vie publique. Mais j'y
suis, il faut que j'y reste, et il le faut précisément

parce qu'il y a cinquante ans que j'y suis. Et puis, je suis persuadé que l'Espagne a encore besoin de moi. Il suffit. Ce qu'on en peut penser m'importe peu ; il n'est pour moi que mon pays qui compte : avant tout, servir mon pays. Si je n'écoutais que les miens et moi-même, je m'en irais ; mais je ne le dois, ni ne le puis, ni, par conséquent, ne le veux : tant que l'Espagne ne m'aura pas signifié mon congé, — et elle n'a qu'une manière de me le signifier, qui serait de me refuser, pour la lutte (la répression de l'insurrection de Cuba), tout soldat et tout crédit, — cela, tant qu'elle ne l'aura pas fait, quoi que l'on me dise et qui que ce soit qui me le dise, je ne m'en irai pas. »

Il ne s'en alla pas. Et le temps du repos ne vint pas, qui ne lui fut donné que dans l'éternité. Sa mort fut le plus grand, le plus profond des deuils nationaux ; tous les partis se réconcilièrent un instant dans le culte de sa mémoire. « Pauvre Antonio ! s'écria Castelar, au milieu de ses sanglots ; en ces derniers mois, il portait à lui seul la croix de tous les Espagnols ! » Il avait mérité, et payé de son sang, l'épitaphe que, par avance, lui avait composée Campoamor : « Quand nous serons tous dans ce champ sans haines qui se nomme le cimetière, les gens passeront indifférents près de nos sépultures oubliées ; mais il n'y aura pas un Espagnol qui, pour s'honorer soi-même, et pour honorer son pays, ne se découvre respectueusement devant la pierre de Cánovas del Castillo. » De Friedrichsruhe, Bismarck envoya un télégramme où il disait, « qu'il ne s'était jamais incliné devant personne, mais qu'il le faisait lorsqu'en sa présence était prononcé le nom de Cánovas. »

A présent que nous avons quelque connaissance de l'homme, de son caractère, de sa pensée, de sa doctrine, de son dessein, nous pouvons aborder l'étude de son œuvre et des moyens qu'il y employa, non pourtant sans avoir, au préalable, rappelé quelle situation la rendait nécessaire et quelles circonstances l'ont rendue possible.

LIVRE DEUXIÈME

—

L'ŒUVRE ET LES MOYENS

CHAPITRE PREMIER

VUE SOMMAIRE DE L'HISTOIRE POLITIQUE DE L'ES-PAGNE, DANS LES DEUX PREMIERS TIERS DU DIX-NEUVIÈME SIÈCLE.

> En Espagne, tout était saturé d'un piment si piquant qu'il s'en fallait d'un rien qu'elle ne se changeât en une chaudière de Pero Botero.
>
> Mot de D. Luis Fernandez de Cordova, rapporté par Estébanez Calderón. — CÁNOVAS, *El Solitario*, II, 30.

> On a vu peu de fois dans l'histoire une incapacité plus grande que celle dont firent preuve les modérés qui étaient alors au gouvernement.
>
> ID., *ibid.* 111.

> Une sorte d'anarchie douce s'empara des populations et des provinces soumises au trône constitutionnel, sans que parût en être informé le Cabinet progressiste, éternelle infirmité de ceux de son espèce.
>
> ID., *ibid.*, 15.

A la fin de l'année 1874, il y avait plus d'un demi-siècle que l'Espagne, sauf de rares et courtes accalmies, vivait au jour le jour, de crises de parti en coups de main de caserne, qu'elle se traînait dans le désordre, dans la discorde, dans la guerre civile, dans la révolution, dans l'anarchie, et que lentement, mais infailliblement, elle s'y mourait.

Les premiers — disons les premiers — germes du mal qui allait affliger si longtemps le pays et le conduire au bord de l'abîme, ou même déjà un peu plus avant, étaient éclos sous le règne de Charles IV. Tous ceux que Cánovas a rassemblés sous le nom générique de *Causes de la décadence de l'Espagne* et qu'il a montrés au travail dès le dix-septième siècle étaient venus à maturité, il s'y en était ajouté beaucoup d'autres, et les produits s'en révélaient gâtés ou vénéneux. Oran abandonné, la moitié de Saint-Domingue perdue, la Louisiane rendue à la France, la Trinité cédée à l'Angleterre, les galions enlevés, la meilleure partie de la flotte détruite, les possessions d'Amérique poussées au soulèvement, c'en était plus qu'il n'en fallait, avec le scandale, ignoré du roi seul, que donnaient le favori Godoy et la reine Marie-Louise de Parme, pour inquiéter, irriter et agiter la nation.

Quand, en 1807, Napoléon tourna ses regards vers Madrid, il trouva à la Cour la complaisance d'une de ces hostilités sourdes qui manquent rarement tout près, le plus près possible du trône, en la personne d'un de ces héritiers pressés d'hériter, d'un prince royal impatient d'être roi. Ouvertement, le prince des Asturies ne s'en prenait qu'au ministre, et se plaçait ainsi sous le vent de la popularité ; mais, en secret, il espérait bien que le souffle, enflé en tempête, enlèverait de la tête de son père et rapporterait à ses pieds la couronne. L'Empereur joua d'abord, ou parut d'abord jouer dans ce jeu. Il laissa son ambassadeur, le marquis de Beauharnais, attiser les dissentiments qui consumaient la famille royale et qui éclatèrent par le procès de l'Escurial, pour jaillir en flamme dans le soulèvement d'Aranjuez en 1808.

Le prince Ferdinand, dominé par son précepteur, homme d'un esprit borné et violent, le chanoine Escóiquiz, avait eu l'idée imprudente, et sans doute pire, de gagner la faveur de la toute-puissance impériale, tandis que Godoy, lui aussi, intriguait pour se l'assurer, en secondant les plans de Napoléon contre l'Angleterre et aux dépens du Portugal. Mais il était plus facile de donner à cet hôte envahissant un pied chez soi que de l'empêcher ensuite d'en prendre quatre. Il ne savait pas se contenir et l'on ne pouvait pas le borner sans le blesser et comme le défier. En pontant sur les deux tableaux, et en s'entendant secrètement, dès juin 1806, avec les les ennemis de la France, Godoy avait du reste offert à l'Empereur une occasion qu'il allait être prompt à saisir. Lors du mouvement d'Aranjuez, une de ses armées occupait déjà ou menaçait les provinces septentrionales de l'Espagne, entre les Pyrénées et l'Èbre ; lui-même était aux aguets, à Bayonne, tout prêt à intervenir.

Dans la querelle du père et du fils, il lui plaisait de se présenter en faiseur d'ordre, en juge de paix, mais en juge de la fable, qui gobe l'huître pour mettre les plaideurs d'accord. Le fils, à Aranjuez, avait forcé le père à abdiquer, et à se retirer, avec sa mère et le troisième, à Badajoz. C'était le tour de Charles IV d'appeler à l'aide ; invoqué alternativement par les deux parties, le maître des rois et des princes, alors encore incontesté, les cita à comparaître en personne à son tribunal. Sa sentence fut ce qu'elle ne pouvait manquer d'être. Pour la violence faite au roi,

en lui arrachant la couronne, le prince était condamné à la restituer ; et, en remerciement de la
justice rendue, cette couronne à peine restituée,
Charles la remettait à Napoléon, qui la conférait
à son frère Joseph. Pour prix de cette déposses-
sion semi-volontaire, l'ancien souverain recevait
une rente viagère de six millions et la jouissance
du château de Compiègne. Il n'y demeura qu'assez
peu, se fixa à Marseille en 1811, et ensuite à
Rome, où il vécut, dit un dictionnaire historique,
« dans la retraite et la dévotion. » Mais le plus
édifiant fut qu'il y mourut, en 1818, réconcilié
avec son fils, et du chagrin que lui causa la perte
de sa femme ! Quant au prince des Asturies,
l'Empire tombé et Joseph Bonaparte rentré dans
la vie privée, il renoua, sous le nom de Ferdinand VII, tant bien que mal le fil cassant d'une
destinée qui, depuis son début, n'avait pas été
sans troubles, et qui, jusqu'au bout, ne fut pas
sans traverses.

Afin de conserver au moins l'ombre de sa grandeur, et le nom de la royauté, afin surtout d'interrompre la prescription et de se garder une porte
ouverte, Ferdinand, « retenu en France, » pour
employer un euphémisme qui couvrait mal l'exil
et la prison dorée, avait institué une Commission
de gouvernement, une « Junte Suprême » à laquelle il avait remis le soin de la défense et de
l'administration du royaume. Mais, comme il était
naturel, entraînée par les événements et par
l'appétit de surenchère que développe la concur-
rence entre puissances ou prétentions rivales, cette
Junte n'avait guère, ou même point tardé à
« faire du zèle ». Avant la fin de 1808, elle avait
décidé d'appeler le pays tout entier, villes et

campagnes, à élire des députés dans le dessein
d'appuyer la cause du monarque légitime sur le
sentiment national surexcité par l'invasion étrangère. L'assemblée ainsi formée se réunit à Cadix,
devenu le réduit du patriotisme espagnol, mais
aussi, avec tout le Midi andalou, le berceau de la
révolution, en septembre 1810, et prit le titre
à la fois plein et sonore de « Cortès constituantes ».

Du premier coup, ces Cortès conçues en réaction contre les idées françaises se placèrent dans
la ligne même des innovations que l'on avait
voulu combattre. Elles commencèrent par proclamer le principe de la souveraineté du peuple,
et tout le reste en découla. La Constitution qu'elles
adoptèrent en 1812, et qui devait laisser une si
longue trace dans l'histoire politique de l'Espagne, — puisque, à travers le siècle entier, il
y eut des *doceañistas*, — des « hommes de mil huit
cent douze », c'est-à-dire imprégnés de cet esprit,
imbus de ces formules ou rompus à ce langage,
une Constitution dérivée d'un pareil principe, se
rapprochait nécessairement de la Constitution
française de 1791, tout ensemble révolutionnaire
et monarchique : révolutionnaire en son essence
et sa substance, monarchique en sa forme et son
enseigne ; révolutionnaire parce qu'elle vidait de
la souveraineté le trône qui n'en était plus que
le siège, au sens vulgaire, non le lieu géométrique ;
monarchique seulement, parce qu'elle n'en rejetait pas encore l'enveloppe, quoique râpée, usée
et crevée. A l'imitation de son modèle français,
elle mettait à la Révolution la Monarchie comme
une housse, qu'il n'y aurait plus tard qu'à ôter
pour que le rouge apparût tout cru. La royauté
demeurait héréditaire, ce qui, à soi seul, semblait

la qualifier ; mais à quoi bon cette perpétuité, si elle n'avait désormais ni virtualité ni actualité ; sur quoi se fonderait cet avenir, si elle n'avait même plus, ne tenait même plus le présent? Or la royauté espagnole de 1812, comme la royauté française de 1791, se voyait enfermée dans les étroites limites du *veto* suspensif ; l'initiative des lois ne lui appartenait pas, et la prépondérance passait à des Cortès annuelles, élues, il est vrai, à quatre degrés, mais resserrées en une Chambre unique, et tout à fait différentes des anciennes, complètement en dehors de la tradition qui toujours avait tiré le pouvoir de l'union de la Couronne et des représentants des ordres, des provinces et des cités. Une monarchie réduite à cela ne pouvait plus ni faire, ni même vouloir, ni même penser *oui;* elle ne pouvait que dire *non;* bien pis : ayant dit *non,* elle ne pouvait, à terme fixe et dans un bref délai, que laisser faire *oui.* Belle autorité, sans le commandement d'une part et sans l'obéissance de l'autre ; une autorité purement négative, le contraire même de l'autorité !

Ce sont ces pensées qu'agitait, avec une amère rancune, ce roi banni, dans la platitude des indignes loisirs où il s'humiliait lâchement à Valençay, jusqu'à ce que, au déclin de l'Empire, un retour immérité de la fortune lui rendît, à défaut de ses droits, ses titres. Le traité du 11 décembre 1813 lui rouvrit le chemin de Madrid ; il partit le 3 mars 1814. Tout le long de la route, il se monta la tête. Les dépits de l'absence s'aigrirent des adulations de la rentrée et tournèrent en fureur de réaction. Aussitôt arrivé, il dissout les Cortès, n'en convoque pas de nouvelles, s'en passe pendant six ans, en interdit le vœu, en

pourchasse le souvenir, en efface le nom même ;
de ses mains encore meurtries d'avoir été ligotées,
il gratte ce sol qui vient d'être bouleversé par
la révolution et par l'invasion, pour en déterrer
une à une les racines désormais coupées de l'absolutisme. L'excès appelle l'excès contraire ; les
cœurs se gonflent et les esprits s'échauffent dans
les deux camps ; les couteaux s'aiguisent l'un sur
l'autre. De 1814 à 1820, maladresses, injustices,
vengeances, abus, provocations s'accumulent ; ré-
clamations, déclamations, propagande, embau-
chages, défis, conciliabules à tendance de complot
y répondent. Les passions politiques s'enflamment.

Jusqu'alors, l'œuvre des législateurs de Cadix
n'avait pas été populaire ; loin de là. Mais on les
traita d'abord de telle sorte, et, par la suite, on
s'éleva si peu au-dessus d'eux dans l'art de gouverner, que leurs erreurs ne tardèrent pas à être
oubliées. La majeure partie de la jeunesse uni-
versitaire, même d'origine-conservatrice, royaliste
et patriote, s'abandonna, — c'est Cánovas qui
parle, — « aux douces, bien que périlleuses, espérances que l'aube de la liberté répand naturellement partout ». Ceux que la domination étrangère
avait empêchés de faire directement et immédiatement l'expérience des déceptions que le régime parlementaire, « en son exercice incomplet, »
— c'est une seconde remarque de Cánovas, —
a coutume de ménager, et qui, fermes en leur foi,
attribuent précisément ces déceptions à cette insuffisance ; ceux enfin que leurs études avaient
plus ou moins familiarisés avec les idées, le langage et les gestes de la Révolution française, —
troisième observation de Cánovas — tous ceux-là
se prirent à dédaigner moins, puis à estimer da-

vantage, puis à regretter, et ensuite à désirer (car le regret est un désir qui ne se console pas d'avoir été vaincu) ce que, peu auparavant, presque toute la nation avait vu mourir dans l'apparente ou réelle froideur d'une parfaite indifférence.

Les rigueurs ne suffirent à contenir ni les poussées brusques ni la lente pression de l'opinion publique contre le rétablissement du gouvernement absolu. Les jeunes hommes les plus réfléchis, les plus mûrs, les plus sages, furent affectés de ce désenchantement du passé, charmés par l'incantation nouvelle, emportés par l'enthousiasme contagieux de la multitude : l'exemple de Sérafin Estébanez nous l'a montré. Ce fut la saison des amours libérales et constitutionnelles, la mode, qu'à distance nous avons le droit de juger un peu niaise, des chapeaux au *listón verde;* mais tout âge a sa niaiserie, et celle-ci du moins était généreuse. De même qu'en vers et en prose on se résignait aisément à la mort, mettant, à vingt ans, la vie en balance avec la Constitution (ce ruban vert était terrible, terrible et ridicule, national à la fois et garde nationale : — *Constitución o muerte!* — tel était l'atroce serment que la fiancée, de ses doigts frémissants, cousait au front du fiancé!), ainsi, par entraînement littéraire, par transposition poétique, par délire sacré, ou simplement par crainte d'être au-dessous du temps et du ton, on découvrait chez des princes bénignes et des ministres inoffensifs autant de tyrans et de despotes dont on jurait sur la lyre de purger la terre ! Ne perdons pas de vue que ce sont les heures où est né le romantisme, et que c'est une question de savoir (Cánovas ne l'a point négligée) s'il a empoisonné plus vite et plus à fond l'État ou l'individu, la politique ou les lettres.

Quoi qu'il en soit, toute la jeunesse espagnole, et non pas celle seulement du Midi, mais celle du Midi en tête, bouillait et bougeait. Le roi, de son propre mouvement, ou dans ses conseils étroits, commettait assez de fautes pour en justifier les ardeurs. Quand il s'en aperçut, et marqua l'intention de se reprendre, il était trop tard. Il ne consentit au rappel des Cortès que sous la contrainte de la conspiration de Cadix, fomentée par Quiroga et d'autres, en 1819, et dite de Riego. Rafaël del Riego y Nuñez, après avoir combattu les Français dans la guerre commencée en 1808, et avoir été fait prisonnier par eux, une fois libéré en 1814, avait visité l'Allemagne et l'Angleterre où ses aspirations vers un régime moins arbitraire, plus ouvert, plus large, mieux réglé par les lois, s'étaient confirmées ; rentré en Espagne, et devenu lieutenant-colonel du régiment des Asturies, il ne devait pas, dès qu'il crut que l'occasion s'en offrait, hésiter à se servir, pour les réaliser, de tous les moyens en son pouvoir ; même, soldat, des armes. Le 1er janvier 1820, il déclara remise en vigueur, de droit et de fait, la Constitution de 1812, et, ayant délivré son complice Quiroga, qui avait été arrêté, il parcourut l'Andalousie, la souleva, grossit ses forces en marchant, obligea Ferdinand VII à composer avec lui, à accepter, au moins de bouche, la Constitution, à le faire maréchal de camp et capitaine-général de la province d'Aragon. Mais il ne sut ni changer, ni feindre, ni se taire. Aux premiers signes que donna le roi de rechute en ses velléités de réaction, Riego protesta hautement, fut destitué et relégué à Lerida. Élu député aux Cortès réunies en 1822, et choisi pour président de l'Assemblée, lorsque, l'année suivante, se produisit l'intervention française, dirigée par le Duc d'Angoulême, il fut chargé du commandement des troupes constitutionnelles rassemblées à Malaga, marqua, comme entrée de jeu, un point contre l'armée royale, mais bientôt, chances renversées, se vit contraint à reculer devant les Français ; grièvement blessé, et en fuite, il fut reconnu par des paysans, trahi par eux, livré aux autorités demeurées fidèles à Ferdinand qui l'envoyèrent à Madrid, où il fut poursuivi, jugé, condamné à la potence, mené au supplice sur une claie traînée par un âne, d'une fin qu'on voulait dérisoire et infamante. Mais Riego, jusque dans ses torts et dans ses écarts, n'avait jamais pensé bassement ; il mourut bien, laissant à son pays un hymne révolutionnaire et le modèle d'une conjuration militaire, qui, en cinquante ans, allait être reproduit à une quarantaine d'exemplaires. Il lui légua autre chose encore ; avec cette semence d'insurgés, une graine éclose dans ses cendres mêmes, toute une postérité issue de son infortune, qui le dépassait singulièrement et que peut-être il n'eût pas reconnue ; la génération spontanée de toutes les révolutions, la queue sanglante et souillée qu'elles traînent après elles : l'Espagne eut ses *descamisados*, ses « sans-chemises », comme nous avions eu nos « sans-culottes », ses « exaltés », qui mirent un certain temps à s'assagir un peu, collectivement ou individuellement, en « progressistes ».

Une reprise de réaction suivit naturellement la victoire du principe monarchique à tendance absolutiste dont une armée française s'était faite le champion sous l'inspiration plus ou moins directe de la Sainte-Alliance ; peut-être même n'y avait-il eu qu'une rencontre de sentiments, et, entre Bourbons, qu'un réveil de l'esprit de famille ; entre rois, qu'une défense de l'intérêt royal, plus ou moins bien compris. Mais naturellement aussi, par le mouvement alterné des idées et des passions humaines, qui toujours se poussent et se recouvrent les unes les autres, en s'écroulant les unes sur les autres, comme les vagues dans la marée, un nouveau flot de déclamations et de proclamations, de manifestations et d'agitations libérales suivit, surmonta, pressa et brisa le flot réactionnaire. Le *liston verde*, le ruban vert reparut aux chapeaux, et Cánovas enfant put l'y voir jusqu'en 1835 ou 1836. En avant, de nouveau, les exagérations verbales, le tonnerre de mots, de l'auteur qui « ne veut pas être au-dessous de son sujet » ! De nouveau, en avant, « les despotes qui s'humilient » et « les trônes qui tremblent » ! — « J'ai vu dans mon enfance, écrira plus tard, à propos d'Estébanez Calderón, le restaurateur de la monarchie espagnole, bien des sujets pacifiques, à qui arriva cette mésaventure, sans qu'il y eût en eux la moindre particule de tyrannie ou de despotisme. » Et l'historien constate : « Tout ce qu'il y avait de plus illustre et de plus généreux dans la nation s'abandonne alors à cet emportement. » La jeunesse, et pas seulement elle, s'enrôla en masse dans la milice nationale, en même temps nationale et libérale, autant l'une que l'autre, et dont la cocarde, insigne pour les patriotes, était, pour les partisans, signe de ralliement.

Le patriotisme, d'ailleurs, se trouva, vers le même moment, après l'invasion française de 1808, et l'intervention française de 1823, échauffé encore par les événements d'Amérique. Une à une, depuis une dizaine, une quinzaine d'années, dans l'Empire où jamais le soleil ne se couchait, où le dernier des *picaros* avait « droit à la lumière de deux soleils opposés », Orient et Occident, les belles, riches, immenses, inépuisables possessions secouaient le joug de la métropole, à la fois trop pesant et trop fragile, et se détachaient d'elle. Tandis que « le Solitaire » adressait au roi son Ode qui sonnait comme une satire, Quintana, dans des sentiments tout pareils de patriotisme et de libéralisme, lui dédiait un épithalame, à l'occasion du quatrième mariage que Ferdinand VII, en 1829, venait de contracter avec la princesse de Naples Marie-Christine, dont il devait avoir deux filles, mais n'avoir que des filles. Une grosse question de droit public, grosse même, et pour longtemps, de conséquences sanglantes, allait se poser au sujet de la succession au trône, et dans le débat armé de laquelle ces grands courants du patriotisme et du libéralisme tantôt se heurteraient et tantôt se mêleraient.

On sait que le duc d'Anjou, devenu le roi Philippe V, avait, en 1713, introduit dans son nouvel État ce qu'il est de coutume d'appeler « la loi salique » et qui, à tout le moins, était la loi de famille de la Maison de France ; il l'avait fait de la manière la plus radicale en supprimant purement et simplement le droit des femmes à la couronne. Mais, au siècle suivant, sous le règne et à l'instigation de Charles IV, les Cortès de Madrid avaient consenti une Pragmatique Sanction, connue, pour cette raison, sous le nom de *Auto acordado*, « Acte accordé ») qui rétablissait ce droit, limité pourtant au seul cas où feraient défaut les mâles de la même ligne et du même degré. Ce qui était justement le cas, alors que la vie de Ferdinand VII, tirant rapidement à sa fin, ne lui laissait plus guère l'espoir d'une troisième paternité. Si donc il ne s'était pas résolu à promulguer, sur les instances de la reine, la Pragmatique de Charles IV, sa fille aînée, la princesse Isabelle, aurait été exclue, et il eût eu pour héritier son propre frère, l'infant Charles, Don Cárlos. En septembre 1832, au plus fort d'une maladie dont l'issue funeste paraissait imminente, deux des ministres de Ferdinand, Calomarde et le comte de Alcudia, dévoués au prétendant, qui déjà se découvrait, réussirent bien à faire signer au roi un codicille par lequel lui-même annulait la Pragmatique Sanction par lui-même peu auparavant ratifiée et revivifiée. Mais il se rétablit assez — et assez mal — pour pouvoir et devoir confier à la reine l'exercice du gouvernement ; presque aussitôt un décret déclara sans valeur le codicille entaché d'une sorte de fraude par pression illicite ; et tout de suite les Cortès de Castille ayant été, selon l'antique usage, convoquées à cet effet, on leur fit reconnaître comme légitime héritière du trône, Isabelle, fille aînée de Ferdinand VII, à défaut d'un hoir mâle du même père, puisque, pour Don Cárlos, il fallait changer de ligne, et remonter au grand-père, c'est-à-dire passer à la branche cadette. De cette querelle de succession naîtraient cinquante ans de troubles et de guerres.

La reconnaissance de l'Infante héritière par les

Cortès avait eu lieu le 20 juin 1833 ; le 29 septembre, mourut Ferdinand VII. A bref délai, les
partis, les opinions, les tendances, s'encadrèrent
dans ces deux grandes divisions : les Carlistes
et les *Cristinos*, du nom de la régente Marie-Christine (qui était, en effet, le principal artisan de
cet ouvrage) et non de la reine mineure, Isabelle.
On a pu dire, d'une façon générale, que Don Cárlos
avait pour lui le clergé, les volontaires royalistes,
les cités castillanes ; Marie-Christine, pour elle,
les grands, les fonctionnaires, une partie de l'armée, la machine gouvernementale qu'elle tenait
et maniait lors de la mort du roi. Encore le classement est-il trop sommaire et, entre ces couleurs si nettement tranchées, faut-il intercaler des
nuances. Un bon noyau du parti *cristino* était
formé de « libéraux sensés » qui, par horreur de
l'intransigeance et haine de l'outrance du parti
dit, — il n'est pas besoin d'expliquer pourquoi,
— « apostolique », déjà du vivant de Ferdinand VII, étaient allés se rapprochant du trône,
se groupant autour de lui, et, malgré les erreurs
et les rigueurs d'un roi qui se trompait autant
qu'il était trompé, sentant là l'unique garantie
que pouvaient avoir des hommes éclairés et pacifiques, enclins au surplus « à fonder de joyeuses
espérances dans les qualités singulières de sa jeune
et belle épouse, la reine Christine » ; en sorte qu'il
y eut, à l'origine du parti *cristino*, tout ensemble
de la politique, de la chevalerie, et, s'il est permis
de l'ajouter, un peu d'amour ou de galanterie
à l'espagnole. Fait qui devait se reproduire cinquante ou soixante ans plus tard envers une autre
reine, une autre régente, une autre mère, une
seconde Marie-Christine.

Ce furent, en somme, ces « honnêtes gens », dévots ou du moins amis ou du moins voisins des idées libérales, qui constituèrent le fond du puissant groupement national dont l'action persévérante maintint ferme le testament de Ferdinand VII, fit décréter l'exhérédation de Don Cárlos et de ses fils, prépara l'organisation ultérieure du parti, — plus exactement et plus étroitement un parti, — que l'on qualifia de « modéré ». Ceux qui épousèrent cette cause dès le début lui demeurèrent, pour la plupart, fidèles jusqu'à leur mort. Il y en eut, — tel fut le cas d'Estébanez Calderón, — de qui le traditionalisme personnel s'accorda sans peine aux vœux enthousiastes des libéraux les plus enflammés, bien que leurs motifs, comme leurs esprits, fussent différents. Pour Estébanez, par exemple, entendre dire que sur la terre où avait régné Isabelle-la-Catholique ne pouvait régner une femme, avait le son du blasphème et le goût du scandale. Au contraire, Espagnol, vieil Espagnol au point où il l'était, la loi salique, ou plutôt semi-salique, que l'on prétendait appliquer ici, ne pouvait, par son titre barbare et sa provenance étrangère, que lui être patriotiquement antipathique. Puisque la prière qu'il avait candidement chargé la princesse royale, âgée de deux ans, d'adresser à Dieu dans son innocence, pour lui demander la venue d'un petit frère qui épargnerait à l'Espagne les horreurs d'une guerre civile, n'avait pas été exaucée, il n'y avait qu'à se résigner. D'ailleurs, une deuxième Isabelle, succédant à la première, par delà les siècles et les dynasties, l'image que sa fantaisie embellissait de toutes les grâces charmait en lui le sens historique et poétique (n'oublions pas que cela se passait en Espagne, à l'époque du romantisme), et cette solution lui paraissait la seule qui fût purement et primitivement espagnole : bien plus, tout Andalou qu'il était, il en aimait d'abord ce qu'elle avait de castillan. Et il y avait, dans le parti « modéré » naissant, beaucoup d'Estébanez Calderón qui n'étaient ni des patriotes, ni des royalistes, ni des *Cristinos* modérés.

Cánovas, écrivant la biographie de son oncle, s'est attaché à fixer le souvenir de ce singulier moment où, « de la paix religieuse, de la paix intérieure dont on jouissait partout, de la paix littéraire que le classicisme français triomphant avait partout établie, de l'ordre suprême et de l'absolue régularité en toutes choses, qu'interrompaient uniquement par intervalles des guerres partielles sans conséquences profondes, le monde se rua en une sorte de poursuite affamée d'inquiétude, d'insécurité, de confusion et d'inconnu, mouvement emporté et irréfléchi, sans direction ni limites certaines ; phénomène universel de révolution dans la politique que rien, au fond, ne distingue de cet autre phénomène spécial qui, dans les lettres, donna naissance au romantisme ». Pour nous en tenir aux faits proprement politiques, à leurs causes et à leurs circonstances immédiates, quatre jours après la mort du roi, la bannière carliste fut levée à Talavera de la Reina, sans succès, il est vrai, mais, au même instant, à Bilbao, les volontaires du roi (qui, par « le roi, » entendaient Don Cárlos) prenaient résolument les armes, déclenchant ainsi la rapide et bientôt formidable insurrection des provinces basques. En trois mois, Don Cárlos y eut une petite

armée, sous les chefs les mieux faits pour la conduire.

Des deux partis rivaux, les carlistes avaient
été les premiers prêts. Le parti *cristino*, un peu
improvisé, fait de pièces et de morceaux, où il y
avait de tout, depuis des monarchistes convaincus
jusqu'à des révolutionnaires amnistiés et au moins
à demi convertis par haine de l'absolutisme politique et religieux, en passant par toutes les
nuances intermédiaires, manquait, au début,
d'unité, d'homogénéité, de fixité dans sa direction. Cette faiblesse originelle lui fit perdre de
bonnes occasions d'empêcher que la guerre civile
ne prît les grands développements qu'il devint
impossible d'éviter par la suite. Pourtant, comme
il tenait le gouvernement, la capitale, la *Gazette*,
tout l'organisme officiel, il gardait l'énorme avantage que donne la possession d'état. Il put, sans
trop y perdre, traverser la confusion du premier
moment. L'armée, par la force de l'habitude, et
comme par un réflexe hiérarchique, bien plus que
par le sens profond de la discipline, rien que
parce que les reines Marie-Christine et Isabelle
représentaient l'ordre établi, se déclara pour elles
en grande majorité, quoique nombre de chefs et
d'officiers personnellement eussent embrassé la
cause opposée. En janvier 1834, le général D. Je-
ronimo Valdès commandait en Navarre un corps
de troupes supérieur sous tous les rapports aux
bandes de Don Cárlos. Il ne comptait guère plus
de 16 000 ou 17 000 hommes, garnisons comprises,
mais les carlistes, aux ordres de l'ancien colonel
Zumalacárregui, atteignaient à peine la moitié.
Il est vrai qu'ils suppléaient à cette infériorité
par une connaissance parfaite du pays, accou-

tumés qu'ils étaient dès l'enfance à pratiquer, montagne par montagne, vallée par vallée, sentier par sentier, torrent par torrent, la cordillère pyrénéenne presque jusqu'à l'Èbre, et combattant chez eux, informés, éclairés, guidés de village en village, couverts, cachés, ravitaillés par des compatriotes qui leur étaient autant de complices. Dans chaque paysan, ils avaient un partisan ; le terrain, le milieu, la race, conspirant avec eux, rendaient les opérations bien plus faciles à exécuter pour des compagnies volontaires, libres et mobiles, que pour des bataillons, toujours lents et lourds, asservis par un long dressage au code de la guerre régulière, obligés de porter sur le dos tout leur bagage et de traîner derrière eux tout le convoi de leurs vivres et de leurs munitions. Il eût fallu, pour éteindre l'incendie ou seulement le circonscrire, marcher très vite. Mais, dès lors que ce n'était ni fini, ni en voie de finir en janvier 1834, il n'était plus possible de prévoir quand ni comment cela finirait.

Au milieu d'une lutte horrible, impie, inhumaine des deux parts, sans pitié ni merci, sans quartier même pour les blessés, où les cruautés des uns, si elles ne se justifiaient pas, s'expliquaient par les sévérités des autres, les généraux, dans le camp des *Cristinos*, se succédaient rapidement, pour ainsi dire mois par mois, Valdès (janvier), Quesada (février), Rodil (juillet 1834), enfin Luis Fernández de Cordova. La situation de l'Espagne en ces conjonctures était assurément, fait observer Cánovas, l'une des plus compromises et des plus hasardeuses de son histoire. Tandis que les carlistes s'accroissaient, s'organisaient, se formaient réellement en armée, et s'aguerrissaient, non pas même de jour en jour, mais d'heure en heure, l'armée royale, chargée de les vaincre et de réduire à l'obéissance les provinces rebelles, recevait sans cesse de Madrid des nouvelles alarmantes qui plongeaient dans le désarroi le cœur le plus vaillant, et l'esprit le plus clair dans la confusion. Zea Bermudez tombé du pouvoir, faute surtout d'une base assez large pour se maintenir entre les partis adverses, y était remplacé par Martinez de la Rosa, homme politique et auteur dramatique, qui, également attaché à son double rôle, donnait dans la même semaine à la nation le « statut royal » et au public *La Conjuration de Venise*, mais qui, au jugement encore de Cánovas, réussissait mieux au théâtre qu'aux affaires et gagnait plus de crédit comme romantique avec sa pièce que comme libéral avec sa Constitution.

« Ni cette Constitution timide, restreinte, mais parlementaire en somme, ni la signature de la Quadruple-Alliance qui fortifia tant la cause de Doña Isabelle identifiée avec la cause libérale, ni les amnisties complémentaires qui rouvrirent les portes de la patrie à tous les émigrés sans exception, ni l'intervention heureuse en Portugal ni la réouverture de la tribune publique qu'avaient « honteusement » fermée à Cadix les armes françaises onze ans auparavant, ne suffirent à prolonger pendant plus de seize mois le ministère de Mártinez de la Rosa. D'une part, l'assassinat impuni des religieux de San Isidro ; d'autre part, la capitulation inouïe accordée à une poignée de soldats qui s'étaient retranchés dans la maison des Postes, et qui en purent sortir sans châtiment et même avec les honneurs de la guerre après avoir mis à mort le capitaine-général Cantenac, déshonorèrent l'existence de ce cabinet, qui n'eut ni la chance de prévenir, ni l'énergie de réprimer, comme ils le méritaient, de si grands scandales. » Alors la série recommence : le comte de Toreno, ministre des Finances, aux côtés de Martinez de la Rosa, passe ce portefeuille à Mendizábal, et prend la présidence du Conseil ; plus populaire que Toreno, comme Mendizábal, à son tour, le sera plus que lui-même. En vain, au demeurant.

Rien n'y fait, tant les âmes et les cerveaux sont en désordre. Ni la mort de Zumalacárregui et la délivrance de Bilbao, ni la bataille victorieuse de Mendigorria, qui consacre définitivement la supériorité en rase campagne des troupes de la reine, ne parviennent à calmer les inquiétudes. « De toutes parts mugissait la discorde, palpitait l'anarchie, se répandait, comme une double et parallèle contagion, tantôt l'exaspération, tantôt l'abattement, aussi funestes et délétères l'un que l'autre. »

Tel est, tracé de la main puissante de Cánovas, probablement d'après les souvenirs d'Estébanez, le tableau de l'Espagne vers 1835, époque où se préparaient, mûrissaient et déjà s'accomplissaient des événements, dont, à plus ou moins longue échéance, les conséquences ne pouvaient être mesurées. Tout y est, et tout prolifère ou tout couve ; en premier lieu, la guerre civile, la guerre fratricide ; en deuxième lieu, la faiblesse des gouvernements ; en troisième lieu, la rébellion, l'insurrection militaire, qui va, sous peu, et pour une cinquantaine d'années, se consolider, se systématiser dans une quarantaine de *pronunciamientos* périodiques et en quelque sorte rythmiques, soit de généraux, soit de sergents, politiciens à l'envi et de haut en bas politicaillants entre lesquels se dissout ce qui fut l'armée espagnole.

Avec des suspensions et des reprises, des essors, des arrêts, des retours et des chutes de fortune, les guerres carlistes durèrent, peu s'en faut, un demi-siècle, pour ne se terminer qu'après la restauration de 1874, en la personne de Don Alphonse XII, fils d'Isabelle II et petit-fils de Ferdinand VII. C'est un gros morceau de l'histoire quasi contemporaine de l'Espagne, et c'en est, par son importance, un chapitre qui veut et qui doit être traité à part : il reste en dehors de notre sujet ou n'y touche que comme un des éléments du problème politique. La faiblesse des gouvernements, la démission de volonté, la veulerie, l'espèce d'hébétude, — ce que, chez d'autres gouvernements, en d'autres circonstances, dans la mêlée d'événements bien plus considérables encore, un de nos amis italiens, formé par les études de toute sa vie à la plus grande école, appelait tristement *una certa fiacchezza dei governi*, — cette absence et cette carence totale ont arraché plus tard à Cánovas cris de dédain sur cris de colère. J'en ai rappelé en épigraphe quelques-uns, mais il en a proféré et répété de pareils tout au long de son œuvre écrite. Son œuvre agie a été d'abord un démenti, un défi à cette mollesse, à cette lâcheté, à cette « incapacité », à cette « infirmité », à cette « anarchie douce ». Homme d'État, s'il s'en indignait, historien cependant, il se l'expliquait et l'expliquait ainsi : « Les cabinets qui se succédèrent dans les premières années du nouveau règne (celui d'Isabelle II, 1833-1835) étaient nécessairement faibles, et sans qu'il y

eût faute de ceux qui les composaient, parce que
plus ou moins explicitement entraient dans le
programme de tous la condamnation et même
« l'exécution » des actes de résistance qu'avait
accompli le régime antérieur. Excepté les carlistes, contre qui tout était réputé permis, premièrement parce qu'on les rendait responsables des
sanglantes rigueurs de la réaction de 1823, et
deuxièmement parce que, de leur côté, ils en
donnaient l'exemple, excepté eux, tout ennemi
du gouvernement, encore qu'il en appelât à la
force et tombât dans le funeste délit de sédition
militaire, pouvait sûrement compter sur l'indul-
gence de l'opinion publique, qui ne voulait pas
que l'on traitât les révoltés autrement que comme
la totalité des libéraux pensait qu'auraient dû
être traités Lacy, Porlier, Torrijos et leurs compagnons d'infortune. Qu'on ne parlât point d'exils
ni de déportations, car il ne convenait pas que
des gouvernements nés d'une amnistie, qui
s'étaient maintenus grâce à d'autres amnisties,
décrétassent de tels châtiments ; en outre, il
n'était pas conforme aux principes du nouveau
règne, et il ne semblait pas honorable, pour des
hommes qui venaient de rentrer sur le sol de la
patrie après de longues et maudites émigrations,
d'appliquer aux libéraux ces mêmes mesures
d'exception, ces mêmes lois de proscription. Le
gouvernement le plus énergique n'eût donc pas
rencontré dans l'opinion publique l'appui moral
sans lequel tôt ou tard la résistance venue du
pouvoir seul est inutile. Aussi la lutte entreprise
par quelques généraux et soutenue par eux contre
les anarchistes des grandes villes fut-elle, en dernière analyse, sans résultat. Il est pénible aujour-

d'hui de penser aux pauvres raisons pour lesquelles
les autorités d'alors perdirent la réputation de
libérales qu'elles avaient acquise à travers cent
émeutes et y virent substituer celle de despotes
ou de tyrans abominables. » Ce qui ne veut pas
dire que parfois il ne fut pas procédé à des ré-
pressions excessives, où même des libéraux un
peu trop impatients eurent leur part. C'est à
ce propos, à propos de ces alternatives de débilité
et de fureur, que Cánovas a fait la remarque déjà
précédemment citée : « Il est bien connu que la
faiblesse en arrive de temps en temps à être beaucoup plus violente et cruelle que l'énergie de la
volonté vraiment ferme et sûre d'elle-même. »
A cet égard encore, le pire des gouvernements
est le gouvernement de Pas-de-Gouvernement.

Quant à la maladie des *pronunciamientos*, ces
deux premières causes, les guerres civiles d'une
part, et, de l'autre, la défaillance gouvernementale, contribuèrent beaucoup sinon à la produire
ou à l'introduire, du moins à la propager et l'in-
vétérer. Espartero, au dire de Cánovas, fut l'initiateur, le *duca* et le *maestro*. « Quelque respect
qu'on professe pour sa mémoire, à divers égards
digne d'estime, écrira un jour l'illustre ministre
d'Alphonse XII, il est difficile de nier qu'à Espartero plus qu'à personne est due la prétention
qu'eurent dans la suite les chefs de l'armée de
diriger à ce titre et comme tels la politique espagnole. En dépit des apparences, ce n'était pas
ce qu'avaient voulu en 1820 les malheureux
« héros » de la Isla. Leurs motifs furent ce qu'ils
furent, mais, si même des sentiments politiques
incompatibles avec la monarchie absolue les avaient
guidés, on peut affirmer une chose avec certitude,

et c'est que ni Quiroga, ni O'Daly, ni Riego n'avaient pensé à devenir par ce moyen ministres chargés de diriger la politique intérieure et extérieure de la nation. En 1836, encore, dans l'attitude révolutionnaire de l'armée, indubitablement il y eut de l'exaltation politique, une haine véhémente contre les idées carlistes, et, pour autant, une véritable adhésion aux plus libérales. Mais nul, et moins que tous autres, les sergents de la Granja, ne pensa alors dans l'armée à retenir pour soi le pouvoir conquis en violation de la discipline : il ne s'agissait que de le remettre aux mains des hommes politiques qui représentaient les doctrines préférées et triomphantes. »

Avec Espartero apparut le *caudillo*, le « meneur » militaire, qui acheminait astucieusement ses démarches à assaillir, à prendre et à garder le pouvoir. Peut-être était-il inévitable que quelque jour le fait arrivât, dès lors que le trône se trouverait occupé par des femmes. Mais il pouvait se produire autrement : un soldat, dans la monarchie constitutionnelle, avait, autant que quiconque, le droit d'aspirer à un rôle politique, mais à la condition de s'y pousser par le Conseil, non par les armes. Au contraire, la conduite d'Espartero, depuis qu'il eut affaire, comme général en chef, soit avec le ministère de Calatrava et de Mendizábal, soit avec celui du comte de Ofalia et de Don Alejandro Món, soit même avec celui du duc de Frias et d'Alaix, permet de rejeter sur lui la grande faute et la grande responsabilité.

Comme tout exemple, surtout s'il est mauvais, est imité, presque aussitôt Narváez et Luis Fernandez de Córdova, se soulevèrent à Séville contre

Espartero et tentèrent, tout au moins rêvèrent un moment, de lui ôter par l'épée ce qu'il avait pris par l'épée ; le coup, pas tenu en 1838, manqué en 1841, réussit en 1843, mais c'était le même coup, et c'est un coup hasardeux ; entre autres défauts, pour l'homme qui le risque, il a celui d'échouer bien plus souvent qu'il ne réussit. Pour le peuple qui fournit le sujet de l'expérience, il en a de pires, dont le premier est qu'on ne sait jamais où s'en éteindra l'engeance, et qu'il en est de ces coups de force militaire ainsi que des coups d'État parlementaires (genre Thermidor et Fructidor) ; ils s'engendrent les uns les autres. Ils font pis encore : ils pourrissent ce qu'il importe le plus de garder sain dans la nation, l'armée, et ils la pourrissent par la tête. En Espagne, au milieu du siècle dernier, ce sont les généraux qui corrompirent les troupes, lesquelles opposèrent au début quelque résistance et mirent quelque temps à se pervertir ; puis l'habitude se prit, et le *pronunciamiento* devint un jeu, un exercice.

Espartero, à la suite de la défaite qu'il avait infligée aux carlistes, avait été fait d'abord comte de Luchana, puis, ayant négocié avec eux la convention de Vergara (31 août 1839), créé duc de la Victoire. « Quelle victoire ! » ne peut s'empêcher de s'écrier Cánovas ; « obtenue moins par le combat que par un traité, plus avantageux pour les généraux, chefs et officiers carlistes, que pour la nation, à cause de l'interprétation donnée aux articles concernant les *fueros* des provinces basques. » L'opération, en effet, avait consisté principalement à détacher de Don Cárlos, par de larges concessions sur leurs libertés, qui ont toujours été le grand ressort de leurs mouvements,

les Basques fatigués de quinze années de guerre.
Espartero était donc comblé ; mais l'ambition de
ce fils d'artisan de village, sinon son âme, ne
fit que grandir avec sa fortune. Il voulut être tout
à fait le maître, dictateur, régent ; et même, vers
la fin de sa vie, trente ans après, quand l'Espagne,
après avoir chassé définitivement Isabelle II,
cherchait un roi, quelques partisans attardés et
imaginatifs pensèrent une minute à lui.

En 1840, le nouveau duc de la Victoire ne
songeait pas encore à la couronne, mais il faisait
déjà plus que d'entrevoir la dictature. Le premier
prétexte lui fut bon. Dès que l'insurrection carliste s'apaisait, les querelles des partis se ravi-
vaient, et l'Espagne n'avait le choix qu'entre les
déchirements. Les progressistes, fraction opposée
aux modérés, — en réalité radicaux, — étaient
fort mécontents de la loi, faite par ces mêmes
modérés avec l'appui de la reine régente Marie-
Christine, qui enlevait aux municipalités l'élection des alcades ou maires et remettait cette nomination au gouvernement, contrairement aux
dispositions de la Constitution de 1837. Espartero prit fait et cause pour eux, et jeta l'armée
dans ce conflit politique. Christine dut se réfugier
en France. A sa place, la régence fut confiée au
duc de la Victoire. Il l'exerça de 1841 à 1843,
mais non sans qu'elle lui fût violemment dis-
putée. D'autres généraux, par contraste, se déclarant pour les modérés, essayèrent en Navarre
de la lui arracher, comme Narváez et Córdova
avaient formé en Andalousie le dessein de lui
barrer la route. Il lui fallut bombarder Barcelone
qui, les troupes aussi se prononçant, avait proclamé la République. Ce n'étaient d'un bout à

l'autre de la Péninsule que soulèvements, émeutes, défis croisés de généraux, d'Espartero lui-même et du comte de Cleonard contre Narváez et Fernandez de Córdova ; progressistes à Madrid, modérés à Séville, républicains à Barcelone ; militaires, — au sens de grandeur et de servitude du mot, — aucun, nulle part. Espartero ne s'entendait pas mieux avec les Cortès, qu'il dut dissoudre deux fois en cinq mois : tous les partis, même le sien, modérés, progressistes, républicains finirent par se coaliser pour l'abattre ; vaincu, le duc de la Victoire, le régent qui avait expulsé la régente, à son tour dut quitter l'Espagne.

Cependant, la jeune reine Isabelle était parvenue à sa majorité (1843). Elle constituait un ministère modéré, en réaction par rapport au gouvernement progressiste d'Espartero. D'une manière générale, on peut dire que les huit années de 1843 à 1851 furent la période de Narváez, qui appliqua d'une poigne rude et parfois brutale le programme du parti modéré, et se montra, au pouvoir, dictatorialement constitutionnel. Les Constitutions, dans cette période, se suivirent à brefs intervalles. La Constitution modérée de 1845 abrogea la Constitution progressiste de 1837 : elle replaçait au premier plan la Couronne, le ministère et le Conseil d'État, leur rendait la nomination des autorités provinciales et municipales, question capitale dans un pays où le levain séparatiste fermentait non seulement dans chaque province, mais jusque dans la commune. Le malheur était que les modérés ne savaient pas l'être sans tout céder ou tout casser, ni les progressistes sans tout forcer et tout compromettre.

Par leurs défauts à la fois différents et semblables, ils rivalisaient d'incapacité, d'insuffisance, d'indigence gouvernementale. Il restait trop « d'absolutisme » dans la « modération » de Narváez ; il entrait trop de « révolution » dans le « progressisme » d'Espartero. De 1851 à 1854, la politique des modérés, orientée à droite et particulièrement accentuée en ses tendances religieuses, avait rallié des carlistes, mais écarté d'anciens *Cristinos*, demeurés un peu voltairiens à la mode de 1830, qu'effrayaient les spectres du cléricalisme et de l'intolérance. Un troisième, cinquième ou dixième général, D. Leopoldo O'Donnell, — le futur duc de Tetouan, — ayant levé l'étendard à Madrid, Espartero se rapprocha de lui ; ensemble, ils s'assurèrent du pouvoir, qu'ils détinrent pendant deux ans, de 1854 à 1856 ; soutenus, Espartero, président du Conseil, par le vieux parti progressiste, O'Donnell, par un tiers parti, intermédiaire entre les progressistes et les modérés, formé, avec l'appoint des débris de l'un et des transfuges de l'autre, de ce qu'il y avait de plus sensé, de plus raisonnable, de plus politique, de plus véritablement modéré et de plus réellement progressiste en Espagne, tiers parti qui reçut le nom d'Union libérale. Il le reçut, plutôt qu'à ses débuts il ne le mérita, car il ne fut pas longtemps uni, et il ne fut guère libéral.

Les progressistes, qui d'abord avaient prédominé, ayant abusé de leur avantage, et, entraînés par les républicains qui remuaient de nouveau en Catalogne, d'autre part irrités par les carlistes qui se relevaient pour défendre l'Église menacée dans ses droits et dans ses biens, s'étant laissés aller à édicter des mesures violentes, les libéraux

avaient pris le dessus ; O'Donnell, chargé de former
un ministère, plus sage, s'était hâté de rétablir
la Constitution de 1845. Mais, séparé de sa gauche,
le front qu'il opposait à ses adversaires de droite
ne pouvait être que moins étendu et moins profond.

Les anciens « modérés » ressuscitèrent d'autant plus vite qu'ils n'étaient pas tout à fait
morts : rappelés au pouvoir avec Narváez (12 octobre 1856), leur premier acte fut d'abolir ce
qui subsistait encore de la réforme constitutionnelle de 1854. Ils se qualifiaient et on les quali-
fiait de « modérés », mais beaucoup d'entre eux
penchaient vers l'absolutisme et l'ultra-clérica-
lisme ; beaucoup étaient dans leur genre des
« extrémistes » à qui l'on eût pu appliquer les
épithètes paradoxalement accolées « d'enragés de
modérés ». Leur chef Narváez, qui, de sa nature,
n'était modéré en rien, et à qui rien n'eût convenu moins que de présider un parti digne de
ce titre, ne mit pas deux ans, comme Espartero,
à reporter le pendule, par de brusques saccades,
à l'autre bout de sa course ; en deux ans à peine,
il eut fatigué tout le monde. Les progressistes
hors de jeu, et les modérés hors de cause, les
deux partis nettement tranchés n'en pouvant
mais, il n'y avait plus de ressource, si précaire
pût-elle sembler, que dans le parti moyen ou
mixte, dans cette union libérale dont les essais
n'avaient pas révélé une grande force. Mais, soit
qu'elle eût pris de la vigueur par les recrues qu'elle
avait faites (les hommes de valeur ne lui manquaient pas, jeunes encore et au second rang :
Cánovas lui-même, depuis qu'il avait rédigé le
manifeste de Manzanarès, s'élevait rapidement de

fonction en fonction et de grade en grade au-
dessus du groupe), soit qu'O'Donnell bénéficiât
de la lassitude que l'Espagne entière ressentait,
et qui lui ôtait toute envie de bouger, une fois
revenu aux affaires, en 1858, il s'y vit installé
pour cinq ans.

Ce furent les fameux *cinco años*, les cinq années
d'O'Donnell, — un cycle, un siècle, une époque
dans un pays qui ignorait la stabilité et ne connaissait plus le repos. — Années, à l'intérieur, de
vaches ni grasses ni maigres (mais l'Espagnol de
ce temps-là n'était pas difficile sur la qualité du
régime), qui se seraient peut-être prolongées de
quelques-unes, et auraient dépassé 1863, si le
général O'Donnell ne s'était engagé ou ne s'était
trouvé engagé successivement dans une expédition africaine et dans deux ou trois expéditions
américaines. Ses victoires du Maroc, Los Castil-
lejos, Tetouan, l'Oued-Ras, lui avaient fait une
auréole, à peine ternie par les déceptions du traité
de paix : *la paz chica* pour prix de *la guerra
grande;* mais les entreprises de Saint-Domingue,
du Mexique, du Pérou, avaient été moins heureuses, sans même la compensation de la gloire,
puisqu'elles avaient été abandonnées. Or, on se
rappelle les poésies d'Estébanez Calderón et de
plusieurs autres : on a vu avec quelle ardeur,
dans cette longue période d'épreuves et de misères,
l'orgueil patriotique, comprimé et blessé au dedans, allait quêtant une revanche au dehors ; et,
dans ce que, par une métaphore magnifique, Castelar appellerait « le froid de la réaction », combien de mains frémissantes l'Espagne, recroque-
villée sur elle-même, tendait vers « le deuxième
soleil » que lui avaient autrefois donné les Fer-

dinand, les Charles-Quint, les Philippe II, et leurs conquistadors et leurs adelantades ! Elle retombait du point le plus haut d'où elle puisse tomber, de son rêve poursuivi des siècles durant et interrompu avant d'être achevé ; et elle en retombait dans la dure réalité des embarras financiers, ajoutant la gêne du foyer aux souffrances de la patrie. Le ministère d'O'Donnell n'y survécut pas, et les six mois et demi du ministère Món-Cánovas (1er mars-16 septembre 1864) ne suffirent pas à y remédier.

La vie des partis, alors plus que jamais et là plus qu'ailleurs, n'était qu'une succession de bonds et de chutes, de fortunes prospères et adverses, également subites et imméritées, de faveurs et de disgrâces où il n'y avait de certain que l'incertitude. Pour la deuxième ou troisième fois, l'Union libérale fut délaissée ; pour la troisième ou quatrième fois, Narváez fut invoqué comme un sauveur. Il reparut, ramenant le bataillon de ses « modérés » antédiluviens, plus entêtés, eux et lui, plus fermés, plus butés qu'en 1843 ou qu'en 1856. Un an encore, un an seulement. En 1865, on essaya d'une combinaison O'Donnell-Cánovas, qui eut un peu plus de souffle, et n'expira que le 22 juin 1866, devant la mutinerie militaire du quartier de San-Gil ; — ce général, qui s'était jadis élevé par un *pronunciamiento*, renversé par un *pronunciamiento*, faut-il écrire : « Juste retour des choses d'ici-bas ? » — En tout cas, ce retour des choses n'arrangea point les affaires. Pour la quatrième ou cinquième fois, on revit Narváez, escorté, cette fois, de Gonzalez Brabo ; cette fois, délirant et persécuteur, les mains pleines d'ordres de proscription, d'exil, .

d'internement, auxquels Cánovas ne put échapper : c'est alors que, par les rigueurs de l'hiver, il dut aller goûter les délices, qui lui parurent scythes, de Palencia et de Carrión de los Condes. Le duc de Valence (Narváez, car les guerres incessantes, même civiles, donnaient lieu à de généreuses créations de titres du royaume) réunit contre lui le gouvernement, l'unanimité des libéraux, des progressistes et des démocrates qu'il poursuivait de ses rigueurs, et les formules péremptoires de Gonzalez Brabo, — dont Cánovas avait été jadis le collaborateur au *Murciélago*, mais autres situations, autres hommes ! — ses appels aux « espaces de silence » excluaient les accommodements.

Par malheur, le gouvernement, ce n'était pas seulement le ministère, qu'il était difficile de faire vivre, mais facile de changer : un de plus, un de moins, la reine Isabelle n'en était plus à les compter, et l'édifiante énumération que nous avons faite en a laissé de côté beaucoup. Mais, dans le Palais royal même, et justement parce que ses conseillers officiels ne lui offraient aucune sûreté, qu'elle se méfiait des uns et que d'autres se cachaient d'elle, autour de la reine s'était formée une *camarilla* qui peu à peu s'était substituée au cabinet, et aux mains de qui était passée l'influence, l'inspiration, la direction ; fait ordinaire, conforme aux précédents, historique, fatal : la Petite Chambre (*Camarilla*) ou le Cabinet, même origine, même chose, même nom. Si encore c'eût été tout ! Mais nous ne tirerons pas de leur ombre les Cárlos Márfori... En 1868, l'Espagne en avait assez et trop. Assez et trop de cela, de tout et du reste. Cela ne s'en allait pas, cela était déjà parti. Il n'y avait qu'une chiquenaude à donner pour que toute cette charpente vermoulue, que son décor ne protégeait plus, s'écroulât. Un des derniers jours de septembre, à midi, dans la rade argentée de Cadix, l'escadre s'avança vers la ville, blanche et assoupie par l'heure chaude. L'amiral Topete, le général Serrano, rejoints par D. Juan Prim, firent le geste rituel, « jetèrent le cri ». Le 29, Serrano forçait, au pont d'Alcolea, près de Cordoue, le passage que le marquis de Novaliches, avec une troupe restée fidèle, tenta vainement de lui interdire. La reine n'eut que le temps de quitter Madrid : la Révolution était faite.

Les révolutions ont été faites le plus souvent par des gens qui ne savaient pas ou ne voulaient pas ce qu'ils faisaient. La plupart de ceux qui renversèrent la monarchie d'Isabelle II étaient des monarchistes, en quoi ils ne se distinguaient point de ceux qui, quatre-vingts ans auparavant, avaient détruit la monarchie française. Dans le cas d'Isabelle II, ce qu'il y a de proprement espagnol, c'est le *pronunciamiento*, c'est le rôle de l'armée et de ses généraux, c'est ce qui, les élevant jusqu'au type, faisait dire à Castelar, venu à Paris dans le moment où l'on pouvait croire que le général Boulanger se préparait à les imiter, et à qui l'on proposait de le rencontrer : « Je le connais, c'est un général espagnol ! »

De l'école d'Espartero sont sortis, après les Narváez et Fernández de Córdova, les Serrano, les Prim, et jusqu'aux Martinez Campos, Dában, Manuel Pavia. L'un des plus complets, le plus complet peut-être, fut ce vraiment héroïque et chevaleresque D. Juan Prim qu'Henri Regnault, en le peignant échevelé, les yeux étincelants, les lèvres brûlantes, sur son cheval « qui fume et fait jaillir le feu de ses narines », a à peine idéalisé ; Juan Prim, enfant de la balle, fils de soldat, colonel à trente ans, qui comptait ses combats et ses blessures par dizaines ; qui, vieillissant encore jeune, saisi par le démon de la politique, fit en quatre ans huit *pronunciamientos*, en manqua sept, les paya de cinq ou six exils, réussit le huitième, et ce fut une révolution, qui lui valut la dictature, puis l'assassinat. Et pourquoi? Pour léguer à son pays six autres années de désordre et d'anarchie. Militaire, il démoralisa et désorganisa l'armée. Politique, il désorienta et égara la politique. Pour aboutir finalement à quoi? A ce que, dégoûtée, épuisée, après ces dix années d'insurrection et de révolution s'ajoutant à trente années de discordes et de guerres civiles, l'Espagne rappelât les Bourbons qu'il avait détrônés et eût en 1874 Alphonse XII qu'elle eût pu avoir en 1868...

Dans l'entre-temps, le non-gouvernement des gouvernements, l'ingouvernabilité du peuple, étaient arrivés à leur comble : l'incendie carliste, mal éteint, s'était rallumé. Tout ce qui cuisait à feu couvert dans la chaudière de Pero Botero s'était mis à bouillir, et elle avait fait explosion. Les années suivantes devaient être affreuses, meurtrières. Mais déjà Tacite était né dans l'Empire. Je veux dire que Cánovas est maintenant formé, qu'il a avancé, par ses travaux, son éducation théorique, qu'il a fait, avec Món, avec O'Donnell, son apprentissage pratique du pouvoir. Depuis 1860, et surtout depuis 1864, il a mêlé sa vie à la trame de ces tristes événements. Il a vu de près ces spectacles : ses regards en sont

saturés ; il a horreur de les revoir. Comme patriote, parce qu'ils ruinent la patrie ; comme historien, parce qu'il mesure, à partir du dix-septième siècle, la courbe de la décadence de l'Espagne ; comme homme d'État, parce qu'il a au
plus haut point le plus haut don de l'homme
d'État, qui est le sens de l'État ; comme homme
de gouvernement, parce qu'il a éprouvé qu'il n'y
a pas de gouvernement dans l'apathie et dans
l'aboulie ; comme chef de parti, parce qu'il tient
qu'il n'y a pas de partis sans chefs, sans idées et
sans programmes, et que ce n'étaient rien, ces
« modérés » qui ne voulaient rien, ces « progressistes » qui ne savaient rien. Et le remède pire
que le mal ! Et le moyen qui ne va à aucune
fin ! Avec quel mépris il juge et condamne la
dictature, la dictature militaire, le gouvernement
des camps, le *gobierno de campamento !* Un camp
qui n'est plus une armée, et qui n'est pas, qui
ne peut pas être, qui ne doit pas être un gouvernement. Ou bien, il n'y a plus de règle, il n'y a
plus d'ordre, il n'y a plus de nation organisée.
Cette aversion pour la dictature militaire, pour
l'intervention, même temporaire, accidentelle, catastrophique, de l'armée dans la politique, est
un des traits principaux, permanents, constitutifs du caractère de Cánovas. Je prie qu'on le
retienne ; on ne tardera pas à en comprendre la
raison. Car c'est ici que nous entrons à plein dans
notre vrai sujet, qui est l'étude d'une restauration
rénovatrice, l'examen de ses conditions et l'analyse
de son mécanisme. Tout ce que j'ai écrit jusqu'à
présent n'était que pour en dégager les abords,
pour le bien situer, pour poser le milieu et les
personnages. Nous voici enfin à pied d'œuvre.

CHAPITRE II

I

ÉTAT DE L'ESPAGNE EN 1874.
LES PROBLÈMES POSÉS

> ...Les réactions et révolutions subsé-
> quentes, qui nous maintiennent encore,
> par quelques-unes de leurs conséquences,
> auxquelles il est difficile de porter remède,
> au plus bas échelon de notre histoire na-
> tionale.
>
> CANOVAS, *El Solitario*, II, 41.
>
> Pour tous, également, les maux du
> pays commençaient à être insupportables.
>
> ID., *ibid.*, 89.

Nous voici donc à pied d'œuvre, et tout ce qu'on va lire maintenant est à retenir comme un document, un exemple ou une leçon. La Révolution de 1868 avait eu pour premier aboutissement, rappelons-le d'un mot, la dictature de D. Juan Prim, mais ce ne pouvait être que du provisoire, et l'Espagne, qui n'était pas mûre pour la République, n'était sortie de la monarchie que pour y rentrer. Sortie d'une monarchie héréditaire, séculaire, sous une dynastie devenue nationale, pour essayer d'une monarchie élective, improvisée, sous un prince étranger. Le jour même où ce roi immigré touchait le sol de sa

patrie d'adoption, Prim était assassiné, d'un coup
d'escopette chargée de mitraille, à travers les
glaces de sa voiture, dans un embarras de char-
rettes perfidement ménagé au détour de l'étroite
calle del Turco. Le règne inauguré si tristement
n'allait pas démentir ces funestes auspices. De
difficultés en difficultés, d'abstentions en défaillances, de défaillances en trahisons, d'erreurs en
fautes, de fautes en périls, de périls en abandons,
et d'abandons en solitude, la vie se creusant peu
à peu tout autour du trône, il se précipita, sans
une chance ni une espérance, vers une fin aussi
inexorable que la fatalité du signe de laquelle
il était marqué dès son origine. C'est qu'aussi le
défi porté aux conditions du réel et du possible
était trop fort. Un prince élu, une onde ajoutée
à une onde, une écume à la tempête, du précaire
à de l'incohérent ; un prince étranger, dont l'intrusion heurtait l'âme nationale, en son instinct
le plus profond, en son sentiment le plus vivant,
en son vice et en sa vertu essentiels, la fierté ou
l'orgueil ; et qui plus est, un prince appartenant
à cette Maison de Savoie qui venait, en s'instal-
lant de force dans la Rome des papes, de blesser
au sang ce grand corps religieux, l'Espagne des
rois catholiques, le seul pays qui, avec la France,
lors d'une tentative précédente, avait fait le geste
d'étayer de son secours le pouvoir temporel du
Saint-Siège ; un prince, enfin, aux manières populaires, dans un pays d'humeur égalitaire, sans
doute, mais qui aime et peut-être a besoin qu'une
étiquette, rigoureusement observée, élève entre
le Roi et les sujets une haute barrière de respect,
d'un respect tel qu'enveloppant la personne même
intime du souverain, il sauvegarde et consacre

en elle jusqu'aux formes extérieures, aux décors, aux pompes de la royauté.

Pour des raisons différentes, aucune des autres candidatures un moment envisagées n'aurait probablement eu un meilleur terme. Celle de Léopold de Hohenzollern, étrangère elle aussi et plus étrangère encore, pas même latine, tudesque, barbare, avait été étouffée dans le sang et dans la fumée de la guerre franco-prussienne. Celle du duc de Montpensier, outre ce qu'on eût pu lui reprocher du point de vue de la loi de famille et de la position de prince consort à laquelle, sous la couronne, il eût toujours été ramené, aurait eu le défaut capital de créer une deuxième compétition dans la maison royale, d'où triple division, de l'oncle paternel ou du cousin contre la nièce ou la cousine, de l'oncle maternel ou du beau-frère contre la sœur ou le neveu, Bourbon contre Bourbon et contre Bourbon. C'était assez d'une guerre dynastique : deux eussent été trop. L'esquisse d'une candidature Espartero n'avait été qu'une fantaisie ; une candidature de Prim lui-même, à supposer qu'il eût rapporté et recousu en Espagne les lambeaux du rêve que, dit-on, il aurait fait au Mexique, n'aurait été que « fleur d'un jour », comme la dictature éphémère, ou plutôt « uninocturne » de Manuel Pavia. Bien plus sûrement encore que chef d'un pouvoir non défini, devenu roi, il ne fût pas, ainsi le veut le sort prédit par Juvénal aux tyrans, mort « d'une mort sèche ». Et sa mort même n'eût pas été une solution.

Au surplus, après l'échec d'Amédée de Savoie, et vingt-six mois perdus à cet essai stérile, il n'y avait point de solution immédiate. Peut-être,

proclamée à l'aube du premier jour, dès la pointe
du matin, le 3 janvier 1874, une République
unitaire et modérée, selon la formule que le général
Pavia s'est montré plus tard attentif à prétendre
la sienne, eût-elle donné pour quelque temps à
l'Espagne désorientée l'abri qu'elle cherchait en
vain. Mais pour quelque temps seulement ; seulement peut-être. Et d'abord il avait fallu passer
par tous les excès, par toutes les folies de la République fédéraliste, cantonaliste, communaliste.
Les puissances de révolution, une fois déchaînées
par la témérité des apprentis sorciers, ne se
laissent pas réenchaîner facilement ; avant de
revenir à un point d'équilibre, elles courent,
roulent, penchent et tombent aux extrêmes.

J'ai déjà, ici et ailleurs, au long ou en résumé,
décrit les horreurs, le plus souvent tragiques et
souvent ridicules, qui remplirent le printemps,
l'été et l'automne de 1873, sous les présidences
brèves et ballottées de Figueras, de Pi y Margall,
de Nicolas Salmerón, jusqu'à ce que Emilio Castelar, touché au front par la nécessité, eût senti
se dissiper en son cerveau, trop bourré de lectures
et de rêveries, les nuées de l'idéologie pure et
s'éveiller, vague, mais impérieuse, la notion de
gouvernement. Je n'en referai pas la désolante
peinture. Du reste, quel minutieux travail d'historien appliqué aux textes et s'informant sur
pièces vaudrait la fresque brossée, si je l'ose dire,
sur la muraille de la fournaise toute chaude, par
Castelar lui-même, à l'origine l'un des plus sincères partisans de cette République intégrale, et,
au début, l'un de ses principaux artisans, mais
grand artiste, grand érudit, grand historien, grand
poète, malgré ses petits travers, autant qu'in-

comparable orateur ; républicain, oui, mais Espagnol, et patriote par-dessus tout, d'un patriotisme aigu, sensitif, exaspéré, douloureux? Écoutons-le. Il parle à Grenade, dans une réunion républicaine, le 26 mai 1874, cinq mois environ après
sa chute, sept mois avant la Restauration. Il
ne ménage pas les vérités à ses amis d'hier, et,
partout où il le rencontre, attaque corps à corps
le séparatisme, qui a failli emporter la nation.

« Chez nous, dit-il, les populations semi-sépara-
tistes par excellence sont les populations basques.
Et voyez, si vous exceptez cette ville singulière,
dont l'héroïsme fait notre orgueil, l'admiration
et l'envie des étrangers, la Saragosse de la liberté ;
si vous exceptez ces cités qui appartiennent à
l'esprit moderne ; ceux qui sont nés sous l'arbre
de Guernica, le monument le plus ancien de la
démocratie dans le monde, ceux qui ont sauvé
leurs Républiques de toutes les invasions, en les
faisant aussi fortes que les montagnes contre
lesquelles se brisent les bouillonnantes eaux de
la mer cantabrique ; ceux qui se gouvernent eux-
mêmes par les institutions les plus fédérales peut-
être de toute la terre ; parce qu'ils sont attachés
à leurs autels et à leurs idoles, parce qu'ils vivent
séparés, dans leurs foyers, en même temps de
l'esprit moderne et de l'unité nationale, parce
qu'ils ne respirent pas l'air chargé que respire
notre conscience ; ceux-là ont fait de leurs ro-
chers, que nous saluons comme la base des éternels municipes, les dolmens sanglants où se sa-
crifie la liberté ; ils ont fait de leur arbre, chanté
par les poètes et salué par les orateurs, le vénéneux mancenillier de la démocratie ; ils ont fait
de leur fer, qu'ils avaient juré d'employer à la

défense de leurs libertés, des épées contre nos cœurs, des chaînes pour nos bras ; ils sont aujourd'hui les esclaves d'un roi absolu et les parricides assassins de la patrie. *(Applaudissements frénétiques.)*

« Au fond de la guerre basque, il y a une tendance séparatiste, et une autre tendance séparatiste au fond de la guerre cantonale. Les deux utopies se rejoignent en leurs résultats ; tous deux sont également funestes. Il y eut des moments de l'été dernier où nous crûmes complètement dissoute notre Espagne. L'idée de la légalité s'était perdue à ce point qu'un employé quelconque de Guerre assumait tous les pouvoirs et le notifiait aux Cortès ; ceux qui étaient chargés d'exécuter les lois s'en moquaient, se soulevant ou sonnant l'alarme contre la légalité. Il ne s'agissait pas là, comme en d'autres occasions, de substituer un ministère au ministère existant, ni une forme de gouvernement à la forme adoptée ; il s'agissait de diviser notre patrie en mille parcelles, dans un morcellement semblable à celui qui suivit la chute du califat de Cordoue. Des provinces, arrivaient les idées les plus étranges et les principes les plus embrouillés. Les uns disaient qu'ils allaient ressusciter l'antique petite couronne d'Aragon, comme si les formules du droit moderne étaient des exorcismes du Moyen Age. D'autres disaient qu'ils allaient constituer une Galice indépendante sous le protectorat de l'Angleterre. Jaén se préparait à une guerre avec Grenade. Salamanque tremblait pour la fermeture de sa glorieuse Université et l'éclipse de sa prédominance scientifique en Castille. Des rivalités mal apaisées par l'unité nationale en de longs siècles surgissaient comme si nous eussions rétrogradé aux temps de la barbarie, aux temps des *Zegries* et des Abencerrages, des *agramonteses* et des *viamonteses*, des Castros et des Laras, des Capulets et des Montaigus, de guerre universelle. Des villes insignifiantes, à peine inscrites sur la carte, convoquaient des Assemblées constituantes. Le soulèvement éclata contre le plus fédéral de tous les ministères possibles dans le moment même où l'Assemblée élaborait d'urgence un projet de Constitution dont les plus grands défauts provenaient du manque de temps dans la Commission et de l'excès d'impatience dans le gouvernement.

« Et alors nous vîmes ce que nous voudrions avoir oublié ; des émeutes quotidiennes, des sonneries de tocsin générales, l'indiscipline militaire, des républicains chers au peuple tués par le fer dans les rues ; des populations pacifiques excitées à la rébellion et prises de cette fièvre : une dictature démagogique à Cadix ; de sanglantes rivalités de noms et de familles à Malaga, qui causaient la fuite de presque la moitié des habitants et la guerre entre les factions de l'autre moitié ; le désarmement de la garnison à Grenade après les plus cruelles batailles ; des bandes qui sortaient de quelques cités pour aller combattre ou mourir dans d'autres cités, sans savoir par quoi ni pour quoi sûrement, comme les bandes de Séville à Utrera ; les incendies et les meurtres à Alcoy ; l'anarchie à Valence ; les *partidas* de Sierra Morena ; le canton de Murcie livré à la démagogie et celui de Castellón aux apostoliques ; les bourgs de Castille appelant du haut de leurs barricades à une guerre des Communes, comme si

Charles de Gand eût débarqué sur nos côtes du Nord ; une horrible et mystérieuse scène de querelles et de coups de poignard entre les émissaires des cantonalistes et les défenseurs du gouvernement à Valladolid ; la capitale de l'Andalousie en armes ; Carthagène en délire ; Alicante et Almeria bombardées ; l'escadre espagnole passant du pavillon rouge au pavillon étranger ; les côtes dépecées ; les vaisseaux enlevés comme si les pirates fussent revenus dans la Méditerranée ; l'insécurité de toutes parts ; nos parcs se dissipant en fumée et notre escadre coulant au fond de la mer ; la ruine de notre sol, le suicide de notre parti ; et au sinistre éclair d'une telle démence, en cette sombre nuit, la plus triste de notre histoire contemporaine, surgissant comme de rapaces oiseaux nocturnes des ruines, les sinistres armées carlistes, avides de plus grands maux, prêtes à consommer notre esclavage et notre déshonneur, et à répartir entre l'absolutisme et la théocratie les membres déchirés de la malheureuse Espagne *(Applaudissements frénétiques)*. Avais-je raison ou non de dire que l'utopie était restée consumée dans cet incendie? Et elle ne ressuscitera pas. »

Cet affreux tableau, où il n'est pas exagéré de dire qu'il y a vraiment quelque chose de « dantesque », Emilio Castelar, qui en avait eu les regards saturés, pour l'avoir contemplé à toute heure et de tout près, n'a pu de longtemps se défendre de le refaire. A cette date de mai 1874, le maréchal Serrano, duc de La Torre, chef du pouvoir exécutif ou président de la République, avait à faire front, dans le même instant, aux fureurs de la guerre carliste et aux embarras intérieurs politiques et financiers. Médiocrement servi par des ministres peu expérimentés, peu sûrs ou peu énergiques, lui-même irrésolu, travaillé en dessous par les intrigues des partis dont certaines tournaient de jour en jour à la conjuration ouverte, il n'opposait à tant de maux sévissant ensemble et frappant en masse, sans cesse ni répit, que les sursauts incoordonnés, les bouts d'action désarticulés d'un gouvernement généralement mou et manifestement dénué de souffle. Dès cette date, une demi-année encore avant la faillite définitive, entre les mains de son auteur, de la Révolution de 1868, Castelar prévoyait, redoutait et pourtant, comme patriote, comme Espagnol, ne pouvait s'empêcher de désirer presque, et quoi qu'il en coûtât à ses idées, à ses préférences, à ses préjugés, un changement de régime qui serait, pour employer le mot propre, le rétablissement d'un ordre, là où il n'existait plus rien de constant, de ferme et de solide.

« Pour la République, avouait-il dans ce même discours, il n'y eut pas, l'année dernière, de plus grand péril que la démagogie ; pour la République, cette année, il n'y a pas de plus grand péril que la restauration. Évitons celle-ci comme nous avons vaincu celle-là. Ainsi la République ne doit être le patrimoine d'aucun homme, ni d'aucun parti ; c'est la nation se dirigeant elle-même, et en ses larges institutions, en sa merveilleuse souplesse, à tous les degrés de développement qu'elle permet et consent ; tous les partis peuvent se gouverner sans flétrisseure et se succéder au pouvoir sans conflits ni perturbations, selon que les appellent les exigences de la société et les vœux de l'opinion. Personne ne se dégrade à faire partie d'une municipalité, d'une députation provinciale ou d'un Congrès quand ses électeurs l'appellent, et personne ne peut ni ne doit se diminuer, si monarchiste qu'il soit, ou qu'il ait été, à servir une République, cette forme de la nation souveraine à laquelle tous nous appartenons. Ce qui ne peut pas être admis, ce qui ne doit pas être admis, ce qui sera toujours contraire à tout sentiment de la plus vulgaire honnêteté, ce qui n'a pas de nom, c'est d'accepter une fonction dans la République pour conspirer contre la République. Hors cela, comme la crise présente est si étendue, comme les sociétés modernes oscillent continuellement entre le progrès et la stabilité, il est bon que les partis conservateurs et les partis progressistes se succèdent, dans la République, suivant que le demandent les nécessités sociales. Nous avons, nous, plus que personne, le devoir d'appuyer les gouvernements sincèrement républicains ; parce que, de même qu'il serait incroyable que les conservateurs prissent le nom de républicains pour détruire la République, il serait incroyable aussi que, pour l'avoir propagée quand tous la condamnaient, pour l'avoir défendue quand tous la persécutaient, nous prétendissions que la République fût notre patrimoine exclusif, notre riche majorat, alors que la République est, comme le soleil, comme l'air, la propriété commune de tous les Espagnols. Ce serait trahison noire que les conservateurs conspirassent du dedans du gouvernement républicain contre la République, et ce serait démence aveugle que les républicains réclamassent exclusivement pour eux le gouvernement de la République. Non, mille fois non. La République, je le répète, est la nation, et la nation n'appartient à aucune personne, à aucune famille, à aucun parti, la nation est à tous ses enfants.

« Et, sans doute, il y en a qui disent que la République ne peut être un drapeau contre le carlisme, que la République ne peut être un drapeau contre la tyrannie. Bien des fois un phénomène très spécial a puissamment appelé mon attention. La démagogie se lève en armes en faveur des cantons, et nous convenons unanimement de la nécessité de la combattre avec énergie, de la vaincre avec décision, de l'extirper jusqu'à sa dernière bannière. La démagogie est vaincue, anéantie, et l'unique élément perturbateur qui reste est le carlisme. Oui, le carlisme efface les chemins, coupe les télégraphes, ravage les campagnes, assiége les cités, incendie les villages, appelle l'intervention étrangère, convertit les défilés en tombeaux de la jeunesse, consume la richesse publique, boit le sang national, commet les plus barbares cruautés, arrache les yeux aux vieillards, fusille les femmes sans défense, après les avoir déshonorées, immole jusqu'aux enfants, déracine des populations entières comme s'il arrachait de mauvaises herbes, et répand partout ses sicaires avec le poignard dans une main et la torche dans l'autre, pour nous enterrer, puisqu'ils ne peuvent pas nous asservir ; pour offrir à leur roi barbare et à leur cruelle théocratie le cadavre de la nation, puisqu'ils ne peuvent pas dominer sa volonté ni conquérir son âme. Et, pour combattre la monarchie, la République ne vaut pas, non ; il faut opposer à un Bourbon un autre Bourbon, à un descendant de Marie-Louise un autre descendant de Marie-Louise ; à un gouvernement

. personnel, un gouvernement personnel ; à une théocratie cruelle une théocratie hypocrite ; pour que les assassins, les incendiaires, les bourreaux de l'Espagne, vaincus sur les champs de bataille, s'emparent, comme ils s'en emparèrent durant le dernier règne, du palais et de là nous oppriment dans ce que nous avons de plus intime, de plus sacré, dans nos consciences, et fassent de nous le jouet du monde et de l'histoire. *(Applaudissements.)* »

Puis, après avoir présenté, en termes véhéments, l'apologie de son gouvernement, Castelar remémorait ce que, dans sa seconde période surtout, les brumes intellectuelles ou verbales dissipées, l'utopie répudiée, il avait ou fait, ou tenté depuis le mois de juillet 1873 : un grave conflit international conjuré, Malaga réduite à l'obéissance, Alcoy châtiée, les mouvements séditieux réprimés, Carthagène enfin soumise, la discipline rétablie dans les troupes, les milices nationales utilisées, l'artillerie réinstallée à son poste, la loi des réserves en exécution, l'armée entière pourvue, vêtue, équipée, la marine réorganisée. Dans la guerre carliste, compensant les deux grands échecs de Jativa et de l'occupation de Cuenca, la marche du général en chef de Miranda à Tolosa, les rencontres heureuses de Barbarin et de Montejurra, le combat de Belavieta, promesses et gages de plus grandes victoires. Tous ces résultats obtenus grâce à des pouvoirs extraordinaires, dictatorialement, mais par une dictature si légère que personne, hors les rebelles, n'en avait senti le poids. D'énormes besoins financiers, mais pas un centime de nouvelle rente émise. Les impôts estimés les plus faciles et les moins lourds dé-

crétés sans hésitation. La dette flottante diminuée
de cent millions, malgré cinq cents millions dé-
pensés pour la guerre. Au milieu de tant de passions déchaînées, justice rendue à la loyauté d'une
administration exclusivement consacrée, en des
jours brefs et pleins d'angoisses, à libérer la patrie
de deux sanglantes guerres. Des fautes commises,
des erreurs caressées, certes, mais sans que jamais
il ait songé à soi ni à ses intérêts, sans qu'il ait
eu d'autre pensée que la République et la patrie.

Pour être équitable, on doit reconnaître, au
moins en transposant de l'absolu au relatif, qu'il
y a une part de vérité dans ce panégyrique. Entre
autres éloges, Castelar avait le droit de se décerner
celui d'avoir « cherché sa force dans la légalité ».
— A un mot près, le mot « force », car sa bonne
volonté, ou sa volonté même, ni sa conscience, ni
moins encore, l'opinion, n'avaient suffi à le faire
vraiment fort. Où il avait, au contraire, tout à
fait raison, c'est lorsqu'il remarquait : « Partout
la légalité est un grand bien, mais un bien suprême
en Espagne. Nos maux proviennent de deux
causes : de ce que le pouvoir, quand il a la force,
ne pense qu'à des coups d'État ; et le peuple,
quand il a la force à son tour, ne pense qu'à des
révolutions. Chez nous, personne ne pense à la
légalité. Les coups d'État fondent des gouvernements qui sont obéis, mais non respectés ; les
révolutions, à leur tour, promulguent des réformes
qui sont faciles, mais non durables. Dans les coups
d'État et dans les révolutions, tout naît de l'improvisation, et l'on ne compte pour rien le créa-
teur et le conservateur de tout ce qui est grand
et solide, le temps. Le critérium des coups d'État
et le critérium des révolutions me paraît être le

même : le succès à tout prix ; les moyens sont les mêmes : l'arbitraire et la violence ; les fins sont les mêmes : ou un pouvoir ou une démocratie par la force. Les insurrections continuelles de Paris, aussi bien celle qui en finit avec les Girondins que celle qui en finit avec les Jacobins, portaient en leur sein le 18 Brumaire. La violation de l'Assemblée constituante au mois de mai 1848 et les journées de Juin portaient en leur sein le Deux-Décembre. Les pouvoirs qui naissent des coups d'État ont des forces matérielles, mais n'ont point de forces morales à opposer aux révolutions. »

Au demeurant, reprenait don Emilio, il y a République et République ; plus exactement, il y a républicains et républicains. Dans l'ancien parti républicain, des dissentiments très graves s'élevèrent toujours entre deux fractions fondamentales. Les uns, — c'était nous, — voulaient la lutte légale, et les autres voulaient la lutte révolutionnaire ; les uns, les Cortès, et les autres, le *retraimiento*. (On sait ce qu'est le *retraimiento*, fait qu'on dirait spécifiquement espagnol, s'il n'avait été pratiqué par une démocratie latine dès que le peuple de Rome se retira sur le mont Aventin. Notre mot « abstention » traduirait si faiblement qu'il ne traduirait pas. Notre mot « retraite » traduirait mal. Le *retraimiento*, c'est la retraite hargneuse, l'abstention menaçante, la séparation hostile d'une partie de la nation, classe sociale ou parti politique, qui pour un temps plus ou moins long, en nombre plus ou moins grand, avec des raisons plus ou moins sérieuses, — mais il n'est pas de raisons contre la nation, — se met à l'écart, se retire, se retranche de la vie nationale. Non, ce n'est pas un mal spécifiquement espagnol, mais ç'a été longtemps une des plaies de l'Espagne.) Castelar poursuivait donc : « Les uns voulaient la propagande pacifique, les autres l'action révolutionnaire ; les uns (nous-mêmes) espéraient tout de la parole et des votes, les autres de la conjuration et des armes. Quand nous disions que la République viendrait pacifiquement, on nous appelait utopistes, visionnaires. Elle est venue pacifiquement, légalement ; et ceux qui avaient été vaincus par la science et par l'expérience, ceux qui avaient encore dans les mains les armes de l'insurrection et sur les lèvres les paroles insensées contre notre conduite et notre doctrine, s'emparèrent de tout ; ils prirent ici des parcs, là des canons, ailleurs des armements, les soldats de terre et de mer, notre escadre, la fleur de nos arsenaux ; ils égarèrent l'opinion du parti, enflammèrent les esprits, armèrent une révolution, firent que la République, loin d'être un vrai gouvernement, fut seulement un combat prolongé. Nous nous sommes séparés pour toujours de tous les perturbateurs. Persévérons dans notre conduite, fuyons la violence et l'arbitraire, fuyons tous les perturbateurs, pour chercher le repos de notre patrie à l'ombre d'une véritable, pacifique et solide démocratie. »

Suit une large esquisse de ce que serait la République telle que l'orateur la conçoit en son imagination plutôt qu'il ne la revoit en ses souvenirs. Toutefois il se défend de la vouloir faire trop belle : « Je sais bien que ce ne serait pas la meilleure des Républiques... » Mais, telle quelle, elle sauverait le nom et la chose. « Pour conserver la forme républicaine, il faut constituer à toute force et à tout prix deux partis qui représentent les deux tendances propres aux sociétés modernes, la conservation et la tendance du progrès dans la République. » Telle quelle, du reste, et dans tout le récent passé, est-ce à dire que l'épreuve a été nulle, qu'elle n'a rien produit, et qu'il n'y a rien à en tirer? Emilio Castelar ne pouvait en convenir, il le nie, il conclut :

« La République a modifié profondément la manière d'être de notre patrie. Qu'il y ait donc, dans la République, un parti conservateur et un autre réformiste ; qu'ils s'accordent tous deux pour accepter une légalité commune et en appeler à l'opinion publique, que chacun d'eux sache voir quand il a épuisé ses procédés de gouvernement et quand sont indispensables les procédés contraires ; quand la société a besoin de repos, et quand, de mouvement. Qu'ils luttent, puisque la lutte est la vie ; mais qu'ils luttent de telle sorte qu'un changement de gouvernement, demandé par les circonstances, ne soit pas un changement dans les fondements de la société... Et si nous n'inaugurons pas une ère de félicité et de bonheur, de celles que tous les partis promettent et qui jamais ne viennent, nous aurons fondé le gouvernement de la nation par elle-même, et de ses progrès la nation seule sera l'auteur, et de ses erreurs la nation seule sera responsable. Elle arrivera, à la fin, à comprendre que les réactions et les révolutions sont également funestes, et que dans une politique sensée elle trouvera, sinon la grandeur que nous avons perdue, la paix et l'ordre qu'à tout prix il faut à notre patrie. » *(Applaudissements bruyants et prolongés.)*

Si j'ai donné de ce discours, fameux en son

temps, et dont l'importance devait le dépasser,
d'aussi abondants extraits, ce n'est pas uniquement, on le pense bien, pour le plaisir, indifférent à notre dessein, de faire goûter un morceau
de rare éloquence, qui réunit ces deux qualités
naturellement contradictoires, la plénitude et la
sonorité ; ce n'est pas non plus à cause de l'attachement, affectueux et empreint de gratitude, que
j'ai voué personnellement à la mémoire d'Emilio
Castelar. Ce n'est pas même uniquement parce
qu'il y a là, ramassé dans les quelques pages
d'un raccourci magistral, tout ce qu'il était nécessaire que je disse, et que j'aurais voulu dire, et
que je n'aurais pas pu dire, ou que je n'aurais
dit que beaucoup moins complètement, beaucoup moins fortement, avec combien moins d'autorité et d'efficacité démonstrative, en un long
chapitre. J'insiste encore sur la date à laquelle
ce langage a été tenu, cette confession a été faite,
cet appel a été jeté : 26 mai 1874. J'insiste sur
ce que, à cette date, il n'y avait pas six mois que
Castelar avait quitté le pouvoir, entraînant avec
lui les débris que le choc des réalités avait laissés
subsister de la République fédérale et les espérances qu'eût pu faire naître, sous sa direction
délivrée de la chimère et éclairée par la pratique,
une République retombée du Ciel empyrée, revenue à terre et sur sa terre, instruite et assagie.

Mais, à cette date aussi, il y avait bientôt six
mois que le maréchal Serrano avait pris en main
les affaires, et il n'était que trop visible que cette
main, vaillante à tenir l'épée, était flasque et
molle à tenir la plume, ou, comme on dit par
métaphore, « les rênes du gouvernement ». Un
peuple n'est pas un coursier indomptable, mais

à la condition qu'il se sente monté. L'épée même, dans les six derniers mois de son année de présidence, Serrano la saisit plusieurs fois, et ne la tint que mollement. Il ne fut brave que de sa personne physique, sous le feu, comme il l'avait été, six ans auparavant, à Alcolea, comme il l'avait été, en mars, à San Pedro de Abanto ; mais, dans les intervalles de bataille, dans l'exercice quotidien de sa charge, il ne sut pas avoir de courage, ni ce qui en est l'équivalent civil, de décision et d'esprit de suite. Dès ce moment l'essai de République qui, peut-être, ainsi que le général Pavia l'avait entrevu le 3 janvier, eût été la dernière carte de la révolution, — une République unitaire, modérée, conservatrice — cet essai était manqué. Il n'eût eu chance de réussir, après tout ce débordement de fureurs, que mené avec une sorte de rage, par cette espèce singulière d'hommes qu'on appelle des « enragés de modérés », — et qui eussent mérité, autant l'une que l'autre, les deux épithètes : cumul difficile, et plus difficile équilibre, car comment mettre de la rage dans la modération, tout en gardant de la modération dans la rage? Et cependant, c'était sûrement ce que la situation exigeait.

Il est remarquable que la conclusion de Castelar se soit rencontrée, à l'autre pôle de la pensée politique, avec le plan de Cánovas, et cette observation seule justifierait que nous lui ayons fait ici une aussi grande place. L'un comme l'autre, celui-là autant que celui-ci, et Castelar non moins que Cánovas, pose les mêmes conditions au bon fonctionnement d'un régime constitutionnel, parlementaire et libéral. Seulement Cánovas le veut dans la monarchie, et Castelar l'aurait voulu

dans la République. Ils veulent, l'un et l'autre,
ce régime parlementaire, actionné et fonctionnant
par deux partis, qui représentent les deux tendances, universelles et éternelles, des sociétés :
la tendance conservatrice et la tendance réfor-
matrice, ou rénovatrice, ou innovatrice. L'un et
l'autre, ils le veulent à l'intérieur de la forme
de gouvernement, de l'édifice constitutionnel,
d'accord pour accepter la légalité commune et,
pour les départager dans leurs différends, s'en
remettant (ce n'est pas le point le plus solide de
la construction) aux arrêts de l'opinion publique,
rendus par scrutin. L'un et l'autre doivent se
rendre compte de ce qu'ils peuvent faire et de
ce qu'ils ne peuvent pas faire, chacun en vertu
de ses principes, de ses méthodes et de ses coutumes ; et ce que l'un ne peut pas faire, il doit le
laisser faire à l'autre, puis le respecter lorsque
l'autre l'a fait. L'un et l'autre veulent que les
partis luttent entre eux, rivalisent d'activité et
d'influence, puisque la lutte, loi générale de la vie,
est en particulier la règle de la vie parlementaire,
mais qu'ils ne poussent pas cette émulation jusqu'à atteindre et ébranler la société dans ses
fondements, qu'ils ne se battent que pour la
majorité et le gouvernement, c'est-à-dire que les
armes soient courtoises, les prises loyales, et les
blessures, s'il en est, superficielles. Que cela serait
bien, si cela pouvait être ! Mais on n'a pas encore
inventé le moyen d'arrêter la lutte au point juste
où elle ne touche que l'enveloppe de la société
sans en troubler les éléments, sans en remuer ni
en altérer la substance, et les changements de
gouvernement ne sont jamais des opérations à
risques limités. L'une et l'autre, enfin, se plaçant

à égale distance des « réactions » et des « révolutions », veulent chercher « dans une politique sensée » ce minimum de satisfaction et de garantie, l'ordre et la paix, dont une nation a besoin pour vivre, ou simplement pour ne pas mourir. Là-dessus, Cánovas et Castelar pensent de même. Ils ne diffèrent que sur la forme de gouvernement à laquelle ils le demanderont. Mais cette différence engage tout. Emilio Castelar vient, en effet, de démontrer, par sa propre expérience, que c'était impossible dans la République ; il reste à Cánovas à prouver, par la sienne, que c'est ou que ce serait possible dans la Monarchie. Et, d'abord, il fallait prouver que la Monarchie elle-même, qu'une restauration de la Monarchie était possible.

Objectera-t-on que l'expérience républicaine de Castelar avait été brusquement écourtée, et que par là même elle ne prouvait rien ; que, si on l'avait laissée se développer, si elle avait été poussée à fond, elle aurait peut-être réussi? Mais qu'est-ce qui l'avait interrompue? Bien moins la sommation de D. Manuel Pavia, — le premier coup d'État « réactionnaire » depuis la révolution de 1868, — que les folies de la République fédérale, les rancunes et les désirs de revanche des fédéralistes contenus ou vaincus. Castelar lui-même l'a expliqué, dans son discours d'adieu à la tribune, du 7 février 1888 : « Ainsi, rappelle-t-il, que je l'ai dit à mes amis, dans une nuit célèbre, — et ils ne m'ont point écouté ! — : Si notre République sait être conservatrice, elle sera la formule de cette génération... » Mais ce sont des choses que les républicains n'écoutent, ni entendent, et les Républiques ne savent pas, ne peuvent pas être conservatrices. De même de l'aphorisme de

M. Thiers, devenu, en ces jours de contrition et
de ferme propos, le modèle, inattendu, de Castelar : « La République sera conservatrice, ou
elle ne sera pas. » Il est plus naturel aux Républiques de ne pas être que d'emprunter une certaine façon d'être. Tout à l'opposé, ce qui leur
est le plus difficile, c'est d'être des gouvernements
d'ordre, parce que, dans le monde moderne, elles
sont en général filles des révolutions, et que la
révolution, grand désordre elle-même, enfante à
l'infini d'autres désordres. Les amis de Castelar
ne l'eussent pas mieux écouté, en mai, septembre,
ou décembre, qu'ils ne le firent en janvier ; à
mesure qu'il aurait tourné le dos à l'anarchie,
ils l'auraient tourné à sa République, en qui ils
n'eussent plus reconnu ni leur République, ni,
de bonne foi, la République. Pour les faire plier
à une légalité un peu sévère, il lui eût fallu avoir
une force qu'il n'avait pas, et cette force, il lui
eût fallu l'employer contre eux, sans égards d'ancienne camaraderie, sans remords d'ancienne com-
plicité. Finalement, il aurait échoué en mai,
septembre ou décembre, comme en janvier, car
la nature des choses est la nature des choses,
et l'impossible n'est pas l'impossible seulement
pendant une saison.

Efforçons-nous, par delà les détails, les incidents, les anecdotes, de considérer dans leur ensemble les problèmes posés. De quoi s'agissait-il,
pour l'Espagne, en cette décisive, en cette suprême année 1874 ? De rien de moins que de tout
refaire. Premièrement, refaire un gouvernement
qui gouverne, c'est-à-dire qui commande et qui
soit obéi. On n'avait pas le choix. Pour un pays
qui, de la monarchie, venait de verser dans l'anar-

chie et qui avait été menacé d'y sombrer, qui, aux divers degrés de la République fédérale, provinciale, cantonale, communale, n'avait rencontré, durant toute une année, que désastres et ruines, sans même le répit d'une halte entre deux calamités, et à qui, toute l'année suivante, un essai de République unitaire, centralisée, n'avait apporté que des déceptions, il n'était plus de recours que dans la monarchie. Mais refaire la monarchie supposait qu'au préalable on avait refait la dynastie, rétabli le droit incontestable ou établi le fait incontesté dans la Maison royale divisée contre elle-même. Qui dit monarchie, dit un roi, un seul, dont la personne est certaine et prolongée en la personne d'un successeur certain. Ce roi devait être un faiseur d'ordre et de paix ; d'ordre matériel, moral, social ; de paix intérieure et extérieure, dans la métropole et dans ce qui lui restait de colonies, en Espagne et à Cuba. Paix en Espagne avec les carlistes, dans les provinces basques, la Navarre, la vallée de l'Èbre, en Catalogne ; soumission des régionalistes, autonomistes plus ou moins séparatistes, dans les provinces du Midi et du Sud-Est ; aux Antilles, réduction des insurgés cubains.

Pour refaire l'ordre et la paix, refaire une raison à ce peuple affolé par six années consécutives d'agitations et de combats, après un demi-siècle coupé de secousses, d'angoisses et de transes. Bien plus : refaire la nation, en son unité qui n'avait pas été facile à faire, et qui n'avait jamais été absolument faite, jamais plus loin que la soudure, jamais jusqu'à la fusion complète en un bloc de ses dix royaumes arabes et de ses cinquante provinces. Afin de refaire la nation, refaire

des organes de nation, non pas seulement de gouvernement, ou d'État, mais de nation ; restaurer
l'autorité non seulement dans sa théorie, dans sa
doctrine, dans ses principes, mais dans ses moyens
d'action, dans ses instruments : une armée, une
marine. Pour refaire l'armée, la réaccoutumer à
la discipline, en haut et en bas, généraux et
troupes ; se comporter envers elle de telle façon
qu'elle ait la claire notion moins de son pouvoir
que de son devoir ; et pour refaire une marine,
réhabituer les équipages et leurs officiers à traiter
les navires de la flotte comme étant au service
des nécessités de l'État, non à celui de leurs passions ou de leurs inclinations politiques ; leur
réapprendre que ce sont des vaisseaux, et non
des tribunes d'où « lancer le cri ».

Refaire les finances, remplir le Trésor dont les
caisses, tôt épuisées par la guerre, par une double
et triple guerre, étaient demeurées vides, l'impôt
ne rentrant plus, soit qu'il fût payé à d'autres,
comme en territoire carliste ou en territoire cantonaliste, soit qu'il ne le fût à personne, dérobé,
fraudé, l'argent manquant, ou se cachant, ou
s'enfuyant. Ranimer le commerce éteint, remettre
l'Espagne en communication avec le monde, la
convaincre à nouveau qu'il y a des Pyrénées,
mais qu'on les traverse, et que de l'autre côté
sont de vastes marchés où l'on peut acheter et
vendre ; rouvrir en même temps les voies de mer,
débarrassées du blocus de la côte cantabrique et
des ports méditerranéens. Recréer dans les esprits
et dans les âmes le sentiment de la sécurité, qui
commence à la certitude du lendemain ; la foi
qu'il y aura quelque chose après l'instant présent
et que, si quelque chose « s'en va », quelque

chose aussi va revenir. Réinfuser dans les cœurs
l'amour et la volonté de vivre une vie qui vaudra la
peine d'être vécue, qui ne sera pas, comme celle des
six dernières années, une série de petites morts.

A ces heures lugubres de 1873 et de 1874 où
l'Espagne s'ensevelissait sous une pluie de soufre
et de cendre, avec plus de hâte à mesure que le
désespoir l'étreignait davantage, elle était prête
à accepter n'importe quoi. Mais, précisément, ce
qui allait venir ne pouvait pas être n'importe
quoi. Ce ne pouvait être que la monarchie. Ce
ne pouvait être qu'une monarchie nationale.
Mais ce ne pouvait être avec n'importe quel
prince. Ce ne pouvait être avec la reine Isabelle,
détrônée en 1868, et dont les fautes étaient trop
présentes aux mémoires pour que son retour fût
généralement désiré ni sans doute désirable. Ce
ne pouvait être qu'avec un prince nouveau, son
fils, l'Infant Don Alphonse. Mais ce prince nouveau était un jeune prince, à peine majeur. Ses
années de formation s'étaient passées à l'étranger,
en Angleterre, il ignorait tout de l'Espagne, et,
en conséquence, son règne, au moins pendant les
premiers temps, devrait être placé non seulement
sous une régence, mais sous une sorte de tutelle.
Devant lui se dressait en compétiteur son cousin
Don Cárlos, qui ne désarmerait pas sans avoir
été désarmé. La monarchie qu'on allait relever
serait une monarchie moderne ; à cette date
de 1874, elle aurait dû l'être partout, et nulle
part on n'aurait pu songer à une restauration
purement traditionaliste ; mais en Espagne, dans
les circonstances données, elle devait l'être beaucoup plus qu'ailleurs, justement pour que la
monarchie de Don Alphonse se distinguât de la

monarchie de Don Cárlos. Comme celui-ci sym-
bolisait l'absolutisme, celui-là incarnerait une
royauté tempérée, constitutionnelle, représentative, — dirons-nous libérale et parlementaire? —
En quoi, au demeurant, étant représentative,
admettant auprès d'elle une représentation à droits
définis et reconnus, elle ressemblait, bien plus
que ne leur eût ressemblé l'absolutisme, aux
antiques monarchies de Castille et d'Aragon, où
le Roi n'était pas le Roi replié sur soi-même,
en sa majesté solitaire, mais le Roi dans les
Cortès. Du point de vue religieux, Don Cárlos
et ses partisans revendiquaient la qualité d'apostoliques ; Don Alphonse se contenterait du titre
de catholique. Moderne, constitutionnelle, représentative, la monarchie restaurée ne pouvait être
que légalitaire, mais elle ne le serait que lorsqu'il n'y aurait plus en Espagne personne qui
eût l'envie ni l'idée de contester la prééminence
des lois sur les armes ; elle ne serait libérale et parlementaire que lorsque tous les partis (puisqu'un
pareil régime ne peut s'en passer) auraient adhéré
aux institutions, seraient entrés dans la Constitution, et observeraient loyalement la règle du jeu.

En d'autres termes, ce ne serait pas tout, ce
serait peu d'avoir, par un coup de surprise ou
de violence, ressuscité la monarchie. Il faudrait
« la rendre vraiment nationale et constitutionnelle, la doter des organes indispensables à un
gouvernement de ce temps ; instruire et guider
un jeune prince grandi dans l'exil, improviser un
personnel administratif, corriger les mœurs politiques ; former, réformer, transformer des partis
en armes, faire des partis de parlement et de tribune, les attirer dans la légalité, les y retenir,

discipliner le sien et aider à l'éducation des autres ; après s'être créé une majorité, créer à cette majorité une opposition, et, après l'avoir créée, par une dernière habileté que tout le monde ne comprendrait pas, la lier sans retour à la monarchie, en lui remettant à son tour le pouvoir. Non seulement le décor et la pompe, mais toute la réalité du pouvoir ; lui démontrer qu'il y avait pour elle quelque chose à faire avec ce régime ; qu'elle pouvait introduire dans le fait par la loi une partie au moins de ses principes et de ses aspirations ; la combattre peut-être quand elle proposait tel ou tel article, mais s'incliner une fois l'article voté, et surtout, le tour des conservateurs revenu, ne point songer à défaire ce que les libéraux avaient fait ; considérer comme droit acquis même le droit acquis contre soi ; par là monarchiser l'opposition et « libéraliser » la monarchie ; le dessein n'en était ni vulgaire, ni aisé : Cánovas le conçut, l'entreprit, le suivit et le mena à bien (1). »

II

LES PROBLÈMES RÉSOLUS
ÉTAT DE L'ESPAGNE EN 1894

Je n'ai pas connu l'Espagne de 1874 et n'en ai donc pu parler que d'après les livres et les récits. Mais, vingt ans après, j'ai connu l'Espagne de

(1) Écrit en 1897, au lendemain de l'assassinat de Cánovas. Cf. *l'Espagne, Cuba et les Etats-Unis.* Paris, Perrin, 1898. IV. — D. Antonio CÁNOVAS DEL CASTILLO, *l'Homme et la vie,* II, p. 192-193.

1894, et j'en ai rapporté une impression personnelle. Cette impression, je l'ai notée sur le vif, et il suffirait presque de transcrire ; mais elle est encore assez fraîche, et, d'autre part, il y a aujourd'hui assez de recul pour que je m'assure de ne m'être pas trompé et de n'avoir pas été trompé. Non, aucun Potemkine ibérique n'a fait apparaître à mes yeux un régime, un gouvernement, un ordre, une paix, une légalité, une sécurité qui n'auraient été qu'apparences et illusions.

En 1894, — vingt ans après, — Don Alphonse XII étant mort prématurément, Don Alphonse XIII enfant régnait, sa mère, la seconde Marie-Christine, étant régente. Il régnait incontesté. Le carlisme, un instant en posture de l'emporter, était abattu déjà depuis plus de quinze ans, et abattu comme il devait l'être, après avoir été militairement battu. Don Cárlos avait passé les monts et ne les avait plus repassés. Ses prétentions, s'il ne les abandonnait pas, tournaient au juridique, au théorique, à l'historique ; elles s'étaient abaissées de la guerre à la chicane. Il les promenait à l'étranger, tantôt en France et tantôt à Venise, cette auberge des rois sans couronne. Rome même l'avait grandement déçu. Le Pape Léon XIII, en prescrivant le respect envers les pouvoirs établis, lui avait enlevé du même coup son auréole de légitimité et son auréole « d'apostolicité ». Il pouvait bien conserver le dévouement de ses curés basques et navarrais, de ses prêtres *cabecillas* à la Santa-Cruz, mais il ne pouvait plus se targuer d'avoir avec lui l'Église.

Débarrassés du fédéralisme et du cantonalisme, le Midi et l'Est, Cadix, Malaga, Carthagène, Valence avaient repris leur existence ordinaire ;

la Catalogne s'était remise à l'ouvrage. L'armée, satisfaite de ses victoires en Biscaye et à Cuba, lasse de ses intrusions dans la politique, se reconstituait en silence : le ralliement au drapeau rapprochait les officiers que les discordes civiles avaient jetés dans des camps opposés. L'administration se réorganisait, non point jusqu'à la perfection, qui n'avait jamais été atteinte en Espagne, mais où l'est-elle? et le progrès était évident. Les finances étaient normales, quoique le budget, en déficit tant le passé était lourd et l'avenir exigeant, ne se bouclât que par l'emprunt, mais du moins l'État avait une comptabilité régulière : les impôts rentraient ; c'étaient les percepteurs qui les percevaient, et ils les versaient au Trésor. Toutes les provinces les payaient, et nulle ne revendiquait plus, en vertu de ses *fueros*, le privilège d'en être exempte. Le commerce se ranimait ; les routes, au dedans et vers le dehors, étaient recouvertes ; seuls les barrières douanières et le particularisme provincial gênaient ou ralentissaient la circulation des denrées et de la richesse ; les personnes allaient et venaient librement d'un bout à l'autre du royaume ; il n'y avait plus d'embuscades tendues dans les défilés ; on voyageait sans risques, même en diligence, et si deux gendarmes, le fusil au bras, continuaient d'accompagner chaque train, c'était pour la couleur locale, et parce que le factionnaire éternellement maintenu devant le banc jadis peint en vert est de tous les pays. L'argent sortait, par filets ou par flots, des coffres et des bahuts, cherchait et trouvait des emplois, alimentait les mines de Bilbao et les fabriques de Barcelone, ou venait rouler et se perdre à Madrid, aux environs de la

Fuente Castellana, accroissant la fortune ou défrayant le luxe.

L'économie nationale regagnait peu à peu son équilibre : c'était une question de savoir si elle avait besoin de plus ou moins de protection, quelle part on ferait au « protectionnisme », et comment on unifierait dans un intérêt supérieur les intérêts distincts du Nord-Ouest et du Nord-Est industriels et ceux du Midi, du Sud-Est, de l'Est agricoles, mais c'était un bon signe que cette question se posât, et qu'on s'occupât de la résoudre. De même pour la question ouvrière, que la Conférence de Berlin, en 1890, avait tirée au premier plan de « l'actualité » ; elle faisait l'objet de la plus sérieuse, attentive et pénétrante étude. Le socialisme était endigué, l'anarchisme paraissait bridé, tenu en main, emprisonné entre les murailles de Montjuich. La propriété et le travail étaient garantis ; le sentiment de la sécurité refleurissait ; l'Espagne jouissait de la paix sous toutes ses formes. Elle offrait le spectacle heureux d'une société rassise et reclassée, d'une nation ressaisie et resserrée, d'un État reconstruit et renouvelé, d'un gouvernement qui faisait vraie figure et, à l'occasion, comme dans le conflit avec l'Allemagne, au sujet des Iles Carolines, grande figure de gouvernement ; d'un peuple ressuscité et que n'écrasait plus, que n'opprimait plus la hantise de l'impossibilité de vivre ; d'un pays recomposé, réunifié, rajeuni et renaissant.

Politiquement, c'était la même Espagne et ce n'était plus la même ; c'était la même monarchie et une autre monarchie ; modernisée et libérale, ou plutôt libéralisante, en ce sens qu'elle acceptait et accordait toutes les libertés qu'on s'est accoutumé à appeler nécessaires : liberté de la presse, de réunion, d'association, et ceci qui n'est pas seulement une liberté, jugement public, jury populaire, mariage civil ; n'était-elle pas allée jusqu'au suffrage universel? La transformation dans les mœurs, c'est-à-dire la transformation de l'Espagne, était déjà visible : entre autres signes, cette terre de l'intolérance était en train de devenir tolérante ; la transformation dans les lois, c'est-à-dire la transformation de la monarchie, était par elle-même décisive. Je l'ai fait observer alors : « ce phénomène ne s'est pas produit comme par enchantement ; de vénérables machines à gouverner les hommes ne se démontent pas, et des machines plus parfaites ne se remontent pas d'un seul coup. Ce n'est ni en un mois, ni en un an que réussissent à se rendre actuelles, répétons le mot propre, à *se moderniser*, des choses qui ont l'âge de l'Espagne et de la monarchie espagnole. Ce n'est pas sans regarder derrière soi, devant soi et autour de soi que les ministres de la Restauration sont entrés dans les voies nouvelles ; ils n'ont pas tout offert de leur plein gré et on a dû leur prendre ce qu'ils ne donnaient pas. Mais, à mesure qu'ils sont entrés, plus ou moins pressés et sollicités, dans ces voies nouvelles, à mesure qu'ils y ont fait avancer la Restauration, le sol s'est dérobé, en quelque sorte, sous les pieds des autres partis, et, jusqu'aux entrailles mêmes de ce sol remué, le fixant comme les pins ont fixé les landes, la monarchie, tronc séculaire où de jeunes greffes avaient repris, a poussé de multiples et vivaces racines (1). »

(1) *L'Espagne, Cuba et les Etats-Unis*, chap. v. L'œuvre de M. Cánovas, p. 224-225.

En effet, politiquement, — précisons : parlementairement, — l'affermissement de la monarchie restaurée et, s'il est permis de le dire, sa *modernisation*, son renouvellement devait aboutir, comme ils l'ont fait, à un classement nouveau, dans le pays, des opinions et, dans le Parlement, des partis politiques. Avant tout, il importait de faire sortir les mécontents du *retraimiento*, et de les amener à une opposition « constitutionnelle » : l'ordre et la paix étaient à ce prix. Durant les premiers temps, les premières années, les résistances avaient été très vives : et de la monarchie elle-même contre une liberté dont les excès étaient trop près encore pour qu'elle ne menaçât point de dégénérer aisément en désordre, et de l'opposition républicaine contre le seul principe et le seul nom de la monarchie. Mais l'opposition républicaine n'était ni la seule, ni la plus dangereuse pour la solidité de la Restauration. Même quand Don Carlos eut repassé la frontière, il y eut l'opposition carliste, dont la force pouvait venir de ce qu'elle était une opposition à la surenchère. Le carlisme ne représentait pas seulement la ligne masculine (plus éloignée d'un degré, mais masculine) de la dynastie de Bourbon, tandis que l'alphonsisme n'en représentait que la ligne féminine : en outre, le carlisme contenait, par définition, un *maximum*, et l'alphonsisme, un *minimum* de monarchie. Toutefois, là était aussi la plus grande chance du régime nouveau. Il s'agissait de mesurer exactement la dose de monarchie que l'Espagne de 1874 pouvait supporter et de lui présenter toute faite l'espèce de monarchie qu'elle pouvait désirer ou accueillir. L'opération était délicate : il fallait sonder le terrain pli par pli, n'avancer, ne s'arrêter que très prudemment. Un pas à gauche, c'était trop peu de monarchie pour les carlistes ; un pas à droite, c'en était trop pour les républicains. Or la Restauration ne pouvait s'implanter qu'en détachant d'un de ces partis et de l'autre, et en rattachant à elle, ce qui, de rapprochement en rapprochement, se laisserait, à la fin, assimiler. A ses débuts, elle n'était qu'une transaction, un compromis, une solution intermédiaire. Sur quelles bases se ferait l'arrangement, et avec qui, premièrement, tenterait-on de s'accommoder?

Logiquement, puisque c'étaient des royalistes, et qu'il n'y avait de dissentiment fondamental que sur la personne du roi (le plus ou le moins d'absolutisme ou de constitutionalisme n'étant invoqué qu'en second lieu), on commença par les carlistes, par les moins exaltés, les plus raisonnables d'entre eux. C'est sur ceux-ci qu'on s'efforça tout de suite d'exercer l'attraction, non sans succès, car on en vit paraître dans les Chambres, on n'en vit plus paraître sur les chemins, et, si redoutable que fût leur éloquence, elle l'était infiniment moins que leur canon. On s'attaqua ensuite à ce parti moyen qui, d'avance, était destiné à former aussi bien une gauche dans la monarchie qu'une droite dans la République et à fournir des ministres à l'un et à l'autre régime. Entre la Restauration et lui, il ne semblait pas y avoir d'abîmes de doctrine infranchissables. Ceux-là étaient marqués au front du signe de ralliement. Il fallait simplement ménager les positions acquises et les transitions, apaiser les amours-propres, endormir les regrets, laisser s'user les scrupules et s'enhardir les timidités. Il y avait enfin les répu-

blicains qui croyaient ou qui avaient cru à la
République et en elle. On ne les aurait pas par
des caresses. Il en était, — les métaphysiciens,
les Pi y Margall, les Salmerón, — qu'on n'aurait
par rien. Mais il y en avait d'autres, les politiques, qu'on aurait par des actes, des lois et des
mesures qui leur sembleraient des concessions ou
même des conquêtes. Ils avaient un programme
et ils y tenaient ; pour les avoir, il suffirait de
les en déposséder, en le vidant de son contenu
positif. C'étaient, eux, des hommes à principes,
qui suivraient leurs idées plutôt que leurs ambitions ou que leurs intérêts. Ainsi se rallièrent
d'abord M. Sagasta et ses amis, pour former la
gauche dynastique, au grand scandale d'Émilio
Castelar, lequel les foudroya de ses invectives ;
mais, quelques années plus tard, Castelar lui-
même prononçait le discours du 7 février 1888,
où il retournait et achevait sa prédiction :
« ...Maintenant, je vous dis, à vous (aux conservateurs libéraux), si votre monarchie sait être démocratique, elle sera la formule de cette génération... »
Et, en 1894, la vingtième année de la monarchie
restaurée, il écrivait à ses amis une lettre, à la fois
digne et pressante, dont ils entendirent si bien
le sens que, peu de temps après, l'un d'eux,
M. Abarzuza, recevait un portefeuille.

En cette vingtième année de son âge, la Restauration était faite, forte et majeure. Une monarchie tout ensemble antique et moderne, antique par ses racines, moderne par ses frondai-
sons ; antique en ses fondations, moderne en ses
développements ; héréditaire et représentative,
conformément à ses promesses. Constitutionnelle,
parlementaire ; nous avons — pourquoi ne pas

l'avouer? — dans notre arrière-pensée : peut-être un peu trop parlementaire. Ces deux grands partis, ces deux partis rivaux, chacun avec son *leadership*, son équipe, ses projets, sa clientèle, se succédant au pouvoir, selon le système de l'alternance ou de la *rotative*, imprimant à la politique chacun sa direction, donnant au balancier chacun sa chiquenaude, puis passant la main, et laissant l'autre manier la mécanique et en régler le mouvement ou l'immobiliser à son tour ; ce gouvernement, par petites secousses et petits arrêts, tout ce parlementarisme à l'anglaise, n'était-ce pas beaucoup d'Angleterre en Espagne? On ne contestera pas qu'il y eût, en cette imitation, une bonne part d'artifice et même de paradoxe. Mais le plus paradoxal, et le comble de l'artifice, le chef-d'œuvre de l'art, est que, pendant vingt ans, malgré les mœurs électorales, les mœurs publiques pis que médiocres de l'Espagne, l'imitation ait réussi. Et réfléchissons : à ce pays travaillé par trois quarts de siècle de révolutions, il fallait une médecine constitutionnelle ; à ce pays qui ne croyait plus qu'aux armes il fallait réapprendre les lois, les formes et les formalités ; il fallait le faire jouer à un autre jeu.

Au total, en vingt ou en vingt-cinq ans, le régime avait si bien pris qu'il avait pu, sans parler du reste, traverser deux crises redoutables : la mort prématurée du roi D. Alphonse XII, avec tout l'inconnu qu'elle contenait, la mort, plus redoutable encore, de l'auteur lui-même de la Restauration. — L'histoire d'Espagne continuait. Mais cela ne s'était pas fait tout seul. Telle avait été l'œuvre de Cánovas del Castillo ; telle avait été, par Cánovas, l'œuvre de la Monarchie relevée et rebâtie. Le nécessaire avait été rendu possible et le possible avait été réalisé. Grâce à quelles circonstances? Par quels moyens? A quelles conditions? Une analyse rigoureuse va nous en instruire. C'en est fini des tableaux. Allons à l'école.

LIVRE TROISIÈME

COMMENT ON CONTINUE L'HISTOIRE

CHAPITRE PREMIER

LES PRÉLIMINAIRES D'UNE RESTAURATION

> Je viens continuer l'histoire d'Espagne...
>
> *Déclaration faite par Cánovas, au nom du roi D. Alphonse XII, devant les premières Cortès de la Restauration.*

J'ai montré tout au long, — peut-être trop au long, — ce qui, pour l'Espagne de 1874, était nécessaire ; je vais montrer ici comment le nécessaire est devenu, a été rendu possible, dans l'état des circonstances et par l'action des hommes, sous la direction d'un homme. En somme (avant de regarder agencer un à un et mouvoir les ressorts), la Restauration a été possible parce que les conditions intrinsèques et extrinsèques d'une restauration se sont, à la fin de 1874, trouvées réalisées. Conditions intrinsèques : il y avait le Prince, un chef, une doctrine, un programme, une organisation, un gouvernement tout prêt, une administration toute prête jusqu'en ses cadres secondaires et inférieurs, des agents partout, dans tous les centres du pays, dans toutes les classes de la société, un parti qui tendait de plus en plus fort et de plus en plus vite à s'identifier avec la grande majorité de la nation, des « troupes », au sens politique du mot, et « de la troupe », au sens militaire, en cas de nécessité, pour déclencher l'évé-

nement. Conditions extrinsèques : à deux années
de révolution et de courses à la recherche d'un roi
nouveau (1868-1870), avaient succédé les vingt-
six mois du règne étranger, incertain et précaire
d'Amédée de Savoie, lui-même (le règne) révolutionnaire par le personnel aux services duquel
le manque de confiance en sa durée le réduisait
(novembre 1870-février 1873) ; cette expérience,
ce provisoire, à leur tour, suivis d'une année
d'anarchie ouverte (1873) et d'une autre année
d'anarchie larvée ou mal couverte (1874) ; au
total, six années de misère ; de misère violemment, profondément, universellement sentie.
Toutes les formes et tous les degrés du désordre :
excès populaires, délire des factions, carence de
gouvernement, débilité du gouvernement. Jamais
la *fiacchezza dei governi* n'avait paru plus déplorable, et jamais on n'avait davantage éprouvé
le besoin d'en avoir un. L'Espagne, c'est-à-dire
chaque Espagnol, souffrait dans son cœur et dans
sa chair, dans son orgueil national, dans sa fierté
patriotique, comme dans sa fortune, dans ses
intérêts. On ne disait plus avec indifférence :
« Cela s'en va ! » mais avec accablement : « Cela
ne peut pas continuer ainsi ! » Puis avec dégoût
et colère : « Tout, mais pas cela ! »

Résumons encore, en termes concrets. Les causes
immédiates, d'importance diverse et d'inégale
efficacité, mais toutes agissantes, de la Restauration des Bourbons en Espagne, furent principalement : 1º les fautes, exagérations et extrava-
gances de la Révolution et de la République
fédérale (1868-1873) ; 2º l'ébranlement produit par
le coup d'État du général Pavia (3 janvier 1874) ;
3º les hésitations du maréchal Serrano, président

du pouvoir exécutif et de ses ministres; au premier rang desquels Sagasta, l'irrésolution faite homme (été et automne de 1874); 4º les *pronunciamientos* militaires de Sagonte, de Valence, de Madrid et de Logroño (fin de décembre 1874); par-dessus tout, menant le jeu, l'intelligence armée, l'imperturbable volonté de Cánovas : « Il faut, en politique, vouloir fortement — et quelquefois longuement — ce que l'on veut. »

I

SITUATION POLITIQUE A LA FIN DE 1873

Le triomphe des groupes avancés pendant la Révolution, se prolongeant pendant le règne d'Amédée, devait, par une réaction naturelle, faire naître le désir du retour à une politique plus modérée. Lors de l'abdication du prince piémontais, le choix s'imposa entre la République fédérale et la restauration des Bourbons. Dès ce moment, c'est à cette restauration que tendit, en sa grande majorité, le peuple espagnol ; mais, d'abord, faiblement, et, en quelque sorte, passivement. Pour la vouloir mieux, il lui fallut commencer par faire la dure expérience des manies, bouffonnes ou furieuses, d'une République effrénée, régionaliste, cantonaliste, communaliste, dont les coryphées, comme il est naturel aussi, semblèrent se piquer d'émulation à se dépasser les uns les autres.

Aussitôt qu'elle fut sur cette pente, l'Espagne

glissa vers le gouffre, d'un train de plus en plus rapide, puis resta plusieurs mois suspendue au-dessus, à pic, vertigineusement. Après l'abdication de Don Amédée, en février 1873, l'Assemblée avait proclamé la République et chargé une Commission permanente, avec son propre président, de surveiller le pouvoir exécutif, représenté par le cabinet. Ce fut un des germes de l'anarchie qui allait en si peu de temps atteindre un développement si effroyable. Elle s'augmenta de ce que, tout gouvernement démocratique étant nécessairement fondé sur le suffrage universel, le vide se creusait autour de celui-ci par une abstention presque générale, spontanée ou conseillée et concertée. Jusqu'en avril, la République n'avait pas pris figure, ses traits étaient demeurés indistincts, et chacun pouvait espérer y trouver ce qu'il lui plaisait d'y voir. Le pouvoir exécutif était mixte, le cabinet étant mélangé de rose et de rouge. Mais, le 23 avril, ceux des ministres qui préconisaient le système de la République fédérale, Pi y Margall, Figueras et Castelar lui-même, non encore guéri de la chimère, en dépit de leur haine pour ces procédés, exécutèrent contre l'Assemblée et sa Commission permanente un coup de partie ou de parti, qui était bien une manière de coup de force, puisque, sur l'ordre du général Acosta, ministre de la Guerre, les généraux Hidalgo, Pierrad et Assin l'appuyèrent. Mais il était plus simple de concevoir, et même de mettre debout la République fédérale, que de l'y faire tenir et de l'organiser pour qu'elle vive.

Il n'y avait dans la Constituante fédérale et républicaine de 1873 qu'une minorité d'hommes pratiques et conciliants ; le reste était composé d'intransigeants et de doctrinaires qui n'étaient guère que des rêveurs. Lorsque D. Nicolas Salmerón eut succédé, comme chef du pouvoir exécutif (à la fois président de la République et président du Conseil) à Pi y Margall, lui-même successeur de Figueras, l'Espagne fut conduite, par une série logique et fatale d'évolutions, vers des solutions à chaque étape plus conservatrices. Tout y poussait ; autrement dit, tout poussait à une restauration : les ruines publiques et privées causées à Cadix et dans tout le Midi par le cantonalisme, la tyrannie de Francisco Solier à Malaga, la rébellion domptée de Carthagène ; l'évanouissement, la disparition des autorités présumées existantes, la peur éprouvée par la bourgeoisie et les conservateurs de toute nuance ; cinq années d'expériences variées, mais toutes malheureuses et désastreuses ; la désillusion des partis, égarés par leur manque de patriotisme, leur intransigeance, leur égoïsme, leurs divisions, leur manque d'unité dans les vues ou dans l'action même ; l'échec de la monarchie élue et le quasi naufrage de la République fédérale.

La conséquence était inévitable, et on l'avait là, devant soi. En face du carlisme qui, par ses fanatiques de toute qualité et de toute robe, a projeté ses ramifications dans la moitié du pays, se levait le parti alphonsiste, renforcé des anciens partisans d'Isabelle et de ceux du Duc de Montpensier, et déjà en faveur auprès de bien des chefs de l'armée, de ce qu'il y avait de meilleur parmi les fonctionnaires civils, dans l'élite de la magistrature et de la bourgeoisie. Les délires du fédéralisme et l'anarchie épidémique de cette lugubre année 1873 avaient donné un corps à l'instinct de réaction.

Peu à peu la lumière s'était faite dans l'esprit de Castelar, arrivé aux jours où éclate cette vérité qu'il vaut mieux laisser périr les principes que la nation. Il allait donc s'assagissant d'heure en heure ou plutôt d'événement en événement, mais cette sagesse relative et tardive ne suffisait plus : on avait trop lâché pour pouvoir tout reprendre. Il fallait changer de main, et changer de main, c'était changer non seulement de système, mais de régime, car il n'y a jamais eu que deux moyens de venir à bout d'une révolution, qui sont : une restauration, ou une dictature. Justement, chaque fois que Castelar s'opposait à une de leurs fantaisies, ses anciens amis, ceux-là mêmes qui l'avaient porté au pouvoir et qui eussent dû l'y soutenir, criaient sus au dictateur. Plus il acquérait, au contact des faits, le sens du gouvernement, plus il devenait suspect à son parti qui ne voulait connaître que ses utopies. Combattu par les uns, abandonné par les autres, il n'était plus défendu par personne et ne reposait plus sur rien. Les dissentiments, les divergences d'opinion quant aux directions de la politique entre le pouvoir exécutif et la majorité des Cortès de la République fédérale, étaient si continuels et si graves, que, dès 1873, la Restauration eût été possible. Mais, en 1873, a fait observer un témoin, les alphonsistes n'étaient pas pressés. « Ils trouvaient leur prince trop jeune pour monter à cheval. Ils aimaient mieux le laisser passer encore quelques années à compléter son éducation au sein d'une monarchie constitutionnelle, en Angleterre. Ils croyaient avoir intérêt à laisser la République s'user, l'idée même de la République achever de se discréditer et n'avoir pas de désavantage à ce

qu'une dictature modérée acheminât l'Espagne
vers des solutions conservatrices, et refît des
ressources que la Monarchie utiliserait plus
tard. »

II

LE COUP D'ÉTAT DE PAVIA (3 JANVIER 1874)

Peut-être y aurait-il eu un moyen, — mais un
seul, et bien douteux, — de rendre un peu de vie
à la République : c'eût été d'établir, au lieu de
cette forme de République fédérale et extrémiste,
une République unitaire et raisonnable, démocratique à la fois et conservatrice, s'il pouvait
s'en fonder et s'en conserver une. A en croire les
protestations qu'il prodigua plus tard à tout
venant, en public et dans le particulier, tel aurait
été le secret dessein du général Pavia. Mais le
général était encore un homme qui ne savait pas
vouloir ce qu'il voulait, ou qui, s'il était, à la rencontre, capable de le vouloir fortement, demeurait
incapable de le vouloir longtemps ; par conséquent, pas fait pour la politique. C'était un élève
de Prim, dont il avait été l'aide de camp ou le chef
d'état-major ; brillant officier, d'ailleurs, comme
son maître, et, comme lui, piqué de la tarentule
politicante. Les discours qu'il tenait, l'attitude
qu'il avait prise, les gages qu'il semblait avoir
donnés, avaient inspiré confiance aux gens de la
Révolution qui l'avaient appelé, non sans quelque
résistance de sa part, au poste capital de capitaine-
général, gouverneur militaire de Madrid, chef su-

prême des forces chargées de la protection du Gouvernement et de l'assemblée, en remplacement du général Nouvilas, éloigné parce que peu sûr.

Dans les derniers jours de décembre 1873, le général Pavia eut des conciliabules avec « les chefs de partis ». Nous ne savons ni quels partis ni quels chefs. Mais nous savons que Pavia jugeait alors une dictature Serrano inefficace, étant provisoire, et une restauration alphonsiste impossible, ou du moins improbable, étant prématurée. Il ne paraît pas avoir formé de projets ni tiré de plans pour lui-même. S'il l'avait fait, il ne saisit pas l'occasion, dans les courtes heures dont il fut le maître. Ce qu'il voyait clairement, c'est qu'il fallait, coûte que coûte, se débarrasser du fédéralisme et des fédéralistes, les chasser et barrer la route à un retour offensif des Pi y Margall, Nicolas Salmerón, et leur compagnie, et leur suite. Le mieux était, faute du bien, de soutenir Castelar, qui représentait sinon l'ordre, du moins l'effort vers un ordre, contre ses amis d'hier, aujourd'hui ses adversaires, qui, eux, avec des intentions généreuses, incarnaient le désordre absolu, semaient et cultivaient l'anarchie, étaient autant de têtes de l'hydre. Ils avaient la cervelle bourrée de théories de l'État et fumantes d'idées sur l'État, mais n'en avaient ni l'intelligence, ni le sens. A mesure que l'exercice du pouvoir lui avait enseigné la grande loi de toute politique, les commandements du réel, du nécessaire et du possible, Castelar leur était plus suspect. Rien, à présent, selon leurs vues, n'était aussi urgent que de le renverser. Ils guettaient la minute propice. Mais cette minute était également celle que le général Pavia attendait pour intervenir.

L'assaut avait été décidé pour le 2 janvier 1874. Le 2 janvier, à deux heures de l'après-midi, les Cortès se réunirent, au milieu d'une agitation tumultueuse. Don Emilio prit tout de suite la parole et prononça un de ses discours les plus pathétiques. Il fit appel à la raison, adjura, argumenta, supplia, vitupéra, avertit, prophétisa. Vainement. La raison avait rarement habité ce palais et n'avait jamais été la maîtresse de ce parti. Les yeux étaient fermés, les oreilles bouchées. L'orateur n'avait devant lui que les plus aveugles des aveugles, ceux qui se refusent à voir, et que les pires des sourds, ceux qui ne veulent pas entendre. « La séance, dit notre témoin, fut mouvementée, pleine de péripéties émouvantes et bizarres ; les discussions furent vives et passionnées, et elles se prolongèrent jusqu'à une heure très avancée dans la nuit du 2 janvier, bien qu'on eût pu prévoir l'issue dès le début de cette dernière réunion de l'assemblée fédérale. Quand Castelar eut été battu par un vote de la majorité intransigeante, quand les ministres eurent quitté leur banc, les vainqueurs durent essayer de se mettre d'accord sur le choix d'un cabinet. Ils prouvèrent bientôt qu'ils n'avaient pas de solution prête. Les plus avancés disaient qu'il fallait dissoudre l'Assemblée pour proclamer la République fédérale-cantonale. A cet effet, ils avaient déjà fait venir dans les Pas-perdus de la Chambre les trompettes de leur milice fédérale. On voyait déjà apparaître bien des visages sinistres, qui sont les corbeaux de tout carnage et de toute dissolution politique. » Cependant, Pavia avait eu soin d'établir la liaison entre le Congrès et la capitainerie-générale. Des agents allaient et venaient, et le renseignaient

à chaque instant. Vers le soir, un de ses aides de
camp lui rapporta ce propos d'un « homme important
de la Gauche, personnage influent et ex-
ministre » : « C'est une vraie tour de Babel, on
n'y comprend plus rien ; le problème n'a d'autre
solution que le général Pavia avec un bataillon
de ligne, ou le Charbonnier, *El Carbonerin*, avec
un des siens (allusion à un chef de la milice intransigeante), ou bien enfin il faudra que je me
fâche moi-même et que je prenne une quarantaine d'hommes pour jeter tout ce monde-là par
les fenêtres (1) ! »

Le scrutin, que l'on prévoyait défavorable à
Castelar allait s'ouvrir. Pavia alerta son état-
major, ordonna de mettre les troupes sous les
armes, et vint en personne se poster dans le petit
square del Soldado. Le vote acquis, lorsqu'il eut
appris que Castelar s'était retiré, que sa démission avait été acceptée, que les ministres se pro-
menaient dans les couloirs en répétant qu'ils
n'étaient plus que de simples députés, il fit sortir
les régiments de leurs casernes, pour occuper militairement la capitale tout entière, et se préparait à marcher sur la Chambre. Comme il allait
monter à cheval, on vint l'informer que l'Assemblée qui s'était prorogée pour quelques heures, avait
repris séance. Un instant, on crut un « replâtrage »
possible. Aussitôt qu'il fut avéré que ni Castelar

----

(1) Le général Pavia lui-même a rapporté ce propos qui semble
n'avoir pas été purement humoristique, et Castelar y a fait allusion dans sa réponse : « Le général Pavia nous a dit qu'une personne que je ne connais pas, dont je ne sais qui elle est, mais qui
paraîtrait appartenir à la section la plus avancée de mon parti,
aurait dit : « Ici, tout se traite avec le Carbonerin ou avec le général Pavia ou avec moi, avec la foule ou avec l'armée. » V. *Discursos parlamentarios en la Restauración*, t. Ier, p. 219.

lui-même ni ses adversaires ne s'y prêteraient,
le capitaine-général décida d'agir. Par la rue San
Geronimo, il amena devant le palais du Corps
législatif un bataillon et une batterie de canons
dont les caissons ne contenaient que des gre-
nades chargées seulement de poudre. Les soldats
se rangèrent autour du petit square et bloquèrent
la porte principale. Pavia manda ses deux aides
de camp auprès du président de l'Assemblée,
Nicolas Salmerón. Avec les raffinements exquis
de la politesse castillane, ils lui dirent, de la part
de leur chef, « qu'ils se trouvaient, à leur grand
regret, dans la triste nécessité de le prier instam-
ment d'avoir la bonté, en sa qualité de président,
d'ordonner aux députés de sortir du Congrès. »
La légende veut qu'en une circonstance pareille,
le président d'une assemblée française, à qui,
pourtant, à l'ordinaire, la repartie ne manquait
pas, Dupin, ne sut trouver que deux phrases, du
reste dignes de mémoire : « Soldats, que venez-
vous faire ici? Nous sommes le droit, mais vous
êtes la force. Mon devoir est de protester. Je ne
peux rien, je fais ce que je peux. » Salmerón,
Espagnol, et Espagnol d'Almeria, Méridional et
républicain, fit un long discours, haché par ses
collègues de malédictions, de menaces et d'invectives contre le général factieux. Il y eut des
serments d'héroïsme. On s'engagea à mourir sur
le siège. On réclama des armes pour se défendre.
A quoi le président répondit noblement : « Nous
nous défendrons avec les armes qui sont les plus
puissantes dans de tels moments, celles de notre
droit, de notre dignité, et notre résignation à
souffrir de telles attaques. » N'était-ce pas un
peu rejoindre le président Dupin? *Similia simi-*

libus. Quelqu'un eut l'idée de se raccrocher et de raccrocher la République périssante au pouvoir exécutif déjà mort. Mais Castelar se leva : « En aucune façon, déclara-t-il, même si la Chambre le votait, ce gouvernement ne peut être ni rester gouvernement, afin qu'on ne puisse jamais dire qu'il a été imposé par les armes à une Assemblée souveraine. » Alors on passa aux représailles. Un député déposa une motion mettant Pavia hors la loi, un autre le déférant à un conseil de guerre, un troisième déliant les soldats de toute obéissance envers lui. Cris nombreux : *Si! Si! Si!* Oui ! Oui ! Oui ! Le ministre de la Guerre, général Sanchez-Bregua, qui jusque-là avait paru assommé par un coup que, loin de le parer, il n'avait, malgré tous les signes et tous les avertissements, cessé d'estimer impossible, demanda la parole et annonça : « Sur-le-champ, en exécution de la volonté souveraine des Cortès, je vais rendre un décret destituant le général Pavia de ses honneurs et décorations. » Nouveaux cris : Très bien ! Très bien ! Le député, auteur des motions vengeresses, ne juge pas son rôle fini. Il s'offre à aller remettre le décret de déchéance à Pavia, et à en donner lecture aux troupes. Plusieurs représentants du peuple demandent à partager son sacrifice. L'exaltation est à son comble. Soudain une voix domine le tumulte : « Voilà les gendarmes ! » Aussi courtois que leurs officiers, ces bons militaires prient les huissiers de les guider à travers ces couloirs qu'ils n'avaient guère l'habitude de fréquenter. « Qu'ils entrent, clame une autre voix, et tout le monde à sa place ! » Nicolas Salmerón, très ému, reprend le mot, invite les députés à s'asseoir et l'orateur à rester debout :

image suprême de ce que devait être un parlement. Que tenter encore? Des naufragés ne lâchent pas aisément la plus douteuse planche de salut. Un de ceux qui s'étaient montrés les plus acharnés contre Castelar s'affirme maintenant le plus obstiné à se cramponner à lui. « Moi, qui ne puis pas être suspect, après ce que j'ai dit, je supplie la Chambre tout entière de donner en ce moment un vote de confiance à don Emilio Castelar. » Cette fois, unanimité. « Oui ! Oui ! » Aussi opiniâtre, Castelar refuse ; il n'aurait pas l'autorité nécessaire, on ne lui obéirait pas. Informé de l'essai de transaction, Pavia hausse les épaules : *Ya es tarde!* Trop tard ! Il a joué trop gros jeu ! Les gendarmes sont aux portes de la salle qu'une poignée de députés s'efforcent de leur interdire. Quelques coups de fusil retentissent dans la galerie. « La séance est immédiatement levée, relate le procès-verbal, le 3 janvier 1874, à six heures et demie du matin. » Cette journée fut la première et la seule de la dictature de Pavia : il avait ville et nation gagnées ; il pouvait ce qu'il voulait ; il ne voulut rien. Jamais vainqueur ne fut plus embarrassé de sa victoire.

Il a expliqué, dans la suite, qu'au cours de cette même matinée, il convoqua au Congrès « tous les chefs des partis politiques ». C'était, on le sait, une habitude qu'il avait prise, à la veille de franchir le Rubicon : il la gardait, le Rubicon franchi. Il appela également tous les capitaines-généraux résidant à Madrid, et il eût désiré que Castelar lui-même assistât à cet entretien, mais, — comment ne s'y était-il pas attendu? — le président démissionnaire déclina l'invitation (1).

(1) Castelar redoutait par-dessus tout de paraître avoir été de

« Une fois réunis, dit Pavia, je leur remis le pouvoir tel que je l'avais saisi dans l'Assemblée, et
je les priai de former un gouvernement pour sauver
la société et le pays. » Il ajouta qu'il jugeait
« impérieusement nécessaires une conciliation, une
coalition », et sa surprise fut grande de voir
qu'à peine assemblés les chefs de parti ne pouvaient s'entendre pour une œuvre commune. Cánovas et les alphonsistes posèrent une question
préalable : « Maintiendrait-on le nom de la République au frontispice des institutions? » Et, dès
qu'ils eurent vu que le général, et des chefs
d'autres groupes, « ne goûtaient pas du tout l'idée
d'un intérim sans nom bien défini », ils firent
connaître leur détermination arrêtée de se retirer,
mais, auparavant, Cánovas indiqua clairement
« qu'il ne pourrait prendre une part active à
aucun essai de gouvernement provisoire qui ne
fût pas en quelque sorte une préparation pour la
restauration de son prince exilé. » Néanmoins, il
ne cacha point « qu'il verrait avec satisfaction
tout ce que l'armée et la dictature formaient pour
rétablir l'ordre et pour réorganiser le pays en
attendant des solutions définitives ». On eût plus
fidèlement traduit sa pensée en comprenant : « *la
solution* définitive ».

Pavia ne revenait pas de sa surprise. Il apercevait, dans la réunion, des gens qu'il n'y avait
pas conviés, et des gens sur l'aide desquels il
comptait ne s'y étaient pas rendus. Plusieurs
années après, il en était encore éberlué. « Je leur

connivence avec le général Pavia. Il s'en défendit encore plus de
deux ans après le coup d'État du 3 janvier 1874, dans la séance du
Congrès du 17 mars 1876. — *V. Discursos parlamentarios en la
Restauración*, t. Ier, p. 211-219.

avais pourtant, gémissait-il, fait la partie si belle ! »
Mais cette partie, qu'il avait tout seul engagée,
que ne l'avait-il jouée lui-même? Il ne la joua
pas, parce qu'il l'avait engagée sans se douter de
la manière dont elle devait être conduite. Il avait
tout prévu, excepté que, le coup fait, la République fédérale abolie, il fallait avoir un gouvernement à mettre tout de suite à sa place : un gouvernement, c'est-à-dire, répétons-le, un chef, une
doctrine, un programme, une organisation, un
ministère, une administration. Il n'avait travaillé
pour personne et, moins que pour personne, pour
lui-même ; comme il n'avait rien voulu ni préparé,
il avait travaillé pour rien, du moins de positif
et d'immédiat. Tout au plus avait-il entrevu va-
guement « une République conservatrice qui ferait
rentrer la Révolution dans son cours naturel ».
Naïveté d'un soldat qui a mal observé « le cours
naturel » des révolutions ! Comme il n'avait pas
pensé au lendemain, il ne fut que la fleur d'un
jour, — *flor de un dia*. — « Comme il n'avait pas
su se faire une idée exacte des vraies dispositions
des partis, ni des dispositions de la majorité de
ses concitoyens, las comme ils l'étaient de révolutions et d'essais politiques, et encore profondément sous l'influence du catholicisme et des
habitudes monarchiques, son coup d'État fut
simplement une étape vers la restauration d'Alphonse XII (1). »

(1) Cf. A. HOUGHTON, *les Origines de la restauration des Bourbons
en Espagne*, p. 113-116. — J'aurai des réserves à faire sur cet ouvrage, et qui seront le reflet de l'opinion même de Cánovas ; mais,
en ce qui concerne le rôle du général Pavia, dont son auteur avait
reçu les confidences et compulsé les notes, on peut s'y référer
avec sécurité.

III

LA PRÉSIDENCE DU MARÉCHAL SERRANO
(3 JANVIER-29 DÉCEMBRE 1874)

La présidence du maréchal Serrano, qui dura toute une année, du 3 janvier au 29 décembre 1874, ne fut qu'une longue irrésolution. On peut croire que son dessein, s'il en eut un, n'était pas très différent de celui, très flottant aussi, du général Pavia. L'Espagne de 1874 avait devant les yeux la France de 1873. Castelar avait été vivement et salutairement, quoique insuffisamment, touché de l'exemple de M. Thiers ; pour le maréchal Serrano, duc de la Torre, l'analogie se complétait avec le maréchal de Mac-Mahon, duc de Magenta. Son idéal, — comme celui de Castelar tendait à l'être, comme celui de Pavia l'aurait été, — était une République conservatrice, qui eût empêché de périr, de disparaître tout à fait, la révolution dont, en 1868, il avait été l'initiateur. Mais la destinée des révolutions est d'être dévorées par les révolutionnaires, et la République n'est conservatrice que sans les républicains. Or la manœuvre de Serrano, dès janvier, avait été de rallier, autour de Cristino Martos, ceux qu'on pourrait appeler les républicains sensés, les restes du Centre des Cortès, la Droite de l'Assemblée fédérale, ceux qui étaient ou pourraient devenir des républicains nationaux, et même quelques fédéraux modérés ; de retenir la fraction constitutionnelle de l'ancien parti progressiste ; de réunir les Sagasta, Ulloa, Camacho, Albareda, Venancio Gonzales, Navarro Rodrigo, La Vega de Armijo, et de ramener, s'il était possible, les Romero Robledo, les Ayala, les Martin Herrera passés à l'alphonsisme.

Les auspices, dans le début, ne furent pas trop défavorables. A l'intérieur, le pays, moins oppressé, soufflait et avait l'impression de respirer. Hors Carthagène, qui bientôt allait être soumise par le propre neveu de Serrano, le général López Dominguez, — succès de famille, presque personnel, — le Midi était délivré du cantonalisme. Le carlisme, il est vrai, tenait toujours, ne cédait pas, ne reculait pas, et parfois même « progressait » dans les provinces du Nord. Il assiégeait et se retranchait dans Estella, mais on ne désespérait plus de voir, au bout d'une campagne heureuse, revenir la paix civile. A l'extérieur, les puissances, certaines puissances surtout, n'avaient pas tardé à reconnaître le nouvel état de choses : l'Allemagne en tête ; Bismarck avait accrédité à Madrid le comte Hatzfeldt.

C'était ce gouvernement, en apparence normalement constitué, qui devait le plus se manquer à lui-même. Son chef, le maréchal Serrano, était, au *pronunciamiento* près, apport spécifique du dix-neuvième siècle espagnol, un type de militaire qui n'est inconnu nulle part : au combat, une vaillance de paladin et, dans le Conseil, des timidités d'enfant ; sans peur, calme, imperturbable, exemplaire, redressé de toute sa haute taille, superbe devant les balles ; aux affaires, faible, indécis, défaillant, inexistant, ne retrouvant que dans les grandes occasions son énergie et ses belles allures, mais ne sachant pas ou n'osant pas les faire naître, ces occasions rares, et les laissant souvent s'enfuir, quand elles s'offraient ; mal servi, d'ailleurs, ou médiocrement, environné de pièges, guetté par la trahison, joué sous la foi de la parole donnée, sentant peut-être que sa bonne volonté serait vaine et que l'heure des abandons était proche ; égaré, affolé, annihilé, comme tout être tiré de son élément (1). M. Sagasta, au contraire, était bien dans son élément, mais ses défauts ne s'y déployaient pas moins que ses qualités. Il ne fallait pas faire fond sur son esprit de décision pour compenser l'indécision du maréchal, car il était l'hésitation, l'oscillation même, le balancier perpétuel. On se rappelle le jugement qu'en portait Cánovas : « M. Sagasta, disait-il (et j'ai plusieurs fois cité le mot), est la plus petite quantité possible de président du Conseil des ministres. » Ingénieux, astucieux, éloquent, véhément, cassant, colère, brusque, agressif par moments, il avait entre temps comme des sommeils, comme une torpeur, comme une paralysie de la volonté, d'où il était impuissant à sortir. Alors, il n'était pas loin de représenter le maximum d'aboulie compatible avec la fonction de gouverner. A cet égard, il avait en moins ce que Cánovas avait peut-être en trop ; et c'est pourquoi, pendant vingt ans, leur mutuelle succession au pouvoir établit une espèce d'équilibre. Mais, quant à Sagasta, s'il lui arrivait de défendre *mordicus* une mesure qu'il avait prise, c'était pour n'avoir pas la peine d'en prendre une autre. Ainsi fait, il ne pouvait être d'un utile secours pour

____

(1) Cf. *L'Espagne, Cuba et les États-Unis*, ch. v, p. 213.

Serrano, ni lui fournir de quoi combler les lacunes de son caractère. Il les creusait et les élargissait plutôt. Si la tournure de la phrase n'était celle d'une plaisanterie vulgaire, on dirait qu'il n'y eut, dans tout ce gouvernement, qu'un homme : la maréchale. Son charme explique son ambition ; son bonheur justifie sa hardiesse ; sa beauté, son intelligence, sa force d'âme expliquent et justifient son ascendant sur son mari, son attraction autour d'elle. Par la duchesse de la Torre, lorsque le duc était aux armées, la République ne fut pas tout à fait sans président ; et, lorsqu'il était à Madrid, elle en eut un peu davantage.

Non pas que, sur l'ensemble de la situation, sur l'enchaînement des causes et des effets, Serrano ne vît assez juste. D'une part, il avait tout de suite compris que, seule, une défaite incontestable des carlistes, amenant la pacification, ou du moins en faisant naître l'espoir à brève échéance, pourrait rendre à la République assez de prestige pour en sauver ne fût-ce que le nom. Mais, d'autre part, il ne voulait pas que la victoire fût remportée par un autre général que par lui, car il n'était absolument sûr d'aucun, même parmi les plus corrects, et cette victoire, il craignait qu'ils ne l'exploitassent ensuite à leur profit. Aussi ne leur envoyait-il ni les renforts, ni le matériel qu'ils demandaient, ne les laissait-il pousser à fond ni les attaques, ni les poursuites, et les arrêtait-il avant que leurs opérations eussent donné tout ce qu'elles promettaient. Bien moins par mauvaise camaraderie ou par jalousie professionnelle que par soupçon de voir surgir en eux quelque rival, ou, derrière eux, se former quelque péril pour la République. Il ne lui restait donc plus qu'à exercer en personne le commandement, et il était allé une première fois, en mars, à l'armée où il avait ajouté à sa « feuille de services » une note éclatante dans la véritable bataille livrée autour de San Pedro de Abanto. Là, il était sur son terrain, il avait été magnifique. Mais ce n'en était pas moins l'échec, et il avait dû rentrer à Madrid sans la victoire qu'il était venu chercher. Président de la République et capitaine-général suprême, chef politique et grand chef militaire, il ne pouvait être en même temps aux armées et dans la capitale. Mieux ou pis, il ne pouvait être et demeurer ni dans la capitale, ni aux armées. Sur le front, il redoutait ce qui se tramait à Madrid, et, à Madrid, il redoutait ce que lui ménageait, à l'armée, la fortune d'autrui. Sur le front, les carlistes n'étaient pas vaincus, quoiqu'on ne les crût pas invincibles ; dans Madrid, et de Madrid dans les provinces, les alphonsistes travaillaient. Les agents de l'administration n'avaient pas plus de confiance dans le gouvernement que le gouvernement, à la vue de tous, n'en avait en lui-même. Dans les loisirs du bureau, les fonctionnaires jouaient au doigt mouillé pour sentir d'où venait le vent. Du haut en bas de l'État régnaient une indifférence apathique, sinon une étrange complaisance à l'égard des conspirations, carlistes ou alphonsistes, ce laisser-aller, cette facilité des mœurs qui fait que chacun se prépare en ses ennemis politiques des amis pour les disgrâces du lendemain. On se proscrit, on se pourchasse, puis on se cache, on s'abrite les uns les autres. Sagasta savait, par exemple, comment les carlistes se ravitaillaient ; il ne leva pas la main pour les en empêcher : ici, l'insouciance frisait la forfaiture. De même, dans les neuf derniers mois de 1874, « la conjuration alphonsiste » s'ourdissait au grand jour dans les armées libérales, dans les places fortes, dans les garnisons près du théâtre de la guerre, dans les cercles militaires et dans les casernes de la capitale. » Comme dans une farce célèbre, « la police le savait, mais elle ne pouvait rien faire. » Disons vrai. Le gouvernement de Serrano le savait, mais il était incapable de se décider à faire quoi que ce fût. Il mourut de ne pas vouloir vivre.

IV

LA PROPAGANDE ALPHONSISTE (1874).

Toute cette année 1874, le parti de la Restauration avait mené de plus en plus activement ses préparatifs. Si le maréchal Serrano avait paru ne pas savoir où il allait, lui, par contraste, il avait prouvé qu'il le savait bien, mais qu'il entendait n'y aller qu'à son pas et à son jour. La conduite des alphonsistes avait été aussi prudente que délibérée et déterminée. Ils s'étaient imposé, en dépit des impatiences, de ne point courir, de ne point forcer, de ne point précipiter, de laisser mûrir, en prenant garde seulement de ne pas laisser pourrir, comme il fût arrivé avec la République fédérale. Tenir autant que possible les voies moyennes, *le vie di mezzo*, afin de ne se rendre personne irréconciliable ; entretenir et développer les apirations vers l'ordre et la sta-

bilité, sans trop aider à ce qu'elles soient entièrement satisfaites ; créer le milieu propice en laissant vide la place de l'institution fondamentale ;
ne pas favoriser l'établissement d'une République
qui ressemble à un gouvernement, pour ne pas
donner aux Espagnols la tentation de s'y attacher ;
à cet effet, ne pas contribuer à un succès définitif
de Castelar, ne pas se prêter à la formation d'une
coalition conservatrice au lendemain du coup
d'État de Pavia. « Attendre et laisser faire, en
appuyant toujours la tendance la plus conservatrice, sans écarter absolument les éléments dis-
solvants de l'intransigeance, jouer le radicalisme
contre les conservateurs de la Révolution, » n'a
pas craint d'écrire un auteur qui, à la vérité, a
reçu les confidences du général Pavia, des révolutionnaires et des libéraux plus qu'il n'a été mis
dans le secret de Cánovas (1), et qui même s'est
cru le droit d'ajouter : « Fomenter en sous-main
le cantonalisme à Carthagène, seconder très effi-
cacement le carlisme tout en ayant l'air de lui
faire la mine, telle fut, durant bien des années,
la stratégie des amis de la restauration alphonsiste
à Madrid, et davantage dans les provinces. »

S'il fallait prendre au pied de la lettre ces arti-
culations et ces insinuations, les monarchistes en
Espagne eussent donc froidement, systémati-
quement, machiavéliquement pratiqué, en vue du
bien, la politique du pire. Mais les termes sévères
dans lesquels Cánovas m'a parlé de celui qui les
a prises à son compte m'autorisent à faire les
plus expresses réserves, et à penser qu'en suppo-

_____

(1) A. Houghton, *les Origines de la restauration des Bourbons en
Espagne*, p. 84.

sant qu'elles contiennent un peu de vrai, il y a tout au moins, de par le manque de nuances et de finesses de la forme, beaucoup d'exagération. Peut-être ne sont-ce que des ragots. Ce qui est constant, ce qui est de l'histoire, c'est que, dès la fin de 1873, il avait couru des bruits sur l'intention qu'auraient eue les alphonsistes de brusquer les choses par un *pronunciamiento*, et que, assez tôt, dans l'année 1874, certains de leurs généraux auraient sans doute essayé d'en finir tout de suite avec la Révolution, si Cánovas ne les avait calmés, et si l'entourage du Prince lui-même (probablement sur les conseils de son délégué) n'avait été d'avis de se borner à laisser faire. Ils restaient donc, ces généraux, les bras croisés, attendant leur heure, parce que, selon le mot de Pavia, « leur Solution complétait son éducation à Sandhurst, au collège militaire de la Grande-Bretagne, et leur Prince était trop jeune pour servir à grand'chose en ce moment. »

L'indifférence dans le monde politique, la nonchalance, la résignation semblaient encore générales. Il n'apparaissait rien, et nul ne se montrait. « Où étaient les progressistes du temps de Prim? Où les amis de Sagasta et de Serrano? Où les partisans de Rivero et de Ruiz Zorrilla? Les Ulysses rusés se terraient, et les bouillants Achilles sommeillaient sous leur tente. A la veille du coup d'État de Pavia, tous les partis qui s'étaient associés à la Révolution de 1868, et qui, si inconsidérément, pour en ébrancher les abus, avaient abattu la monarchie, étaient divisés en autant d'intransigeances que de coteries intolérantes autour de leurs notables ambitieux. Chacun se renfermait dans ses rancunes et dans son infaillibilité vaniteuse, persuadé que seul il pourrait rétablir l'ordre et prévenir le naufrage de la Révolution. Les constitutionnels, qui avaient sondé le général Pavia en Andalousie, ne cherchaient dans l'hypothèse d'un coup d'État que la revanche du 23 avril 1873, que la revanche des échecs essuyés aussi avant l'abdication d'Amédée de Savoie. Les radicaux de la nuance Martos, se sentant impuissants, se retranchaient dans l'abstention systématique et traditionnelle. Beaucoup de déserteurs, à la recherche du possible et désireux d'avoir une part aux dépouilles opimes de la Révolution, s'étaient dirigés cyniquement et effrontément au camp alphonsiste, avec les Romero Robledo, les Silvela, les Ayala, les Martin Herrera et d'autres hommes politiques doués de ce que M. le duc de Morny eût appelé la prescience des avantages qu'il y a à se mettre du côté du manche du balai. »

Ainsi, dans le monde parlementaire, aussi bien que dans la nation, l'état des esprits était éminemment propice à l'universelle éclosion de ces forces d'inertie latentes, de ces passivités réceptives, de ces volontés-nolontés qui « courent au secours » des restaurations comme des révolutions victorieuses. « Quels étaient vos complices? interroge le président du Conseil de guerre chargé de juger la conspiration de Malet. — Vous, répond tranquillement l'accusé, vous, si j'avais réussi! » Ce soldat se révèle un grand psychologue, et même un grand philosophe de la politique. Il n'est que de réussir, et tout régime, quel qu'il soit, n'atteint jamais que le lendemain de sa naissance le plein de la puissance qui vient du nombre. Les peuples, qui étonnent par leur ingratitude, ne devraient pas étonner moins par leur empressement à adorer non le soleil levant, mais le soleil levé. Les unions que les gouvernements contractent avec eux sont le plus souvent morganatiques, au premier sens du mot, qui est : du lendemain matin. On ne les a que quand on les a eus. Mais alors ils se jettent dans les bras qui les ont saisis : c'est ce qui explique que les plébiscites sont toujours presque unanimes.

On n'en était encore qu'à la veille au soir, et ce que les alphonsistes voulaient : une restauration de la monarchie, appelée par l'opinion ou acceptée par elle, il le leur fallait conquérir. Ils « travaillaient » en conséquence toutes les classes, tous les cercles, tous les étages de la société, partout, de la ville au village, des rues aux boutiques et aux salons, dans le militaire et dans le civil, au moyen de tous leurs fidèles, hommes et femmes, discrètement d'abord, puis ouvertement. Ils « préparaient », chacun au plus près de soi, par la plus efficace des propagandes, celle qui se fait de bouche à oreille, ce succès du succès. Pour une révolution, il suffit de passer, mais, pour une restauration, il s'agit de durer. Les procédés ne peuvent pas être les mêmes, l'allure ne doit pas être la même. Serrano et Prim, en 1868, les fédéralistes en avril 1873, Pavia en janvier 1874, avaient réussi : et après? La monarchie n'avait qu'une chance : la brûlerait-on? Faite trop vite, et pour ainsi dire bâclée, elle était manquée dans sa condition même qui est de se maintenir, et devenait peut-être à jamais ou de longtemps impossible.

Mais le sol était miné sous les pieds de Serrano, où il n'avait jamais d'ailleurs été solide. La République conservatrice n'arrivait pas à dégager sa formule, ou plutôt n'arrivait à dégager que sa formule, ne passait ni du discours à l'acte, ni du titre en fait. Les défections étaient continuelles, d'hommes d'importance, l'exemple des Romero Robledo et des Ayala portant graine ; on les fêtait, on les enveloppait de soins, de faveurs et d'honneurs, pour s'assurer qu'elles seraient sans retour : on promettait assez pour compromettre. Et maintenant les gens qui se compromettaient d'eux-mêmes, ceux qui déjà sollicitaient, fonctionnaires en place ou en mal de place, bénéficiaires d'une façon et dans une mesure quelconque du régime qui n'était pas encore, quittaient à la sourdine le régime qui déjà n'était à peu près plus. Dans l'armée, des foyers monarchistes s'allumaient de plus en plus nombreux, de plus en plus ardents. De proche en proche, l'alphonsisme gagnait tous les échelons. Derrière les chefs patriotes et, quelques-uns, si l'on veut, intéressés par leurs ambitions, qui voulaient le Roi, il y avait la masse des soldats fatigués, démoralisés, qui ne voulaient plus la guerre : derrière ceux qui pensaient à parvenir, ceux qui ne pensaient qu'à s'en aller. Cette paix civile, par la soumission de Don Cárlos, ou par un arrangement avec lui, que le gouvernement républicain ne pouvait pas et parfois avait l'air de ne pas vouloir faire, la monarchie, sitôt restaurée, le ferait : n'était-ce pas une raison à elle seule suffisante de la désirer, et, au besoin, d'en « mettre un dernier coup » pour la rétablir ?

Au sommet de la hiérarchie, l'épée de certains généraux frémissait. Dès le mois d'avril (1874), à Castro Urdiales, sur la ligne de feu, le général

Echague, du corps placé sous le haut commandement du maréchal Concha, avait dessiné un mouvement, soutenu par plusieurs de ses camarades, dont le plus acharné avait été le général de brigade Martinez Campos. Le capitaine-général don Manuel de la Concha, marquis del Duero, était un alphonsiste déclaré ; mais il croyait, comme Cánovas et les politiques du parti, qu'on ne pouvait que gagner à laisser à Serrano le temps, non de réorganiser le pays, — un gouvernement aussi faible n'en était que trop incapable, — mais d'en amortir un peu les plus vives blessures, et d'ébranler au moins les positions carlistes soit devant Bilbao, soit en Navarre. Qu'on lui fît crédit, à lui, maréchal Concha : après la levée du siège de Bilbao, en tout cas après la prise d'Estella, il enverrait à Madrid deux officiers, désignés à l'avance, « pour demander au maréchal-président de proclamer la monarchie et de convoquer les Cortès. » Mais alors, en avril, tant que Bilbao était assiégé, Estella citadelle et ville sainte du prétendant, il estimait tout *pronunciamiento* intempestif, maladroit et même criminel. Il reçut donc les officiers délégués auprès de lui par leurs compagnons d'armes « avec une hauteur et une sévérité très grandes », et leur dit « qu'il comprenait leur but, et qu'ils ne songeaient pas plus au prince en exil qu'à la paix, mais qu'ils voulaient éviter de se battre avec les carlistes et assurer leur propre fortune politique et professionnelle. Avant de réaliser leur projet, il leur faudrait passer sur le corps de leur général. » Il les sermonna très durement, leur ordonna de ne songer qu'à faire leur devoir de soldats et de gentilshommes, et il les engagea à ne tenter aucune folle équipée, parce qu'il la réprimerait « avec la plus inexorable fermeté (1). »

Pourtant, très peu de temps après cette démarche, les carlistes, inquiétés par l'habile manœuvre de Concha, ayant abandonné sans combat l'investissement de la ville, et décampé la nuit sans tambour ni trompette, le maréchal, qui eût voulu les poursuivre et changer leur déconvenue en défaite, se heurta à l'ordinaire tactique de Serrano, à ses objections dilatoires, à ses refus de renfort. Il en fut cruellement blessé, car déjà il croyait tenir la victoire, et on le condamnait à l'inaction. Il se savait entouré d'officiers dévoués à la cause alphonsiste, notamment dans la garde civile, les carabiniers, l'artillerie et quelques autres corps. Malgré lui, il inclinait à devenir moins rétif. Sa première position de résistance était tombée : Bilbao était délivré ; et il ne dépendrait pas de lui que la seconde ne tombât à son tour. Il avait dit, il s'était dit : « Au plus tard, après la prise d'Estella. » Le lendemain du jour où il serait entré dans la Mecque navarraise du carlisme, il se prononcerait en faveur de Don Alphonse. Et il était, avec son armée, devant Estella. Son ressentiment avait endormi ses scrupules de Castro Urdiales. Le signe de salut lui masquait le geste d'indiscipline. Si Concha eût vaincu à Estella, et s'il eût survécu à sa fortune, le gouvernement de Serrano, cette République débile et sans vertu, eût été à sa discrétion. Mais il échoua et fut tué. Après sa mort, les généraux alphonsistes, un moment déconcertés, éloignèrent d'eux la pensée obsédante du *pronunciamiento*, et plusieurs

_____

(1) A. HOUGHTON, *ouvr. cité,* p. 156.

même pensèrent à résigner leurs commandements. Serrano avait là une occasion de les remplacer par des hommes acquis aux institutions (si l'on peut ainsi dire) et aux idées de la révolution, ou (s'il s'en trouvait, mais ils étaient rares) étrangers à la politique. Cette occasion, il la négligea comme il en avait perdu tant d'autres.

Toutefois, au point où l'on en était, au milieu de 1874, les chances restaient en balance. Il n'y avait pas alors de généraux alphonsistes assez populaires parmi l'armée pour entraîner sans incidents une des grandes agglomérations de troupes formées dans le Nord-Ouest et dans le Nord, en Catalogne et dans la capitale. On ne distinguait pas, on n'apercevait pas encore qui pourrait et qui oserait « jeter le cri », *dar el grito*. Néanmoins, on vivait l'oreille tendue. C'était, se persuadait-on, l'affaire de six mois. Subitement, pour des motifs ou sous des prétextes qu'il est inutile de rechercher et d'exposer ici (1), Pavia, commandant de l'armée du Centre, était relevé de ses fonctions, bien que ce fût dans cette armée, et en Catalogne, que la propagande monarchiste eût marché avec le plus de lenteur. Mais ailleurs, et presque partout, elle avançait rapidement. D'Angleterre, de France, d'Autriche, le Ministère était tenu au courant par ses agents diplomatiques. Les relations suivies entre la famille royale en exil et nombre de généraux, d'hommes politiques en Espagne, lui étaient quotidiennement

(1) Je vais désormais, sans, bien entendu, cesser d'en faire la critique, suivre de tout près le récit de M. Houghton, jusqu'à me contenter d'en emprunter les termes, quand je n'aurai pas, pour le contredire ou le redresser, le souvenir très net de quelque déclaration de Cánovas lui-même.

signalées. Il apprit de la sorte qu'à Biarritz, à Pau, à Paris, chez les réfugiés partisans de Don Alphonse, on annonçait tout haut que l'heure décisive approchait. Des émissaires allaient et venaient couramment entre Madrid et le palais Basilewsky, résidence parisienne de la reine détrônée Isabelle II, mère du roi à réintroniser. Le gouvernement de Serrano « n'osa pas, remarque M. Houghton, demander l'expulsion de la famille royale, ni celle des meneurs de la conjuration alphonsiste, ainsi que, plus tard, les gouvernements d'Alphonse XII réclamèrent celles de Don Carlos, de Ruiz Zorrilla et de bien des exilés carlistes ou républicains qui inspiraient des craintes aux ministères de la Restauration » (1). C'est peut-être que ceux-ci furent des gouvernements, et que l'autre n'en était pas un.

Ce manque de consistance et de constance, cette sorte de démission chronique, était cause qu'en dépit des événements ou des commencements d'événements heureux, la position du duc de la Torre et celle de la République ne s'amélioraient pas, bien au contraire. Les divisions ne faisaient qu'augmenter entre radicaux et constitutionnels dans le monde politique et dans le cabinet même. Les radicaux, tout en préconisant une politique ultra libérale, auraient voulu « voir une digue quelconque opposée aux travaux alphonsistes ». Les constitutionnels « espéraient reconquérir les sympathies de bien des hommes de la Révolution, que la République fédérale et l'insuccès de la monarchie élective avaient poussés à s'enrôler sous le drapeau de l'alphonsisme », qui, de son

____

(1) A. Houghton, *ouvr. cité*, p 189

côté, s'ingéniait à retenir ces précieuses recrues, à grand renfort de prévenances et de caresses. Les radicaux, et même les républicains modérés, accusaient chaque jour plus hautement Serrano et ses ministres d'avoir, par leur irrésolution politique et leur inaction militaire, laissé échapper l'une après l'autre toutes les occasions de consolider l'institution républicaine. Ils les jugeaient de plus en plus incapables de tenter, encore moins de réaliser, rien de sérieux pour la défendre « contre l'évolution qui entraînait insensiblement l'armée et les classes dirigeantes vers la Restauration ». La faiblesse du gouvernement était d'ailleurs, — mais aussi fâcheusement, — coupée de rigueurs intermittentes et excessives, comme c'est la coutume des faibles. « Ce fut à coups d'amendes considérables et de suspensions fréquentes que M. Sagasta et ses préfets essayèrent de contenir les critiques de la presse des oppositions. » Ils mirent, dans leurs sévérités, « une espèce d'excentricité, » une totale absence d'esprit de suite, du caprice, de la fantaisie, de la complaisance, toutes les formes et toutes les couleurs de l'arbitraire.

Ainsi, tous les courants de l'opinion et du sentiment portaient, comme on dit, de l'eau au moulin de la Monarchie. L'étranger ne s'y trompait pas. A Londres, à Paris, à Vienne, dès le milieu de 1874, on tenait Serrano pour beaucoup plus menacé par « les conspirations alphonsistes » que par les armées de Don Cárlos. Les propres représentants du maréchal-président ne lui cachaient pas que la Restauration serait fort bien accueillie si elle s'accomplissait par une intervention militaire.

Les puissances mêmes, Allemagne, Angleterre, qui avaient les premières reconnu le gouvernement de Serrano, voyant qu'il ne s'affermissait pas, montraient maintenant une grande réserve. Dans les lettres de créance et dans la correspondance officielle de leurs agents, on n'employait plus que des formules neutres : « Monsieur le Duc » ou « Monsieur le Président du Pouvoir exécutif ». Dans celles du représentant de la France, il n'était pas fait mention de la « République espagnole ». A Paris, les démarches de l'ambassadeur d'Espagne, marquis de la Vega de Armijo, trouvaient peu d'accueil auprès des ministres de Mac-Mahon. Ils répondaient (et il faut en convenir, non sans raison, sinon sans arrière-pensée) que « la France ne pouvait se charger de surveiller toutes les émigrations successives de politiciens espagnols, ni de garder à elle seule la frontière pyrénéenne, si mal interdite depuis des années sur le versant méridional. »

Une nouvelle maladresse de Serrano, dans les alternatives de léthargie et d'agitation de son gouvernement, vint renforcer encore le parti alphonsiste. Il modifia une fois de plus son cabinet. Le vieux maréchal Zabala dut abandonner la présidence du Conseil à Sagasta, ministre de l'Intérieur ; le général Cotoner, ministre de l'Intérieur, et M. Alonzo Martinez, ministre de la Justice, cédèrent la place. Ils passèrent, tous les trois, du coup, au camp du Roi. Mais, à cette erreur de conduite, le duc de la Torre en ajouta une autre plus grave en ses conséquences. Il se trompa sur la personne pour le poste où il lui importait le plus de bien choisir. Il nomma capitaine-général, gouverneur militaire de Madrid et de la Nouvelle-Castille, le général Don Fernando Primo de Rivera, que recommandaient ses brillants services de guerre. Très grièvement blessé, le 27 mars, à l'attaque du Somorrostro, sa carrière, dans la dernière période, avait été extrêmement rapide : en six ans, 1868-1874, de commandant il était devenu général de division. Primo de Rivera était, dès ce moment, en relations réglées avec les partisans de la Restauration. Mais il avait si bien jusque-là sauvé les apparences et jusqu'au bout il continua de dissimuler si bien que ni Serrano qui aurait dû savoir, ni Sagasta dont c'était le métier de l'informer, ne se doutèrent de rien avant le 30 décembre, où, ratifiant par son adhésion le *pronunciamiento* de Martinez Campos et Daban, il en finit avec la République.

Cependant des nouvelles alarmantes ne cessaient de se répandre dans Madrid. Il en venait du dedans et du dehors, de la métropole et des colonies, des provinces du Nord en rébellion et de Cuba en insurrection. Il en venait de politiques et de militaires, où souvent le politique et le militaire se mêlaient. L'organisation alphonsiste se propageait dans toute l'Espagne, dans la population civile et dans l'armée. Au mois d'octobre 1874, où nous sommes maintenant arrivés, ce n'était pas seulement l'attitude des généraux de tendance monarchiste qui inquiétait, lorsqu'ils ne dormaient pas, Serrano et Sagasta. Ils furent, — on a écrit le mot, — « effrayés » par les rapports de leurs préfets et de leurs maires sur les préparatifs croissants des amis de Don Alphonse.

Le système suivi par cette propagande était fort simple. Dans les chefs-lieux des provinces et dans toutes les villes un peu importantes, il s'était fondé des cercles alphonsistes où se réunissaient les partisans de la Restauration. On avait tenté aussi, quoique avec moins de succès, de créer des cercles populaires pour recruter des adhérents dans les classes moyennes et inférieures. Ces cercles étaient indépendants des juntes formées partout par les chefs du parti pour diriger la propagande et pour entretenir des relations avec le Comité central de Madrid, d'une part, et avec l'entourage de la famille royale exilée, d'autre part.

Le haut clergé commençait déjà à seconder ces travaux dans les provinces où le carlisme avait peu de racines. Les évêques surtout favorisaient le retour du fils d'Isabelle II. Les femmes de la haute société et de la bourgeoisie riche faisaient une campagne des plus actives en sa faveur, et elles furent un des auxiliaires les plus puissants de la réaction... On était frappé d'ostracisme, dans les salons, dans le monde, dans les familles, quand on passait même pour un partisan trop tiède de la Restauration... Avoir les prélats et une bonne partie du clergé avec soi, c'était déjà beaucoup ; mais avoir aussi l'appoint de la plus jolie moitié de la nation, c'était bien autre chose. Plus tard, les alphonsistes et le jeune Roi lui-même leur surent gré de leur enthousiaste campagne en faveur de leur *Señor y Rey*...

Les fonctionnaires, fort embarrassés, hésitants, montraient peu d'ardeur à servir un régime que la majorité tenait pour chancelant. Pas mal d'entre eux se disposaient à passer à l'ennemi, avec lequel ils avaient déjà noué des relations assez suivies... Ils voyaient conspirer partout. Ils savaient que les officiers des garnisons et de la gendarmerie n'attendaient qu'un signal parti de n'importe où, pour se mettre aux ordres de la junte locale des alphonsistes... qui, à Madrid même, sous les yeux du gouvernement, se gênaient encore moins qu'en province... Ils avaient gagné à leur cause toute la haute société, à peu près, autant l'aristocratie ancienne que les anoblis de fraîche date ou les sommités de la finance, de la haute banque, du commerce, et bien des gens dans la bourgeoisie aisée... Dans les salons de la noblesse, on s'impatientait fort contre les hésitations des conseillers de la famille royale. (Hésitations ou retards?) On blâmait surtout M. Cánovas del Castillo, qui passait, avec raison, pour jeter constamment de l'eau froide sur les militaires trop ardents. M. Cánovas était accusé de préférer laisser à une Assemblée constituante, plutôt qu'à l'armée, le soin de ramener Don Alphonse à Madrid.

Aux yeux des anciens partisans d'Isabelle II, il n'y avait aucun inconvénient (c'est le témoin, déjà longuement cité, qui parle, et je fais ici toutes réserves) à faire sortir leur Restauration des casernes insurgées contre le maréchal Serrano, puisque, lui aussi, était sorti d'un coup d'État. Les réactionnaires et hommes de l'ancien régime ne pouvaient saisir la pensée profonde du plus éminent des conseillers des Bourbons, quand il voulut donner à la Monarchie restaurée la sanction d'une assemblée populaire, élue pour prononcer sur la forme des institutions, après l'avortement définitif de la Révolution qui avait renversé le trône d'Isabelle II. Les royalistes de la veille voulaient en finir vite et brutalement, de crainte d'un succès militaire qui aurait raffermi le pouvoir de Serrano et peut-être aurait permis de fonder une République conservatrice dans le genre de celle que M. Thiers s'efforçait d'installer en France. A Madrid, on déclarait carrément que,

pour renverser Serrano, il n'y avait pas de mal
à se servir de la force, puisque l'armée serait,
après la Restauration, le principal soutien de la
Monarchie contre les revanches de la Révolution.

Dans la lutte d'influence, autour de la famille
royale, entre l'élément civil et les généraux, Cánovas l'emportait presque toujours. Bien des
choses étaient changées depuis 1868, il fallait en
tenir compte. Mais si, pourtant, on ne pouvait,
à la dernière minute, se passer d'un général pour
déclencher l'événement, quel serait-il? Jovellar
était trop indécis ; Laserna trop âgé ; le ministre
de la Guerre, Serrano Bedoya, trop dévoué à son
homonyme, le maréchal-duc de La Torre ; Pavia
trop entiché de sa République unitaire ; Loma
et Blanco, rien que des soldats. Primo de Rivera
devait tout au Président : on le croyait incapable
de ne pas s'en souvenir. S'en remettant à l'un
des grands maîtres des destinées humaines, de
celles des États comme de celles des individus,
— le Hasard, — le Comité central de Madrid,
en son incertitude, se dédiait de préférence à la
fondation de cercles monarchistes dans la capitale et dans les provinces, s'attachant avec
un zèle particulier à faire à son principe et à son
Prince le plus possible de ralliés chez les partisans
les moins déraisonnables de la Révolution.

Cánovas était alors secondé par un de ces « res-
capés », Romero Robledo, lequel se révélait doué
d'un vrai talent pour l'organisation des forces
politiques qui devaient constituer le parti conservateur et lui donner un état-major et des
cadres, un corps de fonctionnaires tout prêts à
saisir les rênes de l'État, n'importe à quel moment... On travaillait, en même temps, dans les

milieux populaires, pour leur démontrer que la Restauration s'occuperait de leur bien-être et de leurs intérêts avec un soin plus paternel que les gouvernements de la Révolution. Tous les fils de cette trame étaient réunis entre les mains de Cánovas, assisté par les hommes politiques qui furent ses collaborateurs durant la première partie du règne d'Alphonse XII, qui étaient ainsi les meneurs de la Restauration avant d'en être les ministres, et ne négligeaient pas plus les militaires de tout rang aux armées ou dans les villes que les officiers, spécialement circonvenus, de la garnison de Madrid.

Tout cela se faisait, en quelque manière, à découvert. M. Sagasta et ses collègues ne pouvaient l'ignorer, et le savaient d'autant plus exactement que les alphonsistes ne se gardaient guère des indiscrétions. Jusque dans le salon de la Maréchale, on s'entretenait de ce qui arriverait demain, — *de lo de la mañana*, — avec un sans-gêne parfait. Comment expliquer la nonchalance du gouvernement de Serrano? On disait que le duc de La Torre et ses conseillers faisaient semblant de croire à la stabilité de leur provisoire républicain, parce qu'ils ne voulaient pas provoquer une nouvelle guerre civile, en rompant d'une façon éclatante avec les partisans de Don Alphonse. Chez les républicains plus avancés, les radicaux, et beaucoup de libéraux, au contraire, pensaient qu'il n'y avait pas lieu de redouter un conflit, parce que, suivant eux, la majorité du pays approuverait que la République se défendît ; au besoin, en attaquant. Il est probable qu'ils se trompaient. Le terrain était trop miné. La République n'avait sous les pieds que le sable mouvant, que le marécage, cet abîme des démocraties. Et elle s'y enlisait, s'y enfonçait ; on n'en voyait déjà plus que la tête, et c'était peu de chose.

Les généraux en chef des armées opérant contre les carlistes, Moriones, Jovellar et Laserna, étaient tous les trois mécontents de ne pouvoir obtenir les moyens d'action nécessaires. L'opinion publique, qui le sentait ou s'en doutait, concluait, de ces refus persistants, que Serrano voulait se réserver à lui-même la force, l'honneur et le bénéfice de terminer personnellement la guerre : pour une fois, elle ne s'égarait pas. Tout à coup, à ce moment, fin de novembre 1874, le ministère de la Guerre et le cabinet lui-même à Madrid se mirent à manifester une activité extraordinaire. On pensa que le maréchal Serrano et son Conseil devaient avoir de bien puissants motifs pour secouer de la sorte leur apathie habituelle. Jusque du côté des carlistes, les officiers, enrageant, eux aussi, du défaut d'énergie et d'esprit de suite dans la direction de leurs propres opérations, paraissaient pour la plupart persuadés que le gouvernement de Serrano était très menacé par les intrigues du « prétendant alphonsiste », comme ils disaient.

Une mesure de rigueur prise par le gouvernement contre quelques monarchistes influents donna l'éveil, car on supposa qu'il devait avoir des motifs sérieux d'inquiétude pour se décider à inviter deux généraux et des hommes politiques connus à fixer leur résidence aux îles Canaries. (Disons : les déporter ou tout au moins les reléguer, les confiner.) Le ministère Sagasta ne jugea pas prudent de faire connaître au pays tout ce que lui-même savait des progrès réalisés dans

l'organisation et par la propagande du parti alphonsiste, mais il était en effet très alarmé. Il
avait découvert que les fauteurs de la Restauration avaient complété leurs arrangements, à Madrid et en province, de telle façon qu'ils étaient
prêts à prendre la direction des affaires, à chaque
instant, si un général, plus intrépide que les autres,
lançait un mouvement militaire.

Notre témoin continue, insiste et précise en
termes qu'il faut d'abord reproduire littéralement :

« Les chefs civils du parti royaliste affectaient
bien encore de désapprouver tout recours à la
force, et ils affectaient des préférences pour une
Restauration pacifique et législative, exécutée par
des Cortès constituantes, quand on aurait un
peu plus réduit l'importance de l'insurrection
carliste. Au fond, pourtant, cette attitude des
hommes d'État alphonsistes n'était pas très sin-
cère, car ils laissaient voir en même temps très
clairement aux militaires combien ils redoutaient
le prestige que le maréchal Serrano et son gouvernement pourraient tirer d'un succès éclatant
sur Don Cárlos. Leur attitude était si peu sin-
cère (tout à l'heure on se bornait à dire qu'elle
ne l'était pas *très*), que le gouvernement du maréchal Serrano arriva à savoir que M. Cánovas
del Castillo et ses collaborateurs à la tête de la
Junte centrale du parti à Madrid étaient nantis
d'un blanc-seing et de pleins pouvoirs délivrés
par le jeune prince Alphonse, depuis la fin de 1873,
pour leur permettre, le cas échéant, de s'emparer
du pouvoir et de constituer un gouvernement provisoire, jusqu'à ce que le prince pût rentrer dans
son pays.

« (Ce blanc-seing et ces pleins pouvoirs expliquent sans doute le Ministère-Régence, peut-être une Dictature ; mais en quoi impliquent-ils l'approbation, ou même la connaissance préalable d'un projet de *pronunciamiento ?*)

« M. le duc de La Torre et ses ministres connaissaient toutes les dispositions prises par les chefs du parti alphonsiste, même avant la publication du fameux manifeste que M. Cánovas poussa Don Alphonse à lancer (le manifeste dit de Sandhurst, du lieu d'où il était daté)... Serrano et ses ministres discutèrent longuement sur le meilleur parti à prendre, mais ils étaient en présence d'un périlleux dilemme. Ils connaissaient jusque dans leurs détails intimes les plans des chefs alphonsistes. Ils sentaient bien que les meneurs et M. Cánovas del Castillo, qui affectaient de condamner hautement les impatiences de certains militaires, seraient les premiers à accepter les conséquences et les fruits d'un coup d'État.

(Mais eux, qu'eussent-ils fait dans le même cas, ou mieux, qu'avaient-ils fait ?)

« Et cependant, ils n'osaient sévir trop brutalement contre les chefs de la conspiration royaliste. Ils ne l'osaient, parce qu'ils craignaient de mettre ainsi eux-mêmes le feu à la mine qui s'étendait partout sous leurs pieds, dans l'armée, dans l'administration, dans tous les corps de fonctionnaires, dans la marine, et, il faut le dire, dans à peu près les trois quarts des classes dirigeantes de la nation. »

(Dans ces conditions, il est faux, et presque absurde, de parler de « conspiration » alphonsiste. Il faudrait dire : le mouvement national. Renvoyons l'auteur de cette page, ses lecteurs et les nôtres au fameux *Chapitre des Conjurations*, — chapitre vi du livre troisième des *Discours* de Machiavel *sur la Première Décade de Tite-Live* ; — ils se convaincront facilement de l'impossibilité d'une conspiration qui dans ses trois temps, avant, pendant et après, livrerait son secret à tant de conspirateurs. Le chef qui accepterait de la conduire ainsi, à la face du ciel et de la terre, sous le nez et sous la main de la police, ne pourrait être qu'un traître, un fou ou un imbécile.)

Mais le témoin, peu bienveillant pour Cánovas et les conservateurs, a une idée : « Le maréchal Serrano, ajoute-t-il, aurait pu, il est vrai, jouer lui-même le rôle de Monk et se créer une grande situation dans la Restauration. Il aurait pu faire ses propres conditions, et qui sait même s'il n'eût pas ainsi rendu un service réel à la cause de la liberté en Espagne et à la Monarchie, puisque la plupart des Espagnols, à la fin de 1874, comprenaient que la Restauration était inévitable, après les erreurs politiques, les bévues et les exagérations des écoles de la révolution de Septembre (1868)? En imposant à la famille royale exilée une dette de reconnaissance vis-à-vis de lui et du parti libéral, M. le duc de La Torre eût probablement empêché la Restauration et la Monarchie de prendre les caractères réactionnaires et antidémocratiques qui marquèrent leurs premières années, sous les auspices des conservateurs et des catholiques coalisés par M. Cánovas del Castillo. La Monarchie, si elle eût été restaurée par Serrano et Sagasta, avec les armées libérales de 1874, eût été, à peu de chose près, le régime que la Constitution de 1869 avait essayé de créer,

et que le roi Amédée avait tenté de faire prévaloir. Les royalistes de la veille eussent été forcés
d'emboîter le pas, et Alphonse XII aurait eu pour
mentor et pour principal conseiller le maréchal
Serrano, au lieu du héros du *pronunciamiento* de
Sagonte, cet autre maréchal réactionnaire dont
l'influence antilibérale et antidémocratique devait
plus tard jouer un rôle si fâcheux dans les destinées du parti libéral dynastique de la Restauration. »

(Belle conception d'un politique amateur, mais
qui oublie peut-être un peu trop que Serrano était,
lui, le principal auteur de la révolution de 1868,
Sagasta, l'un des auteurs des trois : Jamais! qui
avaient proscrit la maison de Bourbon, et que le
fils d'Isabelle, chassé par eux, ne pouvait rentrer
rappelé et ramené par eux, autrement que comme
leur prisonnier. Ils auraient donc été trois qui
eussent coopéré à la Restauration ; mais, de ces
trois, deux ne le voulaient pas et le troisième ne
le pouvait pas. Au surplus, une Restauration,
ainsi introduite et chaperonnée, eût-elle valu la
peine d'être faite?)

Certains amis donnèrent à Serrano le conseil
de ne point se dérober à cette haute mission. Il
devait bien comprendre qu'il ne pourrait tenir
longtemps le mouvement alphonsiste en échec,
à moins d'un miracle bien difficile à réaliser, dans
la position ébranlée qui était la sienne à la fin
de novembre. Mais, on en convient, le Maréchal
et plusieurs de ses ministres s'étaient par trop
compromis dans la Révolution, et ils avaient été
trop identifiés avec tout ce que la Révolution
avait accompli depuis le départ des Bourbons,
pour croire que les partisans de la dynastie dé-

trônée permettraient à leur prince de faire bonne mine à ceux qui avaient été les ennemis acharnés de sa mère et de l'ancien régime... Ils pensèrent donc que, si la victoire, même tardive, couronnait leurs efforts contre l'absolutisme et le cléricalisme, ils tiendraient plus facilement tête aux alphonsistes, parce que les éléments libéraux, démocrates et républicains se résigneraient avec plus de peine à un retour à l'ancien régime sous les Bourbons... Même dans l'hypothèse la plus défavorable, si les armées libérales étaient encore une fois repoussées, il semblait fort douteux que les alphonsistes se montrassent plus empressés à faire un *pronunciamiento* dans une heure de disgrâce nationale.

...L'armée du Centre avait été confiée au général Jovellar, officier que le gouvernement ne croyait pas trop affilié à la conspiration alphonsiste (même observation) et qui devait les plus beaux et rapides avancements de sa carrière à la Révolution, absolument, au reste, comme le capitaine-général de Madrid, Don Fernando Primo de Rivera. Le général Serrano Bedoya, ministre de la Guerre, Serrano *minor*, bon organisateur, mais optimiste, se refusait à voir combien la propagande monarchiste avait fait de progrès, jusque sous ses yeux, dans les casernes et dans les cercles militaires de Madrid. Il est vrai qu'il ne lui eût pas servi à grand'chose d'y voir clair, puisque le Président du Pouvoir exécutif ne s'était pas décidé à devancer les alphonsistes, en les attaquant avant qu'ils pussent le surprendre et le renverser.

Aussi bien, en novembre, à un mois de la catastrophe, le ministre eût-il vu et le Président eût-il agi, que le courant était trop large, trop profond et trop fort. Rien, désormais, ne l'aurait ni brisé, ni arrêté, ni détourné (1).

V

LE MARÉCHAL SERRANO A L'ARMÉE
(DÉCEMBRE 1874)

Le 8 décembre, le maréchal Serrano fit annoncer officiellement qu'il allait prendre le commandement de l'armée avec laquelle il concourrait de sa personne aux opérations militaires. Cette détermination produisit, au moins en apparence, un revirement dans une certaine partie de l'opinion. De l'opinion, encore flottante, de toutes nuances. Les constitutionnels ne mirent pas plus de chaleur dans leurs démonstrations que bien des alphonsistes de fraîche date, dont le cœur balançait entre leur ancien chef et leur nouvelle Église. Le cercle constitutionnel, autrement dit alphonsiste modéré, envoya chez Serrano son président, son bureau et ses notables... A la dernière réception de la présidence, avant son départ pour l'armée, Serrano fut étonné de voir une assistance aussi nombreuse, et, parmi elle, bien des

(1) Je répète, pour rendre à chacun son bien et laisser à chacun ses reponsabilités, que, dans tout ce paragraphe, je n'ai fait que copier, en les abrégeant beaucoup et en en mettant quelques-unes au point d'après les déclarations publiques et les conversations privées de Cánovas, des passages choisis du récit de M. Houghton, *les Origines de la restauration des Bourbons en Espagne*, pris de la page 150 à la page 269, *passim*.

familles de l'aristôcratie et du monde madrilène, « qui riaient sous cape en voyant ce regain de prestige d'un régime suivant elles absolument en ruine. » On discutait entre soi, « avec une franchise et une impétuosité toutes castillanes », les solutions probables du voyage du Maréchal.

Les alphonsistes qui parurent à cette réception dirent aux membres du corps diplomatique que Serrano ne reviendrait pas à Madrid comme chef de l'État, même vainqueur, parce que tous ses lieutenants étaient dévoués à la cause de Don Alphonse. Ce n'était pas tout à fait exact, car le Maréchal emmenait des hommes qui étaient absolument à lui, et il pouvait être sûr, pour diverses raisons, des généraux Loma, Pieltain et Moriones, déjà présents aux armées. Le monde officiel au grand complet accompagna le Président à la gare. Dans le trajet à travers la ville, l'accueil fut assez froid, mais sans rien d'anormal, « car les Espagnols en général, et les Madrilènes en particulier, sont bien moins démonstratifs que les habitants des pays septentrionaux, quand il s'agit d'acclamer ceux qui les gouvernent ».

Sur le quai militaire où Serrano débarqua à l'arrivée, l'attendaient le vieux général Laserna et son chef d'état-major Ruiz Dana, avec le brigadier Jimenez Palacios, tous les trois alphonsistes très décidés... Bien des gens remarquèrent l'empressement de plusieurs officiers généraux connus pour leurs inclinations royalistes, les mêmes qui furent les premiers, quinze jours plus tard, à se déclarer contre le Président, dans Logroño même. Un entre tous, Fajardo, ne tarit pas en protestations de reconnaissance pour le grade de général de division que Serrano lui avait conféré quelques jours auparavant, ce qui ne l'empêcha pas, à la fin de ce même mois de décembre, de s'offrir pour signifier au Maréchal que les officiers de l'armée du Nord avaient résolu de se joindre au *pronunciamiento* alphonsiste, et, tandis que d'autres généraux éprouvaient de la répugnance à se charger d'une mission aussi délicate, il la remplit sans sourciller.

Les généraux alphonsistes encouragèrent peu le désir qu'exprima Serrano de consulter le général Don Domingo Moriones, ancien « progressiste », malgré sa réputation méritée, et même à cause d'elle, parce qu'ils redoutaient qu'il ne se fît l'inspirateur et l'organisateur d'une campagne enfin décisive contre les carlistes... En somme, pourtant, l'apparition du Président avait fait une grande impression, et cette impression était loin d'avoir été défavorable pour Serrano et son gouvernement.

Moriones rassura le Maréchal sur le risque politique, en lui disant qu'il pensait pouvoir répondre de la fidélité de son corps d'armée, et qu'il ne le croyait pas aussi entamé que les autres par les menées alphonsistes. Mais il était froissé, au fond de lui-même, de la venue du duc de La Torre, qui le rejetait au second rang et au second plan. Ils se quittèrent, mal satisfaits, l'un et l'autre, de leur entretien. Pour la première fois, Moriones se rendit compte des incertitudes de la situation et des graves embarras qui paralysaient et Serrano et son ministère. Il rentra à son quartier général si sombre et si préoccupé que son entourage en fit la remarque.

CHAPITRE II

LE MÉCANISME DE LA RESTAURATION

> « ...Une fois l'heure arrivée, il sera
> facile pour un prince loyal et un peuple
> libre de s'entendre et de se concerter
> sur toutes les questions à résoudre... »
>
> *(Manifeste de Sandhurst,*
> 1ᵉʳ décembre 1874.)
>
> « ...Le seul moyen de mettre vite un
> terme à la guerre est d'avoir un drapeau,
> un prince, un roi... »
>
> (Martinez Campos, *Allocution à la brigade
> Daban,* Sagonte, 29 décembre 1874.)

I

LE MANIFESTE DE SANDHURST

Vers la fin de novembre 1874, « tout en affec-
tant de contenir les impatiences des généraux
alphonsistes, » dit le témoin que nous avons suivi
dans le précédent chapitre et que nous continue-
rons à suivre dans celui-ci (mais nous dirons,
nous, et nous en donnerons nos raisons : tout en
contenant ces impatiences), Cánovas, qui, à des
signes multipliés, voyait le maréchal Serrano décidé à « jouer son va-tout dans un effort suprême
contre les carlistes », crut que « le prétendant

ne pouvait tarder davantage à mettre sous les yeux du pays, de l'armée, et même des gouvernements étrangers le programme de ses intentions et de ses aspirations (1). Il conseilla donc à l'ex-reine Isabelle et à son fils, devant lequel elle s'effaçait sagement, de publier une lettre-manifeste, qui fut censée avoir été écrite par Don Alphonse, de Sandhurst, où il suivait les cours de l'école militaire britannique, signée de lui, datée du 1ᵉʳ décembre, et présentée comme la réponse « à des communications reçues sur l'état intérieur de l'Espagne et sur les progrès de la cause royaliste ». — Mais « il suffit, a-t-on fait observer, de parcourir ce document pour y reconnaître les idées, la politique, l'inspiration de l'éminent homme d'État qui mérita si vite le nom de Richelieu de la Restauration espagnole ».

Il est, en effet, tout imprégné de l'esprit de Cánovas del Castillo tel qu'il ressort de ses écrits, notamment des considérations et maximes politiques répandues dans sa biographie du *Solitaire*, de ses *Études sur le règne de Philippe IV* et de ses trois volumes : *Problèmes contemporains*. Et il y avait bien en Cánovas de quoi soutenir, sans en être écrasé, une comparaison avec Richelieu, ne fût-ce que le sens de l'État et l'amour du pouvoir,

(1) J'ai eu et j'ai encore scrupule à citer si copieusement M. Houghton. Ce qui me rassure, c'est qu'il est notoire que son livre ne prétend à aucune valeur d'art, n'est marqué d'aucun caractère personnel, ne veut être et n'est vraiment qu'un témoignage. C'est bien moins une histoire qu'une source pour l'histoire. Une source à laquelle, du reste, il est prudent de ne puiser qu'avec de fréquentes analyses. Mais, à cette condition, source utile et même précieuse. Rappelons encore que l'ouvrage a paru en 1890, sous le titre : *les Origines de la restauration des Bourbons en Espagne*, à la librairie Plon, un vol. in-8°.

la vertu de puissance, le courage même des duretés nécessaires ; mais je ne sais s'il eût goûté la comparaison, car il semble avoir éprouvé pour certaines parties du rôle historique de Richelieu une sorte d'antipathie qui l'a rendu par endroits presque injuste envers la mémoire de ce prince des grands ministres. En tout cas, ce n'est pas ainsi que, moins ardemment, moins exclusivement Espagnol, il eût dû en parler, lui dont on peut dire, à sa gloire, qu'il fut de la même espèce, sinon de la même école, et, comme le cardinal, serviteur impérieux de son pays et de son roi.

Le manifeste de Sandhurst visait premièrement à affirmer la monarchie, à faire apparaître la nécessité, la possibilité, de sa restauration, et à en définir le caractère, à mettre en alerte ses partisans ; deuxièmement, à rallier tout ce qu'il y avait de demi-monarchistes, tous les hommes d'ordre que retenait seulement la crainte de sacrifier à l'ordre la liberté ; tous les catholiques, à l'exception des plus exaltés, des plus étroits, des plus fermés ultramontains (« ultramarins » serait plus exact pour parler de l'Espagne, que la mer, et non la montagne, sépare de Rome) ; la masse, enfin, de tout ce qui, sans opinion politique bien tranchée, était mécontent, ou las, ou désabusé, dégrisé de la révolution. En outre, cette Lettre royale avait pratiquement l'avantage qu'elle permettait d'attendre avec plus de sûreté les circonstances favorables, d'autant mieux qu'à l'armée, la plupart des lieutenants de Serrano étaient de ces mêmes généraux et chefs de corps qui, six mois auparavant, à Castro Urdiales, avaient tenté de forcer la main au maréchal Concha. Autres avantages encore, pour l'avenir : d'abord, sous

le coup même de l'événement, une explication
préalable aussi claire éviterait une trop grande
prépondérance du général qui rétablirait la Monarchie par un *pronunciamiento;* et, dans la suite,
elle assurerait le gouvernement de la Monarchie
rétablie aux civils, ou du moins empêcherait qu'il
ne fût livré exclusivement, définitivement aux militaires. C'était la pensée très nette, la volonté très
ferme de Cánovas. Il voulait, pour l'avenir, que
la Monarchie ne fût pas dirigée ni conseillée seulement par des généraux ; dès le présent, il voulait que la restauration ne se fît pas seulement
par eux, et même il eût préféré, — il ne se lassera
pas de le dire et ne se privera pas de le leur dire,
— qu'elle eût été faite sans eux. Aussi, dans le
manifeste, dévoilait-il, découvrait-il à plein les
signes sous lesquels il entendait placer le régime
renouvelé : il serait « constitutionnel, parlementaire, moderne, de façon, a-t-on insinué, à lui
faire plus vite pardonner l'emploi de la force et
des *pronunciamientos* militaires à ses débuts ».
Mais non, son intention ne pouvait être celle-là,
puisque, cet emploi de la force, il l'a invariable-
ment, avant, pendant, et après, condamné. Peut-
être serait-il plus juste de penser que Cánovas
désirait asseoir sa propre influence sur des bases
solides en préparant, dès l'acte constitutif ou
introductif de la royauté, les militaires espagnols,
dévoyés par un siècle de mauvaises habitudes,
à l'idée que, dans un gouvernement bien ordonné,
les militaires serviraient et en seraient récom-
pensés, comme il convient, mais ne mèneraient
pas. « Trait caractéristique et le plus honorable
de la politique de Cánovas, ont confessé des libéraux, toutes les fois qu'il a été appelé ou rappelé

au pouvoir. » Trait qui ne saurait étonner quiconque a essayé de pénétrer dans l'arrière-fond de son esprit, et n'a point manqué de sentir l'espèce d'horreur instinctive que lui avait inspirée déjà chez Espartero, en qui il en plaçait l'origine, la dictature *de campamento*. Je ne l'ai jamais entendu prononcer ce mot ; mais je l'ai, pour d'autres, entendu prononcer : « politique *de mercachifles !* » et j'en ai encore dans les oreilles le sifflement cinglant d'un insurmontable mépris.

Voici, — on en a fait un peu ironiquement la remarque, — « comment s'exprimait le jeune prince Alphonse, un prétendant de moins de dix-sept printemps », dans son manifeste de Sandhurst. Et il est de fait qu'il manque à cet écrit la signature de Cánovas, mais que toutes ses empreintes y sont ; tout, y compris ses tics de style, tels que l'usage surabondant du *Je* et du *Moi* : « *Je* ne sais, *moi...* » Mais les grandes marques y sont aussi : dès le premier membre de la première phrase, cette précision : la Monarchie *constitutionnelle ;* dès la seconde, la volonté du ralliement, l'affirmation que le régime nouveau représentera l'union et la paix ; même une phrase dubitative de bon ton sur l'incertitude où l'on est des desseins de Dieu.

Le point principal est bien en avant, à la pointe de la flèche : le retour à la Monarchie sera le retour au droit public du royaume, en termes propres et exprès, à son droit *constitutionnel,* mais traditionnel, historique. Ce sera donc une Monarchie *héréditaire,* mais en même temps *représentative,* forme nécessaire pour *la sauvegarde des droits et des intérêts de tous :* et, rien n'est dit par prétérition, mais, nominativement, *des classes ou-vrières*, à égalité avec *les classes les plus élevées de la nation*. Il découle de là que ce ne sera pas une Monarchie aristocratique, ni bourgeoise, mais populaire, au sens le plus large, c'est-à-dire nationale.

Ce ne sera pas, par conséquent, une simple restauration, mais une restauration rénovatrice, instauratrice. Il le faut, car tout est par terre : les choses de la Monarchie avant 1868, et les choses de la révolution après 1868. La Constitution de 1845 n'existe plus, mais pas davantage celle de 1869, coulée par les révolutionnaires dans le moule monarchique. L'Assemblée, d'une légalité douteuse, qui avait décrété la République n'avait été qu'une junte usurpatrice de sénateurs et de députés. Les seules Cortès républicaines qui eussent été convoquées avaient été dissoutes « par les baïonnettes de la garnison de Madrid, » au coup d'État de Pavia. Depuis lors, toutes les questions étaient demeurées en suspens : la solution en avait été laissée à l'avenir.

« Heureusement, poursuivait le Manifeste, la Monarchie héréditaire et constitutionnelle possède dans ses principes la flexibilité nécessaire (évidemment, ce n'était pas « un prince de moins de dix-sept printemps » qui s'exprimait ainsi) ...la flexibilité nécessaire pour que tous les problèmes... soient résolus conformément aux vœux et aux convenances de la nation. » Observation qui amenait cet avertissement aux monarchistes de l'ancienne école, pas encore tout à fait revenus de leurs tendances à l'absolutisme : « Il ne faut pas espérer que je déciderai rien sur-le-champ ni arbitrairement. » Pourquoi? Parce que la Monarchie sera à la fois héréditaire et constitutionnelle, historique et moderne, et qu'être représentative ne sera pour elle que s'appuyer sur son histoire. « Les princes espagnols, là-bas (le Manifeste étant supposé écrit en Angleterre), dans les anciens temps de la Monarchie... (bien avant les Bourbons, et même avant la Maison d'Autriche : c'était cela, l'ancien droit public de l'Espagne, l'ancienne école politique espagnole ; les tendances à l'absolutisme, plus récentes, non autochtones, avaient été une importation autrichienne) ; ...les princes vraiment, originairement espagnols, Aragon et Castille, « ne décidaient pas les affaires sans les Cortès. » Voilà pour l'histoire, mais la vie suivait son cours et devait avoir son tour : « ...et cette règle très juste de conduite ne sera pas oubliée par moi dans ma condition présente (le mot en dit plus qu'on n'en attendait) et à une époque où tous les Espagnols sont habitués aux procédés parlementaires. » (Il y avait dans cette affirmation une forte dose d'optimisme, et l'Espagne d'alors était peu faite aux mœurs, — aux bonnes mœurs, — parlementaires, mais il importait de le lui faire croire...) Le Manifeste n'est ainsi arrivé que par degrés à la conception parlementaire de la Monarchie espagnole, à la fois antique et moderne. Il avait dit « constitutionnelle ». Il avait dit : « représentative. » Il finit par dire ce qu'il ne pouvait pas ne pas dire en 1874 : « parlementaire. » Et il redouble (car c'est quand même un fait que, depuis Ferdinand VII, cinquante ans de presse et de tribune, de propagande, d'agitation et de révolution ont passé), il frappe à nouveau le timbre de la liberté dans l'union du peuple avec le Roi, du peuple libre avec le Prince loyal,

se concertant « sur toutes les questions à résoudre ».
En terminant, Don Alphonse, ou celui qui a tenu
la plume pour lui, adresse encore une pensée qui
fortifie, et rectifie tout ensemble leur position
vis-à-vis de lui, comme sa position vis-à-vis
d'elles, « aux honnêtes et laborieuses classes populaires, » trop souvent « victimes de sophismes
perfides et d'illusions absurdes ». S'il ne leur
ménage pas l'intérêt, et ne leur conteste pas le
droit, il ne leur mâche pas non plus la vérité.
La parole royale est ici sans flatterie, quoique
les temps soient venus, dans le monde renversé,
où ce sont les rois qui flattent les peuples.

Le morceau s'achève ; noblement, par de brèves,
mais hautes considérations sur les avantages de
l'infortune, qui élève et qui instruit, sur l'Espagne
et son histoire, sur le devoir du Prince, sur son
sort et sur son rôle, sur la triple qualité dont seront
faites sa vertu et sa force : bon Espagnol, comme
étant le premier des Espagnols ; bon catholique,
comme étant l'héritier de ses ancêtres les rois
catholiques ; et bon libéral, comme étant, au
sommet d'institutions séculaires, un homme de
son siècle.

Tel est le Manifeste de Sandhurst. Certains l'ont
trouvé trop long, mais il était difficile de le faire
plus court et, tout ensemble, aussi plein. Il est
en tout cas un reproche ou un éloge qu'il ne
mérite pas. On a voulu y voir une preuve de
plus que « M. Cánovas a excellé dans l'art de poser
devant le pays et devant les Cortès des formules
de politique et de législation vagues et élastiques ».
Vague et élastique, ce texte-là ! Vague et élastique, de la prose politique, — et de la meilleure,
— de Cánovas del Castillo ! Du vague et de

l'élastique, ce serait ce qu'il aurait voulu ménager
en vantant la « flexibilité » des principes de la
Monarchie héréditaire et constitutionnelle. La
« flexibilité » poussée jusqu'à « l'élasticité », ce
serait ce qu'il aurait cherché, car, pour croire et
pour dire que cette pensée et ce style étaient naturellement « vagues et élastiques », il faudrait
n'avoir jamais lu (ce qui, après tout, est possible)
non pas même une page, mais une ligne des
Problèmes contemporains ou des *Études sur le
règne de Philippe IV*, ou de la biographie d'Estébanez Calderón. L'imprécision, ici, serait donc
volontaire, calculée, systématique. Mais quelle
imprécision? Et comment être plus précis? Tout
l'essentiel de ce que sera la Monarchie restaurée
n'est-il pas bien plus qu'impliqué, expliqué dans
sa formule même, exprimé, en langage lapidaire,
par ces épithètes accumulées : héréditaire, constitutionnelle, représentative, parlementaire, historique, moderne, catholique, libérale? Tout cela
y est, et tout cela aurait pu n'y pas être, et tout
cela aurait dû n'y pas être, si vraiment l'auteur
avait songé à se réserver des issues et des déga-
gements, des sorties et des rentrées. Mais non,
Cánovas se tenait à découvert sur le seuil ; la
porte qu'il ouvrait était bien ouverte et laissait
voir sans retraits cachés ni trappes secrètes l'intérieur de la maison reconstruite.

En somme, — on en tombait d'accord, — le
Manifeste de Sandhurst avait été « très savamment
rédigé pour rallier des adhésions dans toutes les
couches de la société espagnole ». Lancé avec
éclat à l'étranger, il avait été largement répandu
en Espagne, d'abord sous le manteau, avant que
le gouvernement de Serrano se résignât à le laisser

publier par la presse de Madrid et de la province.
On en avait trouvé des copies jusqu'en pays carliste ; il en circulait jusqu'au fond des plus loin-
taines campagnes. A Madrid même, dans les
cercles, dans les salons, il était lu à haute voix,
commenté ; bref, il était connu, fort peu de temps
après le départ du Maréchal-président pour Logroño, le 9 décembre. Lorsque les journaux l'im-
primèrent, il avait déjà commencé à produire son
effet.

Cet effet n'aurait pourtant pas été aussi prompt
ni aussi complet que certains monarchistes
l'avaient espéré. En publiant le Manifeste, « les
organes de l'alphonsisme » avaient eu soin de le
présenter comme « un acte de revendication pacifique, un appel purement platonique à l'opinion
et au pays ». Notre témoin prétend que « la con-
signe la plus stricte » aurait été « donnée à tous
les partisans du prétendant de protester contre
toute arrière-pensée de *pronunciamientos* militaires ». Il ne dit pas « aurait été », il dit positi-
vement « fut donnée » et il explique : « avant que
la guerre carliste eût pris un meilleur aspect pour
la cause libérale, qu'on voulait à tout prix identifier avec la monarchie constitutionnelle et héréditaire. » De ces partisans, il y en avait plus d'un
qui accusait les précautions, excessives à leur gré,
« la temporisation, les ajournements » de Cánovas.
Les plus récents n'étaient pas les moins excités,
et on le comprend, car ils avaient besoin non
seulement d'afficher leur zèle devant les autres,
mais de justifier leur conversion devant eux-
mêmes. Or, comme justification, rien ne valait
le succès ; et, plus il serait rapide, mieux elle vaudrait. Si on laissait à Serrano le temps, c'est-à-

dire la chance d'infliger au carlisme une incontestable défaite, c'étaient alors les chances de la Restauration qui en seraient diminuées grandement. Un peu partout, mais en particulier dans les milieux militaires, on était convaincu que tout dépendait à ce moment pour la cause de Don Alphonse de s'assurer d'un général prêt à faire le coup sans nul délai.

« Chose curieuse! note M. Houghton. Dans les cercles diplomatiques et chez les financiers, aux derniers jours de décembre, on estimait que le duc de La Torre avait regagné du terrain... Il y eut des rapports envoyés à des gouvernements étrangers, vers Noël, conçus dans un langage beaucoup moins pessimiste... » Pas si curieuse, la chose! Il ne manquait plus à l'événement, pour devenir certain, que l'incrédulité des diplomates! Toutefois, il demeure vrai que le départ du Président pour l'armée, l'attente d'une bataille peut-être décisive contre Don Cárlos, et la pensée que cette victoire rétablirait la situation au profit de la République, avaient jeté quelque flottement dans l'état-major alphonsiste. Mais dans l'état-major plutôt que dans les rangs du parti. « Très peu de gens, en effet, surent combien les généraux les plus compromis... furent sur le point de renoncer à tenter un mouvement à la fin de décembre 1874. »

Mais Cánovas « voulait pour de bon les choses en politique ». C'est parce qu'il les voulait fortement que l'on a eu raison de dire, avant tout, que la Restauration fut son œuvre. La part des militaires n'y fut que la part de l'accident, où il n'entra de *virtù*, d'action virile, que dans la mesure où ils brusquèrent la Fortune. Au total, la restauration des Bourbons en Espagne « est un exemple frappant du rôle que les considérations personnelles et la ténacité d'un seul homme ont eu dans les *Cosas de España* ».

Cette volonté quasi souveraine, maîtresse des événements mêmes qu'elle ne produisait pas, en ce sens qu'elle ne les voulait qu'à leur heure, et que, ne les ayant pas produits, elle ne s'en saisissait pas moins tout aussitôt pour les conduire, s'était, dans la circonstance, appliquée à les laisser venir à maturité, en quelque sorte par leur force interne. L'homme dont « la ténacité » méditative les dirigeait ne connaissait qu'une seule crainte, plus que naturelle, plus que légitime, plus que sage, nécessaire, obligatoire dans une entreprise où il mettait au jeu sa réputation, son honneur, sa vie peut-être, et bien davantage, l'avenir de son prince et de son pays, ce qui lui appartenait et ce qui ne lui appartenait pas : la crainte « d'une folle équipée qui pourrait couvrir la cause de ridicule, la rendre impopulaire, et retarder pendant longtemps toute tentative plus sérieuse ». De toute sa volonté, il tendait à être, mais il savait, et il n'oubliait pas, qu'être, pour un régime, ce n'est pas naître, c'est durer.

II

LE PRONUNCIAMIENTO DE SAGONTE

Depuis quelque temps, Sagasta, président du Conseil, avait recommandé au ministre de la Guerre de surveiller un officier général qui s'était

signalé par l'ardeur de son dévouement alphonsiste, le maréchal de camp don Arsenio Martinez
de Campos. Alors en disponibilité, sans commandement, même territorial, et quoique en mauvaise
odeur dans l'entourage de Serrano et parmi ses
collègues encore imbus de l'esprit de la Révolution, Martinez Campos avait été autorisé à résider
à Madrid. A lui aussi, le ministre Serrano Bedoya,
toujours optimiste et bon camarade, avait donné
sa garantie, déclarant au Président et au Conseil
que ce militaire encore était du type inoffensif.
Pourtant, le gouvernement ne laissait pas que de
s'en méfier un peu. Tard, et sans doute trop tard,
puisque c'était en décembre, après le départ de
Serrano pour le front carliste, il avait eu des renseignements sur les menées de Martinez Campos
en vue de préparer un mouvement à la fois dans
la garnison de la capitale et dans les deux armées
du Centre et de Catalogne. Malgré les assurances
du ministre de la Guerre, il donna donc au gouverneur militaire de Madrid l'ordre d'arrêter le
général.

Au lieu d'exécuter cet ordre, Primo de Rivera
se présenta devant le Conseil et devant Serrano
Bedoya personnellement pour déclarer de nouveau, « sur sa parole d'honneur et sur sa foi de
gentilhomme, » qu'il répondait de la loyauté de
Martinez Campos ; et, à l'appui de cette bonne
opinion, il accumula, entrant dans le détail, les
raisons d'ordre domestique, qui selon lui, à défaut
d'autres, commandaient au maréchal de camp en
butte aux soupçons une réserve préservatrice. Le
gouvernement finit par s'attendrir, tout en char-
geant néanmoins le capitaine général, — Primo
de Rivera lui-même, — de tenir l'œil ouvert sur

Martinez Campos, d'enquêter discrètement sur ses projets, et, le cas échéant, d'agir. Ce que, le plus naturellement du monde, le gouverneur militaire promit, ainsi que l'y obligeait sa fonction. Cela se passait vers le 18 décembre.

Tout de suite, Primo de Rivera avertit de ces inquiétudes et de ces dispositions du Conseil Martinez Campos, qui paraît-il, dès le commencement du mois, avant le départ de Serrano pour Logroño, avait obtenu, de plus de vingt généraux dans les armées en campagne, l'engagement de prendre l'initiative d'un *pronunciamiento* ou de le seconder vigoureusement. A Madrid même, et dans plusieurs villes importantes, il s'était acquis des concours certains. Mais à ce moment, plus prudent ou plus modeste qu'il ne devait l'être dans la suite, il eût mieux aimé voir le mouvement lancé par un grand chef, tel que le général Jovellar, à la tête de l'armée du Centre, la plus « travaillée » de toutes, ou les généraux Arrando en Catalogne et Laserna à Logroño. L'arrivée impromptue du duc de La Torre, précisément à Logroño, changea les résolutions encore floues et verbales des « conspirateurs »; ils trouvèrent à qui mieux mieux des prétextes pour se reprendre ou du moins pour différer.

Des rares chefs de corps que la vision d'une victoire possible de Serrano sur les carlistes n'avait pas refroidis, le plus déterminé était le général de brigade Luis Daban, alors détaché à Segorbe, avec mission de mettre en état de défense cette petite ville, sorte d'avant-poste en pays insurgé. Don Luis avait un frère, lui aussi officier, le colonel Antonio Daban, qui, grièvement blessé à Somorrostro, avait été envoyé au repos dans le poste de commandement militaire de Jerez en Andalousie. Instruit des desseins de Don Luis, le colonel donna sa démission de Jerez et, le 11 décembre, se rendit à Madrid. Depuis ce jour, il se tint en contact avec Martinez Campos et put ainsi faire connaître au général Daban les embarras dans lesquels Don Arsenio se débattait de plus en plus difficilement, par suite de ces défections successives qui, l'une après l'autre, lui enlevaient tout moyen d'action.

Don Luis Daban prit immédiatement son parti. Il écrivit à son frère que si le général Martinez Campos ou quelque autre général alphonsiste ne se décidaient pas à « jeter le cri » avant le 30 décembre, ce jour-là lui-même remettrait le commandement de sa brigade et se retirerait dans sa maison, « parce qu'il était également impossible de continuer à tenir les chefs de corps et de brigade en suspens, exposés à être découverts et poursuivis, et de garder les troupes aussi longtemps inactives devant l'ennemi carliste. » Martinez Campos eut communication de cette lettre le 22. Elle ne fit d'abord qu'accroître son anxiété, les déchirements de son incertitude, car elle le tirait dans le sens où il penchait personnellement à marcher, mais de hautes autorités monarchistes tiraient au même instant dans le sens contraire. Cánovas, la plus haute de toutes, n'avait pas cessé de penser et de dire qu'il ne fallait pas vouloir précipiter les choses. On racontait même qu'il était intervenu auprès de plusieurs généraux favorables à Don Alphonse, « pour les dissuader de seconder une initiative téméraire ».

Un de ces généraux, tout dévoué aux Bourbons, quoiqu'il eût accepté, sous le duc de La

16

Torre, la direction générale de l'Intendance au ministère de la Guerre, le général Quesada, à qui D. Antonio Daban s'était ouvert, avait « chapitré » le colonel, en invoquant la discipline, et croyait l'avoir convaincu. Don Antonio n'en excita pas moins Martinez Campos à aller de l'avant quand même et à tous les risques. Il avait, sans le savoir, aux côtés du général, la plus puissante des alliées, Méridionale vibrante et impétueuse, royaliste et catholique intransigeante, femme et mère pleine d'ambition pour son mari et pour ses enfants. Mme Martinez Campos prépara elle-même, dans le plus absolu secret, le départ du général, l'aida à dresser son plan, et, le jour venu de l'exécution, accompagna les « conjurés », — on peut désormais les appeler de ce nom, — aux alentours de la station du chemin de fer de Madrid à Saragosse et à Alicante où le général de brigade Bonanza et le colonel Antonio Daban rejoignirent Martinez Campos, vers neuf heures du soir, le 26 décembre. Ils étaient vêtus tous les trois comme des hommes du peuple, afin de ne pas attirer l'attention, — *da paësano*, ai-je lu quelque part de Martinez Campos, qui, sans ce déguisement, eût été vite reconnu, — et ils « s'embarquèrent », après que D. Antonio Daban eut averti Don Luis par un télégramme convenu qui disait bonnement : « Je pars pour t'embrasser. »

Le général Martinez Campos avait alors quarante-trois ans. « C'était un homme de taille moyenne, plutôt maigre que corpulent, avec un visage aux traits accentués, des yeux très vifs, un regard d'une grande mobilité, d'épais sourcils. une moustache et une impériale qui ajoutaient à l'aspect très militaire de son port et de sa personne, même sous des habits civils. Il n'avait certes pas le grand air de Serrano, ni les manières aristocratiques des officiers d'artillerie et d'état-major et pas davantage la réserve et la distinction des Quesada et des O'Ryan, des Cordoba et des Ahumada. Il aurait été pris pour un simple officier de troupe ou de gendarmerie. Il avait une façon de parler vite en roulant les *r* et avec une volubilité de gestes, un jeu de physionomie très singuliers. On voyait pourtant assez vite qu'on était en présence d'un homme intelligent, assez instruit, militaire d'expérience et d'instinct, quoique emporté, passionné et brouillon dès qu'il se mettait à parler de politique, à laquelle il entendait beaucoup moins que les militaires espagnols en général. Il passait pour un officier intrépide, absolument insouciant de dangers personnels, bon pour ses inférieurs, très capable d'exécuter des coups de main et des marches forcées, sans toujours en calculer les risques ni les conséquences avec l'art et le talent qu'il montra plus tard, par exemple pour faire tomber les armes des mains des chefs carlistes en 1875-1876, et des chefs de l'insurrection cubaine en 1878. En somme, la plupart de ses compagnons d'armes le tenaient, avant la Restauration, pour un excellent lieutenant, une fois bien dirigé, mais pas pour un général en chef, comme les Moriones, les Concha, les Quesada. Il avait démontré, à Castro Urdiales et en Navarre, que son zèle alphonsiste et sa haine de la Révolution pouvaient le pousser à braver le courroux d'un homme aussi entier et hautain que le maréchal Concha, homme en tout cas de beaucoup supérieur à Martinez Campos, comme général et comme homme d'État (1). »

Ce portrait n'est pas de moi, il est de M. Houghton ; je me suis contenté de le copier, parce que je n'ai pu voir Martinez Campos, bien que je l'aie essayé. Quand je lui ai demandé audience, — vingt ans après la Restauration, en 1874, — il était absent de Madrid. Je n'ai de lui qu'un *besa la mano* (2), par lequel il me fait savoir, dans les formes de la politesse la plus raffinée, que, retenu à la campagne, il regrette d'être obligé de se priver du plaisir de me recevoir. Je pense qu'il n'ignorait point mes relations avec la Muerta et préférait esquiver les questions que j'eusse été tenté de lui poser au sujet des divergences de vue qui l'avaient à plusieurs reprises écarté, éloigné ou même séparé de Cánovas (3).

Les mystérieux voyageurs, après une nuit où ils dormirent peu, arrivèrent le 27 décembre à Valence — la Valence prédestinée aux *pronunciamientos* ou aux révolutions, et qui jusqu'à M. Sanchez Guerra a conservé cette spécialité. Des amis l'y attendaient, pour les conduire au même gîte, chez un grand d'Espagne du littoral, qui était complice. Dès le 27 au soir, le général Daban leur envoya un de ses aides de camp, chargé de les inviter à se rapprocher du chef-lieu. En conséquence, ils revinrent à Valence qu'ils

---

(1) A. HOUGHTON, *les Origines de la restauration des Bourbons en Espagne*, p. 292-293.

(2) On appelle *besa la mano* un billet en quelques lignes dont sont remplis les « blancs » d'une formule le plus souvent imprimée ou gravée, et qui commence par cette salutation : *B. L. M., besa la maño del señor.* « Baise la main de monsieur. » Par exemple : *D. Arsenio Martinez de Campos B. L. M. del señor...* C'est encore du langage castillan.

(3) A. HOUGHTON, *ouvr. cité*, p. 298.

quittèrent dans la nuit du 28 décembre, se rendant à Sagonte, « vieille cité romaine qui allait acquérir une si grande notoriété » dans l'histoire politique espagnole. L'expédition, quelque peu picaresque, se fit dans une « tartane », espèce de carriole haut perchée sur ses roues, qui n'épargne guère les secousses à ses occupants, assis dos à dos, face à la route. Aussitôt qu'il avait eu en mains la dépêche où son frère lui témoignait un si soudain besoin d'effusion, D. Luis Daban, emmenant avec lui deux bataillons d'infanterie, deux ou trois escadrons de cavalerie, une petite artillerie, et laissant le reste de sa brigade à Segorbe pour défendre son ouvrage, était venu s'établir à Sagonte, certain qu'en moins de quarante-huit heures il serait secondé par toute l'armée du Centre, dans laquelle le mouvement alphonsiste éveillerait de nombreuses sympathies et, en tout cas, ne rencontrerait aucune hostilité dangereuse, comme le serait celle de Moriones dans le Nord ou de Lopez Dominguez en Catalogne. C'est pourquoi l'on avait choisi le territoire de commandement de Jovellar. Un seul point noir, à Valence même, chez le gouverneur militaire, le général Castillo, « vieil officier très à cheval sur la discipline », et très fier de n'y avoir jamais manqué. De celui-là, il fallait se méfier, et il faudrait sans doute ou s'assurer ou se défaire.

Au camp improvisé de Sagonte, un premier conseil fut tenu. On décida d'informer tout de suite le général en chef de l'armée du Centre, D. Joaquim Jovellar, du projet en exécution, et de lui offrir, s'il y consentait, de se mettre à ses ordres, en l'avisant, d'ailleurs, que, quelle que fût sa résolution, dès l'aube, Martinez Campos, avec la brigade Daban et tout ce qu'en route il pourrait recueillir de forces, marcherait sur Valence. Par télégrammes et par messages sûrs, on exhorta les troupes détachées dans la région à rallier la colonne, qui s'ébranlerait de très bonne heure, le lendemain matin, 29 décembre.

Ainsi fut fait. A deux kilomètres de Sagonte, sur le chemin de Valence, dans un vaste champ d'oliviers, Daban commanda halte, fit former le carré, et s'adressant à ses soldats, surpris de voir à leur tête, auprès de leur général à eux, un autre chef qu'ils ne connaissaient pas, il leur annonça que le général D. Arsenio Martinez Campos allait leur faire une communication très importante. Le personnage principal s'avança, et d'une voix scandée d'abord, puis avec entrain et avec feu, prononça une harangue énergique sur les avantages de la Restauration. Il déclara que le seul moyen de mettre vite un terme à la guerre était d'avoir un drapeau, un cri de guerre, un prince, un roi représentant les vieilles traditions de l'Espagne catholique et monarchique... Il adjura la troupe de le seconder dans ses efforts pour rétablir sur son trône le roi légitime, le fils d'Isabelle II, le roi Alphonse XII de Borbon y Borbon, roi des Espagnes et des Indes, selon le titre porté par ses ancêtres. Il proclama Alphonse XII au nom de l'armée et de la nation. Les généraux, les colonels poussèrent des vivats que les autres officiers, les sous-officiers et soldats répétèrent sans se faire prier, car leur ordonnance militaire leur en faisait une obligation. Les colonels firent ensuite donner des vivats à Martinez Campos et à Daban. Il faut noter que Martinez Campos avait affecté de laisser tout le monde libre de le suivre ou non ; seul, un vieux capitaine sortit des rangs et dit que, quoique alphonsiste, il ne s'était jamais prononcé et voulait par conséquent ne pas se mêler à un soulèvement, même en faveur de son idéal. On lui permit de s'abstenir du serment et de suivre librement la colonne. Les officiers prirent l'engagement solennel de « défendre jusqu'à la dernière goutte de leur sang le drapeau qu'ils avaient ainsi dressé en face des disgrâces de la patrie, comme signe heureux de rédemption, de paix et de grandeur ».

On prit ensuite la marche. Avant Valence, une seconde brigade, et quelques autres bataillons se présentèrent. Instruits de l'objet poursuivi, il n'y eut pas l'ombre d'un dissentiment. Généraux, colonels, officiers, s'empressèrent d'adhérer. A leur quartier général, Jovellar et son chef d'état-major Azcarraga (le même qui devait fournir, sous la Restauration, une longue carrière politique) hésitèrent à peine et ne songèrent pas une minute à résister. Mais, de leur part, ne pas s'opposer au *pronunciamiento*, c'était le soutenir. Jovellar se déclara donc tout à fait, porta le mouvement à la connaissance des différentes unités de son armée, et se dirigea, de sa personne, vers Valence, où il fit son entrée, ayant à ses côtés Martinez Campos, les deux Daban, Bonanza, Lasso, Marti et d'autres. Ils allèrent droit à la résidence du capitaine général Castillo dont il y avait lieu, ils le savaient, de redouter la rigide conscience. Ils le sommèrent respectueusement de les aider ou de leur céder la place. L'héroïque défenseur de Bilbao était monarchiste d'esprit et,

de cœur, attaché aux Bourbons, mais, plus haut
que ses opinions, et que ses sentiments, il plaçait
le devoir et la discipline. Comme ils l'avaient
prévu, le général Castillo refusa net de se prêter
en rien, même par l'indifférence, au coup de force.
Il tint aux « prononcés » à peu près le même
langage que le maréchal Concha avait tenu, en
avril, aux « prononçants » de Castro Urdiales,
déclara que « c'était un tort de vouloir rétablir
la Monarchie par un acte d'indiscipline en face
de l'ennemi (les carlistes), et, répondant à une
sommation par une mise en demeure, pressa les
conjurés de le faire arrêter immédiatement « parce
que, disait-il, il ne voulait pas abandonner son
poste, ni trahir le maréchal Serrano, sans avoir au
moins tenté de contenir le soulèvement ». Vainement on l'entreprit, on le catéchisa, on l'objurgua,
on le supplia ; il n'écouta point. Il se borna à
demander, courtoisement, — à l'espagnole, —
la permission d'aller au télégraphe pour s'entendre
avec le gouvernement de la République, déjà
informé, par les autorités civiles, des événements
de Sagonte et de Valence. Toujours à l'espagnole,
avec une égale courtoisie, l'autorisation lui fut
accordée. En vertu de ses instructions, et en union
avec le gouverneur civil (le préfet), un radical
fidèle aux idées révolutionnaires, le général Castillo essaya alors d'armer la milice et les volontaires de la liberté. Là-dessus, Jovellar et Martinez
Campos perdirent patience ; ils signifièrent à l'in-
traitable capitaine-général que ce qu'il avait de
mieux à faire, « pour éviter toute effusion de
sang », était de gagner Madrid par le premier
train. Il se défendit, s'obstina, mais finit par se
rendre à l'évidence quand il eut vu « la ville oc-

cupée militairement, les volontaires désarmés et dissous, les autorités civiles destituées avec une vivacité toute militaire ».

Le général Jovellar, assumant tous les pouvoirs, reconstitua l'administration avec les chefs locaux du parti alphonsiste. Une proclamation fit savoir aux populations la restauration de la Monarchie que « les armées et la nation avaient proclamée et acclamée ce jour même ». Valence, bien qu'en assez forte partie républicaine, ne bougea pas. A ce moment, soirée du 29 décembre, au lieu des 1 800 soldats et des quelques canons avec lesquels Martinez Campos et Daban étaient partis de Sagonte le matin, Jovellar disposait de 10 000 hommes et de 40 canons. Le *pronunciamiento* était fait, il se développait, il avait des moyens suffisants, des chances croissantes d'aboutir : s'il n'avait pas encore entièrement réussi, il réussissait.

III

CONTRE-COUP A MADRID
DON FERNANDO PRIMO DE RIVERA

La nouvelle fut connue officiellement à Madrid vers onze heures du matin, ce même jour 29 décembre, et communiquée par le ministre de l'Intérieur au ministre de la Guerre. Le général Serrano Bedoya en fut bouleversé. Ses collègues l'assaillirent de reproches auxquels il ne pouvait rien répliquer. Le Conseil des ministres, réuni d'urgence, appela le gouverneur militaire de

Madrid et s'en prit à lui. Voilà ce qu'avait fait le général, dont il s'était porté garant, il n'y avait pas plus d'une semaine! Primo de Rivera fit bonne contenance, mit la main sur son cœur, « crâna ». — « Noblesse oblige! dit-il. Maintenant plus que jamais le gouvernement peut compter sur moi et sur la garnison de Madrid, dont je réponds. L'acte de Martinez Campos oblige ma loyauté à de plus grands sacrifices. » Il courait prendre toutes mesures utiles.

Lui sorti, le Conseil délibéra fiévreusement. Prévenu comme on l'était depuis longtemps contre le capitaine-général, ne conviendrait-il pas de le remplacer sans délai par quelque autre chef plus sûrement dévoué à la République? Les ministres étaient partagés, mais la majorité jugea cette destitution imprudente. Ne pousserait-elle pas aux extrémités Primo de Rivera, tandis qu'il tenait encore les troupes dans sa main, ou n'exciterait-elle pas ses officiers à le venger? Après tout, que savait-on? Incorrigible, sinon impénitent, le ministre de la Guerre jura : « C'est un gentilhomme ; il ne manquera pas à son devoir, même contre ses propres et plus intimes convictions! »

Aussi le gouvernement se borna-t-il, toujours enclin aux solutions faciles, aux précautions qui n'étaient pas du ressort des militaires ; il prescrivit aux autorités civiles d'arrêter les personnages alphonsistes que l'on croyait « capables de contribuer à propager le soulèvement de Sagonte à Madrid et dans le reste de l'Espagne ». C'était tout le monde et ce n'était personne, si on le voulait. Dans l'après-midi arriva une dépêche de Jovellar lui-même qui débutait par des protestations d'amitié, tout en annonçant qu'il avait adhéré au mouvement commencé par Martinez Campos, « pour ne pas diviser l'armée, pour conserver l'union et la discipline, et pour éviter de pires maux à la patrie ».

Le Conseil des ministres télégraphia au quartier général du maréchal-président, à Logroño, les informations qu'il venait de recevoir, et le pressa de revenir rapidement à Madrid en amenant les forces susceptibles de l'appuyer. Comme Serrano était allé à Tudela conférer avec Moriones, les dépêches furent ouvertes et lues par Laserna, devenu son chef d'état-major, aux termes du décret du 8 décembre, lequel chef d'état-major les lui transmit incontinent. Le président montra beaucoup de calme, selon sa coutume dans les grandes occasions. Il se mit en rapport continuel avec Madrid et demanda à ses ministres de faire expédier à Miranda de Ebro et à Castejón tout le matériel et toutes les machines qu'ils pourraient rassembler pour le transport des troupes. Une seconde fois le Conseil appela devant lui D. Fernando Primo de Rivera, qui, une seconde fois, engagea sa foi de soldat et de gentilhomme. Avec des accents de colère chevaleresque : « Je souillerais, s'écria-t-il, ces galons que je dois au duc de La Torre et à son gouvernement, si je manquais à mon devoir ! Celui qui, aujourd'hui, essaierait de troubler l'ordre, qu'il soit républicain ou alphonsiste, serait un traître et devrait être traité comme tel. » Le capitaine-général approuva hautement l'idée de faire revenir Serrano, et, ayant dit, il partit en hâte pour veiller à ce que cet ordre qui lui était si cher, — républicain ou alphonsiste, — ne fût point altéré, et à ce que chacun demeurât fidèle au poste. Quant

au Conseil avant de se séparer, il fit ce que font
en pareil cas tous les gouvernements parlementaires ou populaires : une proclamation (1).

En province, les autorités étaient bien embarrassées. Les préfets (*gouverneurs civils*) furent, en
majorité, réservés dans leurs télégrammes.
Quelques-uns seulement exprimèrent une réprobation. Très peu répondirent aux instructions
qu'on leur envoya pour sévir contre les alphonsistes. La plupart furent heureux d'avoir à constater — ce qui d'aucune façon ne pouvait les
compromettre — que dans leur ressort, il ne s'était
passé rien. Même attitude des grands chefs militaires. Aux trois armées du Nord, de Catalogne,
d'Andalousie, Laserna, Lopez Dominguez (neveu
de Serrano), Burgos assuraient, il est vrai, avec
plus ou moins d'accent, que « leurs forces étaient
entièrement à la disposition du ministère ». Comment eussent-ils dit autre chose? Mais cela pas
tout à fait chaud et pas tout à fait froid. Il était
clair qu'on traversait la phase gênante d'incertitude sur le résultat.

Le 30, le Conseil des ministres se tint en per-
manence, d'une heure à sept heures du soir. Il
reçut de Valence plusieurs dépêches. La dernière
lui apporta la double démission du général Castillo
et du préfet, fondée sur ce motif que la résistance
était impossible, que la garnison, les marins de la
flotte, la gendarmerie, les douaniers, tout enfin
avait adhéré au *pronunciamiento* de Martinez
Campos et à la restauration de la Monarchie en
la personne du roi Don Alphonse XIII.

____

(1) Publiée en tête de *la Gazette de Madrid* du 30 décembre 1874,
et citée par Houghton, p. 307.

Primo de Rivera, pourtant, ne se départait pas de sa belle sérénité. Non plus pour la deuxième, mais pour la vingtième ou la centième fois, et non plus dans le secret du Conseil, mais presque publiquement, à la soirée de la duchesse de La Torre, il avait assuré qu'il répondait de l'ordre. Ce fut la dernière réception de la maréchale, et il y eut foule. Tous les partis étaient représentés par leurs membres les plus éminents, même par des hommes d'État qui passaient, la veille, pour brouillés avec Serrano et son gouvernement. Curieux, avides de surprendre et de savourer les émotions d'autrui, faux courtisans qui venaient là comme à un enterrement, et dont les compliments valaient en sincérité les condoléances de la sortie du cimetière. On disait tout haut le contraire de ce qu'on pensait et de ce qu'on prévoyait, de ce que beaucoup désiraient et avaient préparé ou favorisé. Versatilité des opinions, fragilité des affections, hypocrisie de la face et mensonge de la parole humaine ! Les révolutions retournent à fond les âmes, et le spectacle n'est pas beau.

C'était quelques heures avant ces conversations frelatées, dans l'après-midi du 29 décembre, que le soupçon s'était répandu parmi les gens qui sont plus spécialement à l'affût des nouveautés, qu'un événement extraordinaire avait dû se produire par quoi s'expliquait l'insolite convocation du Conseil au ministère de la Guerre. « Les alphonsistes, note M. Houghton, qui insiste, affectèrent une grande surprise, et beaucoup d'entre eux blâmèrent l'impatience des généraux Martinez, Campos et Daban. Leurs chefs ne cachèrent pas que la chose s'était faite sans leur autorisation ni leur approbation ; cependant il fallait voir la tournure des événements avant de lancer un désaveu public. » Tout cet après-midi du 29 et toute la soirée, ils se terrèrent, ils évitèrent de paraître, mais en se faisant tenir au courant par des coreligionnaires politiques moins en évidence.

Des journaux sympathiques ou sympathisants, tels que *l'Imparcial*, allèrent jusqu'au blâme : « Comme Espagnols, comme libéraux, comme révolutionnaires, comme monarchistes, nous déplorons amèrement sous tous les rapports ce qui est une infortune (un malheur) pour la patrie, pour la liberté, pour la Monarchie... » et, sans doute afin de justifier son titre, *l'Imparcial* ajoutait : « Une nouvelle épreuve pour la révolution de septembre... » Entre « libéraux » et « révolutionnaires », « la monarchie » et « la révolution de septembre », il y avait l'apparence de l'équivoque, mais la contradiction n'était pas inconciliable, car les auteurs mêmes de cette révolution avaient pensé la faire *dans* la monarchie plutôt que *contre* la monarchie, et c'est encore l'histoire de bien d'autres révolutions.

Les feuilles royalistes firent le silence, les unes ne soufflèrent absolument mot, d'autres donnèrent à la muette, l'information toute sèche, la nouvelle en trois lignes. L'organe quasi officiel du parti, *la Epoca*, publia simplement cet entrefilet impassible : « Le gouvernement a été informé que M. le général Martinez Campos, à la tête de la brigade Daban, a proclamé le prince Alphonse à Sagonte. » Les autorités administratives et municipales de la capitale protestèrent : le maire, marquis de Sardoal, homme de gauche, ancien élève à l'Université, de Castelar qui le lui rappelait souvent à la tribune, libéral du genre radical, quoique fils aîné du duc d'Abrantès, gendre du maréchal Concha et grand d'Espagne ; le gouverneur civil, M. Moreno Benitez. A la différence de beaucoup de ses collègues, le préfet Benitez n'équivoqua, ni ne tergiversa. Il suspendit les journaux alphonsistes et fit arrêter Cánovas del Castillo et les principaux de ses amis, les laissa écrouer d'abord sans nul égard dans une prison de droit commun, aussi affreuse que le nom qu'elle portait, *El Saladero*, « le Saloir », où ils ne pouvaient être que confondus avec les malfaiteurs, mais il ne les y laissa que fort peu, les en tira en s'excusant, et reprit les belles manières. Le directeur de *la Epoca*, M. Escobar, depuis marquis de Valdeiglesias, dînait ce soir-là chez une « grande dame ». Le commissaire de police alla l'y chercher, mais lui accorda gracieusement le temps de finir son repas. Et, pour dédommager ses prisonniers de l'excès de zèle ou du défaut de tact d'un subalterne, le préfet lui-même voulut qu'ils n'eussent d'autre cachot qu'un salon de la préfecture, où ils purent à leur gré recevoir leurs amis, et pour table que la sienne où Cánovas s'assit à la droite de Mme Moreno Benitez. En moins de quarante-huit heures, on ne déposa pas, à l'adresse des captifs ou des invités, un peu longuement retenus, du gouverneur civil, moins de deux mille cartes de visite qui leur furent correctement remises. Ils avaient tous assez de psychologie pour en induire que le mouvement monarchiste s'étendait vite, et que l'affaire marchait bien.

Dans les casernes de Madrid, infanterie, cavalerie, artil'erie et génie même, les officiers n'étaient

pas moins touchés par la propagande alphonsiste
que leurs camarades dans le reste des troupes.
Et, non moins qu'eux, les officiers, soit employés
dans les bureaux du ministère de la Guerre ou
dans les services administratifs de l'armée, soit
momentanément en disponibilité. A la Place, à
la Capitainerie-générale, à l'École d'état-major,
les alphonsistes étaient nombreux, les plus nombreux. La nouvelle du *pronunciamiento* de Sagonte
les remplit d'enthousiasme et les fit frémir d'impatience. Primo de Rivera en prit motif de les
consigner dans les quartiers de leurs régiments
avec ces régiments eux-mêmes ; mais les murailles
n'étaient pas si épaisses que les bruits du dehors
ne leur parvinssent pas, concordants et de plus
en plus évocateurs. Ceux qui, n'exerçant pas de
commandement actif à Madrid, étaient demeurés
libres, affichaient, étalaient, dans leurs cercles ou
dans les cafés, leurs sentiments et leurs espérances. Le capitaine-général ne pouvait l'ignorer,
mais déjà D. Fernando, lui aussi, laissait entrevoir « que son concours ne ferait pas défaut à
une manifestation militaire, lorsque les circonstances le permettraient ».

A huit heures du soir, le 29, la ville entière connaissait ces conciliabules d'officiers et les allées
et venues d'hommes politiques alphonsistes. Les
rues étaient animées, effervescentes. A dix heures,
on apprend la nouvelle réunion du Conseil des
ministres. L'agitation redouble. A minuit, elle est
à son comble. On sait que des forces de l'armée du Centre se sont soulevées au cri de : *Vive
Alphonse XII!* Entre voisins, entre badauds, on
s'interroge. Était-ce un fait isolé? Serait-ce une
partie d'un vaste plan? Le mouvement va-t-il

gagner? Les yeux des « révolutionnaires », des républicains incrédules ou optimistes se dessillent enfin. Avec joie, les alphonsistes voient approcher l'heure où la garnison de la capitale, répondant au signal parti de l'armée du Centre, consacrera, et c'est le mot propre, couronnera leur action. Ils se découvrent, à présent, se montrent, s'affirment, et leur assurance augmente le désarroi de leurs adversaires.

Des provinces occupées par l'armée du Centre, on déclare qu'il ne faut plus compter sur les troupes. De celles du Nord et de l'Ouest, on met le gouvernement en garde contre « l'apparente fidélité » de l'élément militaire. Le maréchal Serrano lui-même mande de Tudela qu'il juge préférable d'y rester et de retarder son retour à Madrid jusqu'à ce qu'il ait pu s'entendre avec Moriones pour un choix sévère des régiments à ramener. De tous les généraux, Moriones paraissait le moins atteint par la contagion. Les sentiments monarchistes de Laserna et de son état-major, au contraire, étaient avoués. Cependant, Madrid attendait, en se détachant visiblement, tandis que le ministère continuait à battre l'eau. Certains de ses membres proposaient des mesures rigoureuses contre les alphonsistes, soupçonnés de méditer un coup sur la capitale même. D'autres voulaient changer d'office les généraux suspects. On discuta, on bavarda, on invectiva, on ne décida rien. Le ministre de la Guerre sentait sa position pitoyable et ridicule. Il n'osait plus, maintenant qu'il l'apercevait, confesser au Conseil toute la gravité du péril, sur lequel, lui aussi, Primo de Rivera se taisait. Dans tout ce qui fait la vie diurne et nocturne de Madrid, dans les salons, dans les cercles, dans les cafés, dans les *tertulias*, les politiciens de métier, les amateurs, les vieux routiers, les malins, pronostiquaient à haute voix que la Restauration n'était plus qu'une question d'heures. Le 30, à 5 heures du matin, dans les rues regorgeantes et débordantes de gens qui ne s'étaient pas couchés, chacun demandait : « Quand donc les soldats vont-ils sortir de leurs casernes? »

Informé du degré où étaient montés les esprits, le capitaine-général estima qu'il ne pouvait différer davantage à « se prononcer ». En dépit de l'heure matinale, il se fit annoncer au ministre de la Guerre. Le général Serrano Bedoya le reçut aussitôt. D. Fernando Primo de Rivera dit que la garnison de Madrid était résolue à adhérer au mouvement, et que la volonté qu'elle en avait était si forte que toute résistance serait inutile. Le ministre, s'il voulait en juger par lui-même, n'avait qu'à venir en sa compagnie faire un tour dans les rangs. Serrano Bedoya, en proie à une subite exaspération, après tant d'insouciance, saisit un revolver et menaça de se brûler la cervelle, dégoûté qu'il était de se voir abandonné et trahi successivement par tous ceux dont il s'était porté garant sur son honneur. Primo de Rivera, ému, se confondit en protestations et promesses réitérées qui endormirent encore la colère et la douleur du ministre. D'un commun accord, on convoqua le Conseil pour le courant de la matinée, et l'on instruisit de la vérité la duchesse de La Torre, en la priant d'aviser le Maréchal par un télégramme signé d'elle, qui fut expédié sur-le-champ.

Le Conseil des ministres, réuni pour cette com-

munication pénible, accabla de ses récriminations
le ministre de la Guerre, mais, incapable jusqu'au
bout d'autre chose que de faiblesse, consentit à
entendre le capitaine-général de Madrid, qui ré-
péta ce qu'il avait dit, le matin, au général Serrano Bedoya. Pour sauver la face, il fut décidé
que ce ministre irait inspecter les casernes, puis
qu'il reviendrait rendre compte de sa visite, afin
que le gouvernement pût affirmer plus tard que
s'il avait renoncé au pouvoir, « ce n'était que
contraint par la force. » A ce moment même, on
apporta une dépêche de Jovellar et de Martinez
Campos, qui, de plus en plus enhardis, « pres-
saient assez impérieusement » le ministère de
« reconnaître le *pronunciamiento* alphonsiste ».

Le ministère avertit alors le Président de se
préparer à tenir avec lui une « conférence télégraphique ». Tous ses membres étaient rompus de
fatigue ; quelques-uns aplatis, quelques autres
surexcités. Depuis trente-six heures, ils n'avaient
pas pris plus de trois heures de repos. Ils dirent,
dans la suite, qu'ils avaient songé à faire lever le
peuple de Madrid contre l'armée. Ils s'exhortèrent
mutuellement à se roidir contre le courant qui les
emportait... Mais ils se roidissaient très peu, le
courant devenait de minute en minute plus irrésistible, et le peuple, ni à Madrid, ni ailleurs, n'avait
point envie et ne faisait pas mine de bouger.

Entre temps, le général Serrano Bedoya pro-
cédait à son inspection. Primo de Rivera le conduisit partout. Dans les quartiers de l'artillerie,
du génie et du train, les colonels et les officiers
déclarèrent sans ambages leurs sympathies pour
le mouvement déclenché par l'armée du Centre.
Dans les autres casernes, le ministre trouva les

chefs de corps « résolus à maintenir l'ordre et la discipline, mais point disposés à s'opposer au *pronunciamiento* des généraux Martinez Campos et Jovellar ». En rentrant, ainsi édifié, au palais de Buenavista, Serrano Bedoya se retourna vers le gouverneur militaire et dit tout uniment au capitaine-général « qu'il le considérait comme maître et arbitre de la situation, et qu'il ne restait plus qu'une formalité à remplir, celle de réunir le Conseil des ministres pour la dernière fois, afin que le gouvernement pût résigner ses pouvoirs entre les mains du chef de la force armée de la capitale ».

IV

A LOGROÑO ET A TUDELA

Pendant ces deux mêmes journées, 29 et 30 décembre 1874, voici ce qui s'était passé à Logroño, où le duc de La Torre avait son quartier général, et à Tudela, où il s'était rendu auprès du général Moriones, avant de rien savoir de l'événement de Sagonte. Il n'était pas encore arrivé à destination, mais il était déjà en chemin, quand les dépêches de Madrid qui l'en informaient furent reçues à Logroño et, en son absence, lues, on s'en souvient, par son chef d'état-major, le général Laserna. On put l'atteindre à Castejón, où il faisait une pause, pour lui conseiller de s'arrêter et de revenir. Mais il demanda simplement de quelles troupes il serait possible éventuellement de disposer sans trop dégarnir la ligne de l'Èbre en

face des carlistes, et il continua sa route. Il s'ouvrit
à Moriones qui, tout en ne lui cachant pas que,
dans son armée elle-même, Don Alphonse comptait de nombreux partisans, lui exprima la confiance qu'il n'avait pas cessé d'avoir en la fidélité
du premier corps. C'est celui-là qu'ils résolurent
d'envoyer contre les alphonsistes soulevés, et
Moriones en accepta le commandement. Tandis
qu'il exécuterait ce mouvement, le Maréchal re-
tournerait à Logroño, et se chargerait d'y accom-
plir la tâche essentielle qui s'imposait partout
et que tous se recommandaient en des termes
devenus rituels par la répétition : « maintenir
l'ordre et la discipline. » Serrano réservait toutefois le cas où ses ministres estimeraient sa présence nécessaire dans la capitale. Mais, en prenant le parti, pour ainsi dire, dilatoire, suspensif,
de rester, au moins provisoirement, loin des insurgés et loin de Madrid, le Président perdait la
meilleure de ses chances, qui eût été de donner
de sa personne, et, selon l'axiome, puisqu'il y
allait de toute sa fortune, d'y aller de toute sa
force. Dans la nuit du 29 au 30, et dans la matinée
du 30, il s'en tint à ces dispositions, qui, aussitôt
connues, ou devinées, ou flairées, furent très froidement accueillies et à Tudela et à Logroño.

Lorsque le chef d'état-major, général Laserna,
eut communiqué à ses sous-chefs l'ordre envoyé
par Serrano de former contre les alphonsistes un
corps expéditionnaire de vingt mille hommes, l'un
de ces sous-chefs, le colonel Jimenez Palacios,
prétexta un malaise, et rentra chez lui, pour ne
pas le transmettre. Les généraux et les colonels
consultés. même les plus modérés, comme le
général Pieltain, montrèrent une égale répugnance.

« Sous l'influence de cette impression, remarque M. Houghton, dans une forme assez étrange, le mouvement de résistance passive fit promptement boule de neige. » — Résistance est de trop. Il n'y a pas de résistance passive. Résister passivement, c'est supporter, souffrir peut-être, ce n'est pas résister. L'on agit, ou l'on accepte, ou bien on se redresse, ou bien on s'incline, en se privant tout ensemble du mérite de la vertu et du bénéfice de la bonne grâce.

Toute la ville de Logroño, qui n'est pas immense, sut bientôt que les troupes de l'armée du Nord demeureraient *impassibles*, — ce n'est plus tout à fait *passives*, — mais se refuseraient à abattre l'étendard levé par Martinez Campos à Sagonte. « Commencement passif de *pronunciamiento*, adhésion négative à la Restauration, » a dit un des plus chauds partisans de Don Alphonse à Logroño même. Mais il n'y a pas plus de *pronunciamiento* passif que de résistance passive : dès que l'on supporte, on s'est déjà « prononcé ». Et l'on « adhère », dès qu'on ne repousse pas.

Néanmoins, la chose traînait. Dans l'après-midi du 30, les officiers d'artillerie se réunirent et décidèrent d'envoyer leur chef, un général de brigade, avec une délégation, au général Laserna, pour lui déclarer que les sentiments de leur arme entière étaient favorables au prince. La démarche fut faite. Laserna était fort perplexe, pris entre ses préférences politiques pour la monarchie et ses sentiments de gratitude personnelle pour Serrano. Il n'était pas d'humeur à parler franc, net et direct au Maréchal. Il convoqua les généraux de division et de brigade, les chefs de corps et

les officiers supérieurs à une réunion où l'on arrêterait en commun une résolution définitive.
(Jamais il n'est autant question de résolutions
définitives que dans l'irrésolution et les varia-
tions instantanées.) La veille encore, il avait cru
pouvoir se dire sûr de son armée. Maintenant, beaucoup de ses subordonnés avaient reçu de Madrid, —
ce qui prouve que l'affaire était bien conduite, —
des télégrammes qui leur faisaient apparaître
imminente l'adhésion du gouverneur militaire et
de la garnison de la capitale au fait créé militairement par Martinez Campos et Daban, sanc-
tionné par Jovellar.

Dans cette junte de généraux et d'officiers, pré-
sidée par lui, Laserna, général en chef, on pérora
deux heures durant. Le général Pieltain prononça
un discours habile, ni chair ni poisson, *statu quo*,
attendre et voir venir. D'autres, en revanche,
donnèrent et firent sonner clairement la note alphonsiste. Le général Fajardo, celui-là même qui
avait été si empressé lors de l'arrivée du Maréchal à Logroño, fut le plus catégorique. Il conclut
que « l'heure était venue d'aller dire loyalement
à M. le duc de La Torre que les troupes ne bou-
geraient pas pour combattre l'alphonsisme ». Ce
serait ne rien savoir de ce qu'est ce genre d'assemblées que de ne pas se douter qu'on le prit au
mot : « Parfaitement ! Bravo ! Allez-y ! » Il se
chargea de la mission sans faire de manières.
Lorsque la délégation se présenta, Serrano, averti
par une dépêche du gouverneur civil, la reçut
« avec une politesse froide et sévère ». Il l'invita
à s'expliquer sans réticence. Fajardo, un peu
interloqué et balbutiant au début, dit en somme
« que l'armée du Nord, et surtout les forces can-

tonnées à Logroño et aux alentours, étaient résolues à maintenir l'ordre et la discipline (toujours!), mais qu'elles n'étaient point disposées à marcher contre les généraux et contre les troupes qui avaient commencé un mouvement en faveur de Don Alphonse. » Ce fut tout. Le Maréchal suppléa le reste, et répondit, — sa décision à lui fut prise en quelques secondes, à la lumière crue qui lui révélait la largeur et la profondeur du vide déjà creusé autour de son gouvernement, « qu'il ne voudrait certes pas infliger au pays une guerre civile de plus et qu'il se résignait sans lutte à des événements qu'il ne pouvait contenir ni diriger. » Dans le même esprit, et presque dans les mêmes termes, il télégraphia à D. Fernando Primo de Rivera, qui, en portant à sa connaissance l'adhésion de la garnison de Madrid au *pronunciamiento*, s'était permis de lui demander d'y consentir : « qu'il faisait des vœux pour le bien de la patrie, qu'il ne pouvait concevoir qu'en face des carlistes il y eût deux ou trois gouvernements et qu'il resterait seulement, jusqu'à ce qu'on l'en relevât, au poste de général en chef dont il exerçait les fonctions. » — Depuis Boabdil, l'Espagne n'avait pas vu pareille résignation, mais celle-ci ne fut pas sans noblesse, si elle fut, et justement parce qu'elle fut sans larmes. Qui sait si lui-même, Serrano, à cette minute suprême, n'aperçut pas qu'il n'y avait plus d'autre moyen de guérir les plaies de la nation, que le rétablissement de la Monarchie?

Tel était l'état d'âme du Président de la République, dans le moment où les ministres l'appelèrent pour la conférence télégraphique à laquelle ils l'avaient convié. Eux aussi étaient démoralisés, et peut-être avec moins de hauteur de vues, de désintéressement. Ils s'étaient réunis, — ce devait être la dernière fois, — le 30 décembre, à la tombée de la nuit, sous la présidence de M. Sagasta. Le général Primo de Rivera était présent. Le ministre de la Guerre rendit compte de ce qu'il avait vu et entendu dans sa visite des casernes, et, devant le capitaine-général, conclut que Primo de Rivera « avait l'intention de ne pas différer davantage son adhésion publique et éclatante au mouvement alphonsiste, et que le gouverneur de Madrid estimait que le mieux était pour le cabinet de remettre ses pouvoirs entre les mains de l'autorité militaire ». Le capitaine-général ne démentit point, ce qui était confirmer.

Les ministres commençaient à exprimer avec véhémence leur indignation quand on vint leur dire que le maréchal Serrano était au bout du fil. Le premier qui entra en contact avec le Président fut le ministre des Affaires étrangères, puis le ministre des Travaux publics, et ensuite le ministre des Affaires étrangères occupa de nouveau deux ou trois fois l'appareil. On a, de cette « conférence » *in extremis*, une espèce de procès-verbal. Je ne veux y relever que cette observation du Maréchal, évidemment sous l'impression de la démarche de Fajardo et de ses camarades : « Le général Laserna et d'autres généraux ont manifesté ce matin que leurs troupes, si loyales et si disciplinées, ont une répugnance, paraît-il, à ouvrir le feu contre leurs compagnons d'armes. » Il semble que nous tenions là une des raisons, et une raison sans doute déterminante, de la décision que Serrano avait prise et qu'il allait annoncer.

Le ministre des Affaires étrangères demanda au Président ce que le gouvernement devait faire en présence de l'attitude équivoque de la garnison de Madrid, qui, d'une part, désirant appuyer le mouvement, ne se décidait pourtant pas à faire son *pronunciamiento*, parce qu'elle avait le souci ou la prétention de « maintenir l'ordre et la discipline », phrase sacramentelle ; mais qui, d'autre part, craignant que le duc de La Torre ne revînt à Madrid avec des troupes, menaçait de se lancer à la rue avant qu'il arrivât. Le Maréchal répondit : « Si la résistance est impossible, si le capitaine-général n'obéit pas, et ne se révolte pas, et si l'on ne peut continuer ainsi, il faut ou bien révoquer le capitaine-général, et la garnison sortira pour le défendre, ou bien abdiquer ce pouvoir éphémère et peu digne. » Une préoccupation surtout hantait l'esprit de Serrano, qui se fit jour à plusieurs reprises, et qui l'honore : « Il est indispensable aussi de ne pas oublier la réaction possible des carlistes en considération de ces faits. »

L'entretien se poursuivant de la sorte par échange de télégrammes, le Président proposa à ses ministres de se rencontrer avec lui le lendemain, hors de Madrid, à Siguenza, Guadalajara, ou ailleurs. Le ministre des Affaires étrangères objecta : « S'il ne s'agit que d'une conversation, demain il sera trop tard, car nous serons, croyons-nous, renversés cette nuit même. Pour nous, nous pensions à sauvegarder la légalité de votre présidence, en face du pouvoir qui s'élève, en acceptant comme ministres et bons amis de Votre Excellence, toutes les conséquences de cet acte. »

A quoi le Maréchal répliqua : « Si nous n'avions

pas devant nous les carlistes, c'est moi-même qui aurais proposé cette solution à mes chers amis les ministres. Mais mon patriotisme m'interdit de laisser créer trois gouvernements en Espagne. » C'est ce qu'il avait, l'instant d'avant, à Tudela, déclaré aux officiers dont le général Fajardo s'était fait le porte-parole peu désigné.

Alors, par la bouche de son président Sagasta, le Conseil tout entier prononça solennellement : « Le ministère est d'avis que vous agissez avec le patriotisme le plus élevé, mais notre loyauté nous faisait un devoir de vous faire cette proposition. Les choses étant ainsi, il nous paraît que vous pouvez rester à Tudela et suspendre le mouvement des troupes vers Madrid. Dans cette heure suprême, plus pour le pays que pour nous-mêmes, où nous prenons congé de vous peut-être pour longtemps, nous vous envoyons un affectueux embrassement, espérant que vous nous adresserez en échange un mot qui reconnaisse l'honnêteté, la loyauté et le profond dévouement avec lesquels nous vous avons servi. » M. le duc de La Torre répondit : « Agréez, mes chers amis, ma reconnaissance infinie pour votre amitié et votre affection, pour la loyauté, l'honnêteté et l'énergie avec lesquelles, dans ces temps de calamité si grande, vous avez rempli vos charges épineuses. Rappelez-moi avec tendresse au souvenir de vos familles : je vous recommande à tous mes enfants chéris et ma chère femme. Adieu, mes nobles et chers amis. » Le président du Conseil, à son tour : « Adieu, la duchesse et vos enfants sont en sûreté. Nous prenons congé de vous les larmes aux yeux. Le ministre des Affaires étrangères fait savoir à Votre Excellence que, depuis votre départ, la

seule personne que le ministre de la Guerre, M. le
général Serrano Bedoya, ait visitée, c'est la duchesse de La Torre. » Le maréchal Serrano répondit : « Mille choses à Rosario (la duchesse) et à mon
cher ami, le général Serrano Bedoya. »

Le président du Conseil mit fin à la conférence
télégraphique par ces mots : « Adieu, mon cher
Maréchal, nous allons tous ensemble, plus tranquillement, attendre les événements et remplir les
devoirs que nous impose le patriotisme. » M. le
duc de La Torre termina en disant encore : « Adieu,
mon cher Sagasta, jusqu'au jour où il nous sera
donné de nous revoir et de nous embrasser (1). »

Lorsqu'on ne sait qu'attendre tranquillement
les événements, on n'est plus un gouvernement,
mais on peut, les événements venus, faire sa
rentrée au gouvernement. Sagasta s'en allait en
paix : il ne mourait comme ministre de la République que pour ressusciter, après une retraite dé-
cente, comme ministre de la Monarchie.

Pendant tout le temps qu'avait duré cet entretien, à grande distance, de Serrano et de ses
ministres, Primo de Rivera s'était tenu dans un
salon voisin de la salle du télégraphe. Les ministres allaient de l'une à l'autre pièce. Tout à
coup le capitaine-général fit irruption dans la
salle même, et, d'un ton courroucé, interpella
le président du Conseil : « On est venu me dire
que le préfet et le maire de Madrid sont en train
de réunir des forces de police et qu'ils distribuent
des armes au peuple. Je ne puis consentir à ce
qu'on trouble l'ordre, et je vais, pour le maintenir, faire sortir les troupes de leurs casernes. »

____

(1) A. HOUGHTON, *ouvr. cité*, p. 333-334.

(L'histoire du *pronunciamiento* des 29 et 30 décembre 1874 fournirait, on le voit, de quoi alimenter bien des réflexions sur le rôle de *l'ordre* dans les conjurations militaires.) Le président du Conseil démentit et riposta avec hauteur : « Le gouvernement fera son devoir jusqu'au bout, et personne ne commande ici, que le gouvernement. » Puis, se tournant vers ses collègues, il les pria de se réunir encore une heure après, au ministère de la Guerre.

Tous s'y retrouvèrent à neuf heures du soir. Ils étaient à peine arrivés, qu'on vint les avertir que les cours et les environs du palais étaient pleins de troupes. Bientôt le capitaine-général entra, et annonça à Sagasta qu'une délégation d'officiers de toutes les armes demandait à être reçue par le gouvernement. Le président du Conseil se fâcha d'abord, puis accorda l'audience. La délégation fut introduite, Primo de Rivera, en uniforme, à sa tête. Il s'avança, et d'une voix assez hésitante : « Monsieur le président, dit-il, je me vois dans la triste nécessité de vous faire connaître que la garnison de Madrid s'associe au mouvement de l'armée du Centre, et qu'il va être constitué un nouveau gouvernement. — Je proteste, s'écria Sagasta, au nom du gouvernement espagnol contre l'acte qui est commis ici. Le gouvernement ne se défend pas, parce que, espagnol avant tout, et s'inspirant d'un patriotisme qui fait tant défaut à d'autres, il ne veut pas employer d'autres armes (allusion à l'idée de soulever le peuple de Madrid) que celles qu'il a organisées et armées pour garantir l'ordre et vaincre les carlistes, et qui sont celles-là mêmes qui se tournent contre lui aujourd'hui. Le gouvernement se retire donc... etc. » Le reste ne fut qu'un verbiage, aussi vain que grandiloquent.

Quand les ministres démis se retirèrent, laissant un télégramme à l'adresse de Serrano pour l'instruire de la fin, ils purent voir dans les salons, les corridors, les escaliers remplis de monarchistes de la veille, du jour et du lendemain, toute une foule qui, bien qu'il fût nuit close, adorait le soleil levant. C'est ce que les démagogues nomment « la résistance de l'opinion ».

Les adieux de Tudela ne furent pas moins touchants que ceux de Madrid. Le maréchal Serrano délia le général Moriones et tous les généraux du premier corps d'armée, ceux attachés à sa personne et ceux de son état-major, de leurs engagements envers lui ; il fit cesser toute concentration de troupes ou de matériel de chemins de fer destinés à une résistance, recommanda une dernière fois de « maintenir l'ordre et la discipline » et, par-dessus tout, de veiller à ce que les carlistes ne profitassent pas des circonstances pour ébranler quelque point faible des positions libérales. Il prit ensuite congé des amis, au moins d'hier. qui se séparaient de lui pour toujours, faisant preuve d'un sang-froid et d'une dignité que tous ces officiers admirèrent et devaient se rappeler longtemps. Il y eut en effet dans le départ de Serrano autant de noblesse qu'on en peut mettre dans un abandon. Sans vouloir retourner à Logroño, il gagna Saragosse accompagné seulement de ses deux aides de camp demeurés fidèles ; de là, Jaca dans le Haut-Aragon, et de là, franchissant les Pyrénées entre Canfranc et Oloron, par des passages que l'hiver rendait plus difficiles encore, la France hospitalière aux grandeurs déchues.

Le 31 décembre, à cinq heures du matin, le général Laserna télégraphiait au ministre intérimaire de la Guerre : « Au nom de l'armée du Nord, je félicite Votre Excellence personnellement, je me plais à la saluer le plus affectueusement, et, en nous rangeant sous le drapeau de la monarchie légitime, représentée par Don Alphonse XII, que Votre Excellence me permette de lui manifester le vœu fervent de l'armée du Nord, pour que ce drapeau soit, à partir d'aujourd'hui, non l'emblème d'un parti, mais l'emblème uniquement de la régénération de la patrie, et l'étendard de tous ceux qui unissent en un seul culte l'amour de l'ordre et de la liberté (1). » En même temps, Laserna adressait à son armée cet ordre du jour : « Soldats, l'armée du Centre, la garnison de Madrid, et en ce moment l'Espagne tout entière ont proclamé Don Alphonse XII. A partir d'aujourd'hui, vous avez un cri de guerre pour exciter votre enthousiasme, et qui vous conduira à la victoire, parce que ce cri signifie ordre et liberté, et il est un gage certain de la régénération de la patrie. Soldats, vive Alphonse XII (2) ! »

A Logroño, cette journée du 31 se passa sans incidents notables. Les instructions du général en chef furent exécutées par les autorités militaires sur-le-champ et au pied de la lettre, sans rencontrer d'opposition. Ces autorités se substituèrent aux autorités civiles partout où celles-ci avaient paru suspectes de dévouement au ré-

____

(1) Traduction de M. Houghton, *ouvr. cité*, p. 359.
(2) Id., *ibid.*, p. 361.

gime renversé, et l'on improvisa des municipalités, des commissions administratives avec « les
alphonsistes de l'endroit ». Le nouveau gouvernement remercia et félicita chaleureusement les
généraux de l'armée du Nord, et tous, même
Moriones, furent maintenus dans leurs commandements.

Le 1er janvier 1875, tout était remis debout,
entré dans l'ordre nouveau. Le succès déployait
toute sa puissance de ralliement, et cela s'était
fait en trois jours, 29, 30 et 31 décembre 1874.
Le général en chef Laserna s'en congratulait avec
le ministre de la Guerre : « J'ai passé en revue
les troupes en ordre de parade. Elles ont défilé
ensuite au cri répété avec enthousiasme de :
Vive Alphonse XII ! Je leur ai adressé l'allocu-
tion suivante : « Soldats, la nation et l'armée
« acclament, en ce moment, comme roi d'Es-
« pagne, Alphonse XII de Bourbon et Bourbon.
« Jurons de défendre ce drapeau, qui est celui
« de la légitimité, de l'ordre et de la liberté, et fai-
« sons courber le front devant lui à ces fanatiques
« partisans de l'absolutisme, qui nous lancent
« un défi mortel du haut de leurs invisibles
« tranchées. Soldats, vive Alphonse XII ! Vive
« l'Espagne ! » J'ai des réponses de Vitoria,
Bilbao et de la division Villegas, qui me disent
que partout la proclamation s'est faite avec grand
enthousiasme. »

Bientôt on ne pensa plus à la République qu'en
s'apercevant que certains préfets et certains
alcades n'étaient plus les mêmes. Encore n'y avait-
il pas eu besoin de les changer tous. Beaucoup,
la plupart peut-être, se faisaient complices du
coup qui avait réussi, et, l'ayant subi sans dou-

leur, acceptaient sans regret l'événement qui était un avènement.

V

CÁNOVAS ET LE PRONUNCIAMIENTO

Reste, pour l'histoire, un point à fixer. Le *pronunciamiento* était-il nécessaire? Cánovas l'a-t-il encouragé? L'a-t-il connu avant son exécution? L'a-t-il approuvé après son succès?

Il a lui-même tranché la question sans réplique, au Sénat, dans la séance du 11 juin 1880, ayant Martinez Campos en face de lui :

« Étant donné, dit-il durement, mes principes, mes convictions et ma manière de voir les choses, le plus grand sacrifice que j'aie fait à la Monarchie est d'avoir Sa Seigneurie à mon côté *(Murmures)*.

« ...De même qu'avant la Restauration, le général Martinez Campos et moi, nous n'avions pas vu les choses de la même manière, de même, dans l'instant critique où le général Martinez Campos partit pour Sagonte, nous les vîmes aussi peu, Sa Seigneurie et moi, d'une manière égale. C'est pourquoi le général Martinez Campos a pu dire qu'il fit la proclamation de S. M. le Roi D. Alphohse XII contre mon opinion ; mais celui qui, comme moi, avait alors une si haute et difficile représentation, n'était obligé de rien expliquer ; personne, absolument personne, ne pouvait le surpasser dans le désir que cette cause triomphât.

18

« Est-il sérieux, lorsqu'il s'agit d'un fait aussi
grand que la restauration d'une Monarchie, de
prétendre que tout s'est fait en soulevant deux
bataillons, sans tirer un coup de fusil, et de nier
la coopération de grands éléments, de forces immenses, quand il y avait d'une part le droit de la
dynastie du Roi qui commandait et s'imposait
à beaucoup de consciences, et quand y concourait
même la désillusion du pays qui cherchait presque
unanimement dans la proclamation du Monarque
la paix, la tranquillité et la sécurité qu'il a obtenues depuis? Tout le reste des armées, tout le
reste des généraux, tous ceux qui n'ont pas voulu
dégainer leur épée contre le Roi, tous ceux qui
ont accepté sa proclamation dès le premier instant, est-ce qu'ils ont été vaincus et conquis par
les deux bataillons du général Martinez Campos?
Qui peut s'arroger le droit de dire qu'il a fait la
Restauration?

« ...Non ; comme la Restauration s'est faite
par elle seule et par la force des événements,
n'importe qui l'eût faite à ce moment-là. Les
mouvements du pays, qui l'ont conduit à cette
solution salvatrice, ont nécessité, en un instant
donné, une direction. Qu'ils existassent, que nous
ne les ayons créés d'aucune manière, c'est la
vérité ; mais il est évident qu'il y eut un instant
où ils nécessitèrent une organisation. Eh bien!
cette organisation, à moi confiée par S. M. la
Reine-mère et par son auguste fils, et depuis lors
sous sa propre signature (celle de D. Alphonse XII),
je l'ai faite, moi, je l'ai portée si avant, que,
certes, au point où je l'ai portée, n'importe qui,
à n'importe quel moment, en n'importe quelle
circonstance, l'aurait réalisée. »

Ainsi a parlé Cánovas (1). La forme eût pu être moins âpre, mais la sentence est juste et le partage équitable. C'est une chose de déblayer, c'en est une autre de construire. Il ne faut pas confondre le terrassier et l'architecte.

(1) En 1894 et en 1896 encore, il m'a dit, à plusieurs reprises, qu'il n'avait pas désiré le mouvement militaire, qu'il eût préféré l'éviter, qu'il eût même voulu l'empêcher, parce qu'il haïssait l'intrusion des généraux dans la politique, qu'il redoutait la « perpétuation » d'une mauvaise habitude, un coup d'État en entraînant un autre, et qu'en somme le *pronunciamiento* n'avait fait que hâter de très peu, avec beaucoup de risques, ce qui serait arrivé infailliblement et irréprochablement sans lui.

CHAPITRE III

L'ORGANISATION DE LA MONARCHIE MODERNE

> A Don Antonio Cánovas del Castillo,
> une famille espagnole reconnaissante.
> *(Dédicace au bas d'une photographie de
> la famille royale dans le grand salon de
> la Huerta.)*
>
> Les périodes restauratrices en viennent
> à ceci : à unir les solutions progressives
> avec la réalité, et à modérer les anciens
> prophètes en les convertissant en hommes
> d'État.
> Emilio Castelar, *Discours prononcé au
> Congrès des députés, le 22 décembre* 1882.
>
> Si vous réussissez à la faire démocra-
> tique, votre Monarchie sera la formule de
> cette génération.
> Id., *Discours du 7 février* 1888.

I

LE MINISTÈRE-RÉGENCE

La grande difficulté, et peut-être même le
grand péril, pour une restauration, comme, en
général, pour tout changement de régime, est,
immédiatement après le choc, dans la période de
transition, où, entre ce qui vient d'être détruit
et ce qui n'est pas encore construit, on ne doit
laisser s'intercaler rien qui ne soit selon le plan
du nouvel édifice ni selon l'esprit du nouvel

occupant. Au risque de décevoir des vanités ou des ambitions avides de se satisfaire, bien pis, de paraître ingrat envers d'anciens et d'éclatants services, il faut éviter l'interrègne de ce qu'on appelle un « gouvernement provisoire ». D'abord, parce que, souvent, ces soi-disant gouvernements ne sont que des sortes de « comités » improvisés dans le désordre et qui s'investissent eux-mêmes. Ainsi en fut-il, par exemple, chez nous, en 1848. On raconte qu'Adolphe Crémieux, chargé, comme ayant la plus belle voix, de lire, d'une fenêtre de l'Hôtel de Ville, au peuple assemblé sur la place, la liste où il ne figurait pas, y ajouta tranquillement son nom, par une usurpation contre laquelle personne ne songea à protester. De même, après le Quatre-Septembre, le gouvernement de la Défense nationale fut composé, ou plus exactement se composa, en son fond, des représentants les plus populaires de Paris : on n'aurait jamais osé, en temps normal, former de cette façon un simple ministère. Mais surtout il importe de se souvenir que, dans ces occasions, ceux qui se présentent les premiers sont toujours des hommes de main, qui sont rarement des hommes de tête, et, même sincères et désintéressés, de redouter leurs passions et leurs rancunes, de se garder de leurs emportements, ou seulement de leur manque de mesure, parce que, les fautes que commettent les « gouvernements provisoires », ce sont les gouvernements définitifs qui les paient. Maxime : partout où une restauration ou une révolution (car une restauration est une contre-révolution et, par conséquent, une révolution, un « retournement » en un autre sens), partout où une restauration a chance de réussir, c'est-à-dire partout où elle n'est pas une rencontre de hasards, partout où elle est une action voulue, méditée, combinée, il lui faut tenir tout prêt *son* gouvernement, déjà confié aux hommes à qui elle le laissera, et qui auront mission à la fois de la faire, de l'asseoir et de l'organiser.

Une des raisons du succès de la restauration des Bourbons en Espagne est précisément dans le fait que, depuis plus d'un an, le chef du gouvernement à venir était désigné, en possession de la lettre royale qui le nommait, et qu'il pouvait donc assumer régulièrement, tout de suite et pour longtemps, la somme du pouvoir, joignant à la présidence définitive du Conseil la régence jusqu'à l'arrivée et, comme on dit ailleurs, « l'inauguration » du roi. L'homme qui devait rédiger la Constitution de 1876 était le même que l'homme qui, en 1874, avait rédigé le Manifeste de Sandhurst. Quant à son ministère, s'il n'était pas composé à l'avance, il ne serait ni long ni malaisé de le former sur l'heure. Il suffisait de le vouloir le moins étroit et le moins exclusif, mais, au contraire, le plus large et le plus compréhensif de tous les ministères possibles, l'unité de vue et de direction y étant, d'autre part, fortement assurée en la personne et par la personnalité du Chef.

Dans la soirée du 30 décembre, le préfet de Madrid (1), M. Moreno Benítez, avait reçu du général Primo de Rivera l'ordre de rendre sans

(1) Pour ce premier paragraphe, comme pour les deux chapitres précédents, je suis de très près le récit de M. Houghton, *ouvrage cité*, qui, prudemment interprété, a l'intérêt d'un témoignage.

nul délai leur liberté aux notabilités royalistes consignées chez lui depuis la veille. Il entra aussitôt dans le grand salon où, encore ignorants du triomphe reconnu de leur cause, se trouvaient réunis, autour de Cánovas, MM. Escobar, López Roberts, Cadorniga, le comte de Toreno et quelques autres. Il leur dit, de la porte : « Messieurs, j'ai à vous faire une communication qui vous étonnera. » Ce préambule fit que tous les regards se fixèrent sur le gouverneur civil, qui reprit : « Le roi Don Alphonse a été proclamé, et c'est moi, maintenant, qui suis votre prisonnier. » A l'unanimité, ils l'assurèrent de leur sympathie, le remercièrent de son hospitalité, prirent congé de lui avec des compliments. Cette captivité, comme tout le reste, finit en galanterie castillane. Plus tard, pour en augmenter l'effet, on a transposé la scène ; on a voulu qu'elle se soit passée directement entre Sagasta et Cánovas, qui n'auraient eu qu'à changer de place du cabinet ministériel à la chambre de détention et inversement ; mais la vérité est assez jolie, telle qu'elle est ; elle n'a pas besoin qu'on l'embellisse.

Les alphonsistes, libérés, félicités, et déjà sollicités, retournèrent chacun chez soi, avertis par leur chef qu'il les rappellerait incessamment, afin de constituer un gouvernement et des autorités de tout rang. Lui-même, sur l'invitation de Primo de Rivera, se rendit à la capitainerie-générale, où plusieurs militaires de haut grade et quelques hommes politiques l'attendaient.

Sans perdre de temps, Primo de Rivera avait annoncé aux préfets le changement de régime et, d'accord avec Cánovas, notifié au général Martínez Campos sa nomination au commandement

en chef de l'armée de Catalogne. Il l'avait invité
à rejoindre en hâte ce poste, « où sa présence était
nécessaire », autant sans doute pour l'écarter de
Madrid et de la politique que pour se défaire du
neveu de Serrano, López Dominguez, suspect *a
priori* de par cette parenté même, mais que ses
attaches de famille ne devaient pas empêcher de
faire, dans la suite, carrière sous la Monarchie.
D'autre part, dès le 30 décembre, avant minuit,
Don Fernando avait confirmé Laserna dans le
commandement de l'armée du Nord, par application du décret de Serrano du 8 décembre, organisant le commandement des armées, lorsque le
chef de l'État ne l'exerçait pas de sa personne.

« Ces dépêches, remarque M. Houghton, sont
curieuses à plus d'un titre. On y voit, en effet,
combien les meneurs du mouvement alphonsiste
comptaient les uns sur les autres pour faire triompher leur cause. On y lit entre les lignes combien
le terrain était préparé et jusqu'à quel point
tous les militaires à la tête des grands commandements pensaient que leurs compagnons d'armes
les seconderaient au premier appel. »

A cette réunion préliminaire et urgente, qui
allait donner un gouvernement à la Restauration
faite sinon par les armes, du moins sous les armes,
Primo de Rivera avait convoqué, outre Cánovas
en dehors de qui rien n'eût pu être fait au nom
du Roi, le maréchal comte de Cheste, le lieutenant général Gennaro de Quesada, et M. Romero
Robledo. Les Cinq prirent ensemble les dispositions les plus urgentes, puis appelèrent à une
seconde réunion, dans la nuit même du 30 au
31 décembre, les anciens ministres et les personnages les plus importants en résidence à Madrid,

pour procéder au choix des titulaires de hauts
emplois qui ne pouvaient demeurer vacants ou
insuffisamment tenus, et pour former un ministère-régence.

« Aussitôt le bruit se répandit en ville que le
capitaine-général était en train de constituer un
gouvernement au nom du roi Alphonse... » (On
ne peut pas laisser passer, sans la relever, cette
phrase du malveillant ou peu bienveillant témoin.
Ce n'était pas, ce ne pouvait pas être au capitaine-général de constituer ce gouvernement *au
nom du Roi;* il n'avait pour cela ni qualité ni
vocation ; le président du futur Conseil, son « for-
mateur » était désigné nominativement par le
rescrit de Don Alphonse XII dont était porteur
Cánovas, et il s'appelait Cánovas del Castillo.)
Mais enfin, aussitôt qu'on apprit dans Madrid
qu'un ministère-régence se constituait, les anti-
chambres et les salons du palais de Buenavista
furent envahis par une foule d'hommes politiques, de généraux, d'officiers se réclamant de
tous les anciens partis monarchistes et de tous
les groupes de la Révolution qui avaient récemment adhéré à la cause de la Restauration... On
voyait dans cette foule les « modérés » qui avaient
suivi autrefois Narváez et Gonzalez Brabo, les
membres de l'Union libérale du maréchal O'Donnell, les vieux courtisans d'Isabelle II, les vétérans du trône et de l'autel qui avaient boudé
depuis six ans, les grands d'Espagne, les cheva-
liers des ordres nobles et militaires, les hobereaux,
les « titres » de Castille et des Indes... Tous ces
revenants de l'Ancien Régime regardaient un peu
de haut ou de travers les nouveaux venus, les
ouvriers de la dernière heure, les constitutionnels,

les amis de MM. Romero Robledo, Ayala, Silvela, Alonzo Martínez, Candau, « les gens qui avaient repassé le pont d'Alcolea », c'est-à-dire renié la révolution de 1868).

Tandis que le ministère de la Guerre, où se tenait la séance, était dans cette agitation, au dehors, la ville retrouvait le calme, quoique les rues et les lieux publics fussent remplis de gens en quête de nouvelles. « Les visages des royalistes et des catholiques (1) étaient épanouis. (*Catholiques* n'a probablement pas été glissé ici sans la pensée de jeter une teinte de « cléricalisme » sur la Restauration telle qu'elle avait été conçue et dirigée par Cánovas, comme si, dans un pays dont la quasi unanimité des habitants appartient à cette Église, les « catholiques » se reconnaissaient à leur tête ou à leur démarche!) Les uns et les autres, tout joyeux, s'abandonnaient sans défense à ces illusions sans bornes qui sont, avec les rancunes soudain réveillées, l'un des pires dangers que puisse courir, en ses premiers jours, un régime nouveau ou relevé. Tout ce monde s'embarquait pour l'Eldorado. Toute chose allait être à merveille, en Espagne même, aux colonies, partout. On allait avoir, par la seule vertu de la monarchie, paix, grandeur, richesse, facilité et abondance de vie. Il y avait bien encore là-haut, dans les pays basques et navarrais, la fureur carliste ; mais, rien qu'à entendre l'acclamation populaire, les armes allaient tomber des mains de ces frères égarés, qui ne manqueraient pas d'accourir pour donner à leurs frères fidèles le baiser de réconciliation.

(1) A. Houghton, *ouvr. cité.*

Vers minuit, les anciens ministres et les membres les plus éminents du parti commencèrent à se présenter. On vit venir ou revenir le comte de Cheste, le marquis de Molins, MM. Benavides, Moyano, Esteban Collantes, Barzanallana, Salaverria, Fernando Alvarez, Corvero, Romero Robledo, Orovio. Cánovas les reçut dans le cabinet de Primo de Rivera. Après les félicitations de circonstance, tous se turent pour le laisser parler. Il déclara sans périphrases que la réunion n'avait qu'un objet, qui était de former un gouvernement chargé de gérer les affaires jusqu'à l'arrivée du Roi. (Non point, redisons-le, un gouvernement provisoire quelconque, mais le premier gouvernement de la Monarchie restaurée en la personne de Don Alphonse XII, le premier gouvernement du Roi, sous la présidence de lui, Cánovas, désigné, investi par le Roi ; un ministère temporaire, — ils le sont tous, mais la durée de celui-ci était d'avance limitée à l'arrivée du Roi, — qui jusque-là administrerait le royaume, et ferait office de Conseil de régence.)

Tout d'abord, furent nommés le gouverneur civil et le maire de Madrid, qui furent respectivement le duc de Sexto et le comte de Toreno, — petit-fils de l'homme d'État célèbre, — en remplacement de M. Moreno Benítez et du marquis de Sardoal. D'après Houghton, la réunion aurait eu l'idée d'offrir à Primo de Rivera le ministère de la Guerre à titre définitif, et même la présidence du Conseil. Mais, sur le second point, il y a impossibilité, puisque Cánovas portait depuis plus d'un an le mandat royal, et, sur le premier, tout au moins invraisemblance, parce que les événements récents et l'opinion enracinée de

Cánovas sur « la dictature *de campamento* » ne conseillaient pas ce choix au chef d'un gouvernement encore mal assuré. Au reste, Don Fernando aurait refusé ces deux emplois, et l'on aurait même eu quelque peine à obtenir qu'il conservât sa capitainerie-générale.

Une autre question, du même ordre, se posait : que déciderait-on à l'égard de Martinez Campos, qui annonçait, pour le surlendemain, son arrivée, en compagnie des généraux Jovellar et Daban, à Madrid où ils eussent été flattés de faire une espèce d'entrée? On s'arrêta à la résolution de lui conférer le grade de lieutenant-général, motifs tirés des services rendus, les années précédentes, à Valence et en Catalogne, et de le nommer capitaine-général de Barcelone, commandant en chef de l'armée qui opérait dans la province. Martinez Campos y prendrait la succession du serraniste, et même serranien, López Dominguez, dont on était pressé de se débarrasser, car, outre qu'il tenait par le sang au duc de La Torre, il avait répondu à la notification qui lui avait été faite des *pronunciamientos* de Sagonte, Valence, Madrid, et de la démission de Serrano, qu'il remettrait son commandement lorsqu'il se verrait en présence d'un gouvernement créé par la volonté nationale. Mais cet intransigeant s'inclina, sans en demander tant, quand il se fut rendu compte que la presque totalité des généraux et la plupart des officiers étaient acquis à la Restauration, d'un bout à l'autre de l'Espagne.

On en vint enfin à la formation du ministère. Cánovas n'en *reçut* pas, il en *occupa* naturellement la présidence, non par le suffrage de ses pairs, mais par la délégation que le prince Don

Alphonse lui en avait faite, avec des pouvoirs très étendus, et, pour ainsi dire, avec un blanc-seing, le 22 août 1873, seize mois avant le *pronunciamiento* de Martinez Campos. « Les conseillers de la reine Isabelle et de son fils, note M. Houghton, avaient préféré confier ce blanc-seing à un homme d'État civil plutôt qu'à un militaire, pour ne pas obliger la Restauration à être par trop dépendante de l'épée qui lui rouvrirait les portes de l'Espagne. Leur choix s'était porté sur l'homme d'État qui avait été un des collègues du maréchal O'Donnell et qui avait joué, durant la Révolution, un rôle très actif dans les Parlements et dans les luttes politiques, comme champion des droits du prince Alphonse et comme défenseur acharné de la « monarchie parlementaire et constitutionnelle à la moderne ». Plusieurs autres hommes d'État auraient pu invoquer des services passés, leur grande situation, leurs sacrifices même, pour prendre le pas sur M. Cánovas del Castillo *(qui n'avait alors que quarante-six ans)* ; mais tous comprirent que, dans les circonstances du moment, il pouvait, mieux que personne, diriger leur jeune prince et lui gagner les sympathies d'un pays où il fallait tenir compte des événements récents et des nouveaux courants de l'opinion, dans la difficile mission de restaurer les institutions et les traditions de la monarchie héréditaire (1). »

Le caractère de la Restauration est ici nettement marqué ; c'est précisément celui que Cánovas, après de longues méditations et des études minutieuses, avait voulu lui imprimer : la monarchie relevée serait « héréditaire », mais aussi

(1) A. Houghton, *ouvr. cité*, p. 378.

« parlementaire et constitutionnelle, à la moderne » ;
et c'est précisément parce qu'il en avait donné
cette formule que Cánovas avait été préféré entre
tant d'autres, ou, du moins, entre plusieurs autres,
qui, comme lui, voulaient la monarchie, mais qui,
sans doute, ne savaient pas comme lui ce qu'elle
devait être, pour quelles raisons, ni comment, à
quelles conditions, elle pourrait durer.

Dès le début, il procéda, on en convient, avec
tact et habileté, avec une sûreté de main qui
montre qu'il ne s'était pas laissé surprendre par
l'événement. Le plan de son ministère, si ce n'est
son ministère même dans les personnes qui le
composeraient, était fait avant qu'il le fît, non
moins que le corps de doctrine qu'il lui propose-
rait et, au besoin, lui imposerait pour programme.
L'unité en serait en lui ; il en serait, — lui, c'est-
à-dire la Monarchie telle qu'il entendait la construire, héréditaire, constitutionnelle, parlementaire, moderne, — le lieu d'unité. Sûr de l'être,
parce que résolu à l'être, il pouvait élargir le
cercle, dont il tiendrait inébranlablement le point
central. Cánovas, en conséquence, offrit des porte-
feuilles, et à des vétérans du parti *moderado*, ses
adversaires de 1866, Moyano, Fernando Alvarez,
Barzanallana, et à son vieil ami Esteban Collantes. Tous les quatre s'excusèrent pour des
motifs privés. Le ministère n'en fut pas moins
constitué dans le même esprit. Le général Jovellar, M. Castro, le marquis de Molins, M. Salaverria, le marquis d'Orovio, M. de Cardenas
(Union libérale et *moderados*) eurent la Guerre,
les Affaires étrangères, la Marine, les Finances,
les Travaux publics, la Justice. Les Colonies
furent attribuées à López de Ayala et l'Inté-

rieur à Romero Robledo, hommes d'État de la Révolution, anciens ministres du roi Amédée, ralliés à l'alphonsisme, par dégoût de la République fédérale, en 1873. Président du Conseil des ministres, et chef de la Régence, sans département spécial, Cánovas, le gouvernement une fois constitué, adressa, avec l'adhésion de Primo de Rivera, un télégramme d'hommages et de félicitations à la reine Isabelle, mère du jeune Roi.

Le décret instituant le ministère-régence fut publié dans la *Gazette officielle* du 31 décembre. Le protocole en est intéressant :

« Le roi Don Alphonse de Bourbon et Bourbon ayant été proclamé par la nation et par l'armée, le moment est venu de faire usage des pouvoirs qui me furent conférés par décret royal du 22 août 1873, en vertu desquels, et au nom de S. M. le Roi, je viens décréter ce qui suit... »

Un mot ne peut manquer de frapper, dans ce préambule, c'est le mot : « l'armée » ajouté à « la nation ». On est, tout d'abord, étonné que Cánovas, étant donnés ses sentiments hautement déclarés sur la politique et les militaires, ne se soit pas refusé à l'écrire. Mais il n'est pas besoin de réfléchir longtemps pour en découvrir la raison, aussi simple qu'impérative. La monarchie rétablie de la veille n'était pas de force à paraître défier la force. Et puis ce n'était que la constatation d'un fait, nullement l'affirmation d'un principe, ni l'indication d'une méthode. Il y avait un compte à régler, avant de fermer et afin de pouvoir fermer le livre où s'inscrivent ces sortes de dettes. Par un deuxième décret du même jour, 31 décembre 1874, le maréchal de camp Don Arsenio Martinez de Campos y Antón était nommé lieutenant-général, avec ancienneté du 8 août 1873, date de la prise de Valence à laquelle il avait coopéré. Le principal auteur du *pronunciamiento* de Sagonte fit quelques difficultés pour accepter cette promotion, soit qu'il ne voulût pas la devoir en réalité à un geste militairement blâmable, soit que, politiquement, il eût nourri d'autres espérances, mais Jovellar tint ferme, parla péremptoirement, et Martinez Campos dut obéir, avec la consolation de se trouver à Barcelone pour y recevoir Alphonse XII et de l'accompagner à Valence et à Madrid, quand le Roi ferait dans sa capitale son entrée solennelle. C'était peut-être à quoi il tenait par-dessus tout : à l'image, au symbole. Un troisième décret relevant López Dominguez de son commandement de l'armée de Catalogne, un quatrième nommait à ce poste le lieutenent général Don Arsenio Martinez de Campos.

Le premier de ces décrets, celui qui instituait le ministère, était signé de Cánovas seul, comme délégué à l'exercice de la fonction royale en l'absence de Don Alphonse XII, par effet de la pleine puissance et de la volonté souveraine, dégagées de toute formalité dans la carence de tout régime et de tout instrument constitutionnel. Les autres, signés également de Cánovas, comme président du ministère-régence, étaient contre-signés de Don Fernando Primo de Rivera, ministre de la Guerre *par intérim*, en attendant l'arrivée du général Jovellar, dont on avait escompté le consentement. Petit trait de mœurs à ne pas négliger : éclectique, la *Gazette officielle* insérait en même temps, dans une belle suite bien tranquille, les derniers actes du gouvernement républicain et les premiers du gouvernement monarchique.

On a dit que les hommes politiques présents à la réunion avaient rivalisé à ce point de modestie et de désintéressement (remarquons que la Restauration en était seulement à son troisième jour) que Cánovas s'était vu à deux doigts de ne pas pouvoir former le cabinet. Pour mettre sur pied sans retard sa combinaison, il lui avait fallu y faire entrer d'office trois personnages non consultés, le général Jovellar, Castro et Ayala. Les représentants du parti le plus réactionnaire d'avant la Révolution, les *moderados*, apportèrent une façon de coquetterie à « s'effacer pour laisser prédominer dans le premier Conseil de la Monarchie restaurée leurs anciens adversaires de nuance plus libérale, les hommes nouveaux et les convertis, imitant en cela l'exemple du vénérable vétéran, de leur parti, le Berryer espagnol, Don Claudio Moyano, qui, intransigeant sur les principes, inébranlable en sa doctrine, n'en conseilla pas moins, au début de la Restauration, de faire du nouveau régime non une revanche, mais une ère de pacification et de chevaleresque oubli de tout ce qui avait été dit ou fait depuis 1868... » Ce fut, au reste, un des caractères de la monarchie renaissante que cette disposition à ne pas abuser de la victoire... Et c'est après avoir beaucoup insisté, non seulement en paroles à Madrid, mais par les instructions données aux autorités militaires et civiles dans les provinces, « sur la nécessité de ne rien faire qui pût froisser les vaincus ou exaspérer leurs susceptibilités dans les premiers moments, mais, au contraire, de donner la conciliation et la modération comme bases à la nouvelle politique », que la réunion se sépara et que le ministère-régence inaugura ses fonctions (1).

La réaction en province fut vive et immédiate ; « réaction, » dans le sens de retentissement, de prolongement, de développement de l'action. Du jour au lendemain, elle se déclara. Celles des autorités militaires ou civiles qui, la veille, faisaient blanc de leur loyauté se retournèrent, comme c'est l'ordinaire en ce cas, par « des détours un peu brusques ». Celles qui s'étaient compromises davantage en assurant Serrano qu'elles feraient leur devoir se hâtèrent de chercher leur devoir de l'autre côté. Même quand elles s'étaient déjà engagées, elles rompirent. Ainsi à Avila, à Alicante. Quelques-unes restèrent bouche close et bras croisés, mais en laissant des partisans du prince suppléer à leur silence et à leur inertie. Ainsi à Ciudad-Real, — deuxième cité prédestinée, seconde Valence, — où le comte de Balmaseda, au lieu et place du préfet, proclama le Roi, et en avisa par télégramme Primo de Rivera, « au nom des troupes et de toutes les forces de ces provinces » ; provinces au pluriel, et, sans qu'il eût qualité pour le dire, il ne dit que la vérité. Badajoz et l'Andalousie tout entière étaient en train de se rallier au drapeau royal : le reste de l'Espagne ferait de même à court intervalle. « Le moment est venu de donner au pays la solution que Votre Excellence et ses amis sont les premiers à reconnaître, comme seule acceptable. Dieu veuille les éclairer pour la faire prévaloir comme le désirent ceux qui n'ont pas de vengeance à exercer et qui sont des soldats demandant ordre, monar-

(1) A. Houghton, *ouvr. cité.*

chie constitutionnelle et union entre tous les Espagnols. »

Dans les premières vingt-quatre heures, les
adhésions avaient été presque exclusivement
militaires. Les alphonsistes s'ingénièrent, en général avec succès, à donner à leurs démonstrations
un caractère populaire, en pavoisant et illuminant
leurs maisons, en célébrant des banquets, en promenant dans les rues des musiques qu'escortaient
des gamins armés de pétards et de fusées, même
en plein jour, selon l'usage d'outre-monts. Dès
le second jour, sans que les adhésions militaires
s'arrêtassent ou se ralentissent, les félicitations
des autorités civiles et judiciaires, des tribunaux,
des magistrats de tout ordre, des comités alphonsistes et catholiques affluèrent. Les gouverneurs
militaires, commandants de place ou de forte-
resse, chefs de zones et de dépôts, s'élevèrent
au lyrisme. Il y en eut qui n'envoyèrent pas moins
de cinq protestations de dévouement en une
seule journée. « Des autorités civiles, il arriva
onze télégrammes au ministère-régence, assez
surpris de recevoir des dépêches aussi émues de
plusieurs préfets qui, le 30 décembre, avaient
montré le même empressement à assurer M. Sagasta qu'ils se proposaient de réprimer très durement la rébellion alphonsiste. » La magistrature
des cours et des tribunaux de province montra
un peu plus de réserve. Le langage des comités
monarchistes fut empreint d'une modération et
d'un tact qui contrastaient avec les exagérations d'autres dépêches officielles... Bientôt on
vit les évêques, les chapitres diocésains, les universités, le corps enseignant, les corporations,
les fonctionnaires des différentes administrations,

toutes les autorités morales, sociales, professionnelles, et jusqu'aux organisations royalistes des Antilles espagnoles, s'y associer de bouche, de main, de tête et de cœur.

Beaucoup de gens, timides ou hésitants dans le premier moment, découvrirent tout à coup qu'au fond d'eux-mêmes il avait existé, à l'état latent, durant toute la période révolutionnaire, « une inclination irrésistible pour *leur* ancienne dynastie et pour *leur* monarchie nationale ». Il y eut bien, dans le parti monarchiste, un petit nombre de « bougons ou de sceptiques » à qui tant d'enthousiasme ne plut guère, et qui n'estimèrent pas de bon aloi une monnaie jetée à si grand bruit. Mais les hommes d'État de la Restauration ne furent pas, ou ne semblèrent pas être, ou se contraignirent à ne pas paraître aussi difficiles. Ils accueillirent à bras ouverts, le sourire le plus bienveillant sur les lèvres, tous les hommes de bonne volonté qui se donnaient à la Monarchie. Ils trouvaient même qu'il n'en venait pas assez, et ils regrettaient que les « constitutionnels » et les « radicaux » de la Révolution se tinssent ostensiblement à l'écart. Mais cette bouderie, qui, de la part de ces deux groupements, était au début presque universelle, ne devait pas être éternelle, ni même très longue, et le *retraimiento* fut, comme le *pronunciamiento*, un feu de paille ; le temps, toujours bref, que met le commun des hommes à brûler ce qu'ils ont adoré.

Le 5 janvier 1875, Don Alphonse XII adressa, de Paris, à M. Cánovas del Castillo un message qui lui disait : « Votre Excellence, à qui j'ai confié mes pouvoirs le 23 août 1873, me communique que j'ai été acclamé unanimement et appelé à occuper le trône de mes ancêtres par la vaillante armée et par l'héroïque peuple espagnols. Personne que Votre Excellence, à qui je dois tant et à qui je suis reconnaissant pour ses grands services, ainsi que le ministère que vous avez nommé en faisant usage des facultés que je vous avais conférées, et que je confirme aujourd'hui, ne peut mieux interpréter mes sentiments d'affection et de reconnaissance à la nation, en ratifiant les opinions consignées dans mon manifeste du 1er décembre dernier, et en affirmant ma loyale intention de l'exécuter, et mon très vif désir que l'acte solennel de mon entrée dans la chère patrie soit un gage de paix, d'union, d'oubli des discordes passées, et, comme conséquence de tout cela, l'inauguration d'une ère de vraie liberté, dans laquelle, en unissant tous nos efforts, et avec la protection du Ciel, nous puissions obtenir pour l'Espagne de nouveaux jours de prospérité et de grandeur. »

C'était ce qu'on pourrait appeler un télégramme-programme. De même, le général Jovellar, ministre de la Guerre, ayant, à l'occasion de la Fête des Rois, présenté au Roi les félicitations de l'armée, en fut remercié, dans des termes particulièrement flatteurs, par une dépêche expédiée de Marseille, deux jours après, le 7 janvier. Alphonse XII y exprimait à Jovellar sa gratitude de ce que, dans la dernière crise, le général s'était fait « l'interprète fidèle des désirs du pays » et lui demandait de se faire aussi, en retour, l'interprète de sa reconnaissance envers l'armée, « défenseur constant de l'indépendance et de la liberté de la patrie ».

J'ai, dans les deux ou trois derniers chapitres, — et j'ai eu soin d'en avertir à plusieurs reprises,

— laissé presque toujours la parole à un témoin des événements : il est temps de la reprendre. M. Houghton prétend que, « dans leur souci de ménager les généraux qu'ils redoutaient de s'aliéner », les hommes d'État alphonsistes n'auraient pas osé « avouer les véritables causes de la Restauration ». Cette insinuation serait suffisamment démentie par l'attitude de Cánovas à l'égard de Martinez Campos. Les causes que M. Houghton allègue, et que les hommes d'État n'auraient pas, suivant lui, « osé avouer », sont celles-là mêmes que nous avons montrées en action : la lassitude des deux tiers de la nation espagnole ; le désir de voir terminer n'importe comment les guerres civiles, cesser le désarroi des finances, s'arrêter l'accroissement des impôts qui en avait été la conséquence ; l'apathie générale qui suit les trop grandes secousses et les trop longues fatigues ; les querelles des partis révolutionnaires, les rivalités intransigeantes de leurs chefs, l'anarchie qui en était résultée, et l'espèce de mouvement de remords national, le revirement du sentiment populaire vers les anciennes institutions historiques, vers la Monarchie elle-même, dans laquelle et dans lesquelles, instinctivement, l'opinion allait chercher le remède qu'elle croyait le plus efficace, *la médecine forte* qu'exigent les cas graves.

Encore, par-dessus toutes ces causes, non seulement avouées, mais cultivées et utilisées, avait-il fallu un homme pour tout préparer et tout mettre en œuvre. Ce n'avait été ni Martinez Campos, ni Jovellar, ni Primo de Rivera. Eux-mêmes manquaient trop de préparation et auraient trop manqué d'autorité. S'ils avaient été seuls, leur acte, comme celui de Pavia au 3 janvier 1874, n'eût vraisemblablement donné qu'une « fleur d'un jour ».

Veut-on qu'il y ait eu « conjuration », au sens classique? Si difficile que ce soit, en toute circonstance, de faire aboutir une conjuration, de la réussir, de la mener à bien ou simplement à terme, opérer une révolution ou une restauration n'est rien : le tout est de la faire vivre. On n'installe un régime que lorsqu'on l'apporte tout fait, doctrine, programme et personnel.

Des deux objets, tenus pour précieux entre les plus précieux, exposés bien en évidence dans le salon de Cánovas, à La Huerta, j'ai dit que le premier était une cassette contenant un exemplaire sur vélin de l'enquête qui devait amener la suppression de l'esclavage à Cuba. Le second était une grande photographie de la famille royale, qui portait cette dédicace manuscrite : *A Don Antonio Cánovas del Castillo, une famille espagnole reconnaissante.* La « reconnaissance » est le sentiment, l'idée et le verbe dans lesquels se sont fixés et cristallisés les rapports du Roi restauré et du Ministre qui avait voulu, accompli, produit, conduit la Restauration. S'il vint des moments dans la suite où elle put paraître méritoire, elle ne fut jamais ni lourde d'une part, ni, de l'autre, imméritée. Ce que nous avons déjà vu et ce que nous allons voir encore prouve que cette reconnaissance royale ne s'était pas trompée d'adresse.

II

UNE ANNÉE DE RÉPARATION ET DE PRÉPARATION
(FÉVRIER 1875-MARS 1876)

La première année de la Restauration, 1875, fut toute de réparation et de préparation. Sagement, énergiquement, on courut au plus pressé. On s'occupa d'arrêter les destructions, d'étayer les ruines, de reprendre les fondations, de déblayer le terrain pour reconstruire. Des deux plus grands besoins, des deux nécessités vitales d'une nation, la paix et l'ordre, on s'attacha d'abord à lui procurer la paix qui ramènerait l'ordre. Paix dans la métropole et dans les colonies. Par des moyens qui semblent n'avoir pas été tous exclusivement militaires, le général Martinez Campos allait, en Espagne et à Cuba, tour à tour, s'y employer avec bonheur. Mais il fallait, à cet effet, donner du temps au temps, et laisser mûrir ce qu'on n'avait pas la force de brusquer.

A l'intérieur, dans le domaine de ce qu'on nomme, en langage courant, « la politique », pendant cette première année, le ministère-régence, la Monarchie relevée, procédèrent dictatorialement ; ce qui ne va point sans rudesse ni sans plainte. Ce n'est qu'au commencement de 1876 que le nouveau régime s'orienta, par ses méthodes mêmes, vers l'application de son programme, dessina sa vraie figure, et montra, dans ses actes et dans ses lois, qu'il serait ce que Cánovas avait voulu qu'il fût, ce que Don Alphonse XII avait promis qu'il le ferait. Il ne peut être qu'instructif d'en retracer l'histoire, à très larges traits, d'après les discours d'un de ses plus illustres adversaires, dont l'évolution personnelle marque précisément les étapes de l'institution qu'il était dans sa destinée de combattre de plus en plus mollement, jusqu'à ce que, avant de se retirer pour ne pas rompre avec un passé qui l'obligeait, il se vît conduit tout au moins à désarmer devant elle.

1876 fut, par excellence, pour la Restauration espagnole, l'année constituante, ainsi que, quatorze ans plus tard, 1890 devait être pour elle une grande année législative. 1876-1890, 1890-1897, telles sont les deux périodes, la première plus « conservatrice », la seconde plus « libérale », au cours desquelles vécut et vint à majorité la monarchie historique et moderne selon le plan de Cánovas. Lorsque la tribune se rouvrit, Don Emilio Castelar y remonta, d'abord, la bouche amère, pour des paroles de blâme, de condamnation, et presque de défi. Les 24 et 25 février 1876, — ce sont ses deux premiers discours sous la Restauration, — il dénonça violemment les abus, les excès de pouvoir commis, suivant lui, dans les élections de Barcelone et dans celles de Gaucin. En fait, ces élections avaient-elles été absolument sincères et libres? Mais une pratique « octogénaire » du suffrage universel, sous des régimes différents, nous autorise à poser la question : des élections ont-elles été, jamais ni nulle part, absolument sincères et libres? Et, dans tous les cas, en est-il dont quelque parti, vaincu ou mécontent, n'ait soutenu qu'elles ne l'ont pas été?

Le lendemain, 26 février, la protestation de Castelar contre le serment de fidélité au Roi exigé

de tous les députés souleva un vif incident. Sur
la phrase jetée par lui : « Je proteste contre ce
serment ! » Cánovas intervint avec dureté : « Rien,
dit-il, n'était plus loin de mon esprit que d'adresser
un seul mot ce soir au Congrès des députés ; mais
M. Castelar, se voyant justement interrompu
par M. le président, a lancé une protestation et
prononcé des paroles vagues que le gouvernement
de Sa Majesté a le devoir de relever sur-le-champ.
Je les relève donc, uniquement, pour dire à Sa
Seigneurie, aujourd'hui, qu'Elle n'a pas le moindre
droit de protester contre rien ; que Sa Seigneurie
a le droit de voter ici comme tous les députés ;
mais que, contre les résolutions de cette majorité, il ne se peut lancer, il n'y a pas dans la légalité de termes qui permettent de le faire, des protestations qui puissent légitimement être admises.
— Je ne proteste pas contre les paroles de M. Castelar ; je rappelle Sa Seigneurie à l'observation du
règlement, à l'accomplissement de la loi, qui exclut
les protestations factieuses de Sa Seigneurie. Que
Sa Seigneurie vote à son gré ce qui lui convient, ap-
puyée sur son inviolabilité, avec la liberté que
peuvent lui reconnaître et lui reconnaîtront sans
doute tous les députés ; quand M. le président mettra
aux voix les questions, que M. Castelar vote avec
toute la liberté à laquelle cette même inviolabilité
lui donne droit. — Mais protester? A quel titre?
Contre le Congrès des députés? Est-ce que, par
aventure, Sa Seigneurie, en ce jour où tout le
monde se réjouit de la paix, a voulu lancer des
paroles de guerre et de discorde, afin que l'on
croie que ceux qui ont donné tant d'aliment à la
guerre civile, maintenant qu'elle est achevée,
sont capables de la rallumer de nouveau? — Il

suffit. Si M. Castelar n'avait pas protesté ; si M. Castelar, après avoir prêté un serment sur les Saints Évangiles, n'avait pas essayé de l'annuler au moyen de cette protestation complètement illégitime, le président du Conseil ne se serait pas trouvé dans le cas d'adresser au Congrès, ce soir, les brèves paroles qu'il vient de prononcer. » *Un député :* Vive le Roi ! *Un autre député :* Vive la paix ! L'un et l'autre cri répétés en chœur par toute l'assemblée.

Mais, Don Emilio Castelar ayant insisté et dit notamment : « J'ai représenté une légalité ; vous ne nierez pas qu'à cette légalité se soient soumis les tribunaux, les armées de mer et de terre, les fonctionnaires publics, toute la nation espagnole, enfin. Vous ne nierez pas, Messieurs les députés, que, par des malheurs qu'en ce moment je ne discute pas, par des malheurs qu'en ce moment je ne qualifie pas, cette qualité a été interrompue par deux actes violents. Je ne puis m'asseoir ici, dans un Congrès définitif, sans protester contre ces actes de violence ; » Cánovas revint à la charge, et plus âprement encore : « Ne vous étonnez pas, Messieurs les députés, qu'en répondant aux brèves paroles de M. Castelar, je ne leur en oppose que quelques autres sans aucune espèce de preuve, sans aucune espèce de développement, sans rien de plus que leur simple énonciation. — J'entends en premier lieu que M. Castelar se plaint d'actes de violence, lui qui, tout ce qu'il a été, l'a été par des actes de violence, jamais par des actes légaux. En son temps, quand le débat s'instituera régulièrement, alors je pourrai développer ce qui, aujourd'hui, ne serait pas opportun ; mais la faute n'est pas à moi ; la faute est à M. Castelar.

— J'entends aussi autre chose, que je dois pour
l'instant indiquer très sommairement, pour en
discuter ensuite en son temps, lorsque M. Castelar le voudra : et c'est que l'intention de restaurer certaines choses est un délit sous les institutions en vigueur, sous l'actuelle légalité, et
je le soutiendrai ici, et je le soutiendrai devant les
tribunaux, et je le soutiendrai sur tous les ter-
rains où je me verrai contraint de le soutenir...
Je crois qu'après avoir exposé ainsi nos thèses
respectives, nous devons en remettre le développement à un jour qui ne doit pas être très
éloigné. »

Ce ne fut qu'une prise de contact ; l'engagement
eut lieu le 2 mars, sur une motion de félicitations
présentée au sujet de l'heureuse fin de la guerre
civile. Castelar déclara s'y associer, avec deux
réserves : l'une, qu'on laisserait de côté toutes les
questions politiques relatives à la conduite du
gouvernement ; l'autre, très spéciale, et com-
mandée par les idées, l'histoire, la conscience, les
principes des deux députés républicains qui, à
eux seuls, représentaient leur parti dans le Congrès, l'orateur lui-même et l'un de ses amis. Sous
cette double réserve, Don Emilio ne refusait pas
son assentiment, et, en l'accordant, disait-il, il
ne voyait, dans la personne à qui les félicitations
étaient adressées, « rien de plus que la haute
personnification de l'État. » Puis il expliquait :
« Croyez-vous qu'il puisse y avoir, en un moment
aussi solennel, et permettez-moi cette espèce d'orgueil, un député qui s'associe à votre joie avec
plus de satisfaction? » Là-dessus, il partait dans
une charge à fond de train contre le carlisme,
« cette cause absurde, la cause absurde qui a

jeté sur les gloires de l'indépendance nationale l'ombre de l'intervention étrangère ; qui a opposé au despotisme restauré en 1823 un autre despotisme encore plus cruel et plus odieux, pour que nous ne trouvions la compensation de l'irréparable perte de la liberté pas même dans le rêve réparateur de l'ordre public ; qui, durant sept ans, a foulé nos campagnes, incendié nos foyers, sacrifié nos pères, ensanglanté notre berceau, opprimé notre enfance... » Et, revenant à son propre gouvernement, et aux raisons qu'il avait de se réjouir avec tous les bons Espagnols que cette ère de calamités fût enfin close : « Moi, s'écriait-il, Messieurs les députés, moi qui ai inauguré une époque de résistance, peut-être poussée à l'extrême, mais nécessaire et salutaire, parce qu'à la force on ne peut opposer que la force, je crois que la paix où nous entrons assurera tous ses droits au citoyen, et nous laissera aspirer à un gouvernement aussi éloigné des utopies démagogiques que des tendances théocratiques, et disposé à se ranger et à obéir à ce qui est le plus essentiel au régime parlementaire, la volonté de la nation. Par conséquent, dans cette pensée, je m'associe à toutes les félicitations : la félicitation aux populations, la félicitation aux soldats, la félicitation aux chefs, la félicitation aux généraux, la félicitation à l'administration publique, la félicitation au gouvernement constitué, parce que, après tout, grâce à la paix, nous pouvons disposer de nous-mêmes et entrer véritablement dans une période d'ordre, de liberté et de progrès. »

Mais ce n'était encore qu'un premier pas, petit, timide, et fait comme en tâtant le terrain, avec

des suspensions, des arrêts, des retours possibles,
des attaques même. Bientôt commencèrent les
grands débats qui devaient aboutir au vote de
la Constitution du 30 juin 1876, la discussion du
message à la Couronne en fut en quelque sorte
la préface. Castelar, dont l'esprit, affermi par
l'expérience, était arrivé à son point de maturité
et dont le talent avait atteint toute son ampleur,
parla dans la séance du 16 mars. Il débuta par
un de ces larges tableaux où il excellait, doué
qu'il était du don de généralisation le plus rare,
et que j'aime à reproduire, car, la part faite aux
exagérations et déformations partisanes, chaque
ligne m'épargne une page : « Jamais, s'écria-t-il,
les événements qui ont rempli les interrègnes
parlementaires n'ont pu être comparés à ceux
d'aujourd'hui : des républiques qui disparaissent
et des monarchies qui surgissent ; des révolutions qui s'en vont et des restaurations qui les
remplacent ; des coups d'État qui triomphent des
lois par la force, et des soulèvements militaires
qui détruisent l'œuvre de six années ; de longues
dictatures et une longue éclipse des libertés publiques ; la suspension des garanties du citoyen,
et l'oubli de ces droits primordiaux qui consti-
tuent le plus riche patrimoine des peuples ; des
projets de constitution élaborés par des procédés
que l'Espagne n'avait jamais connus, et placés
déjà, avant votre discussion et votre vote, par
les controverses diplomatiques qui s'élèvent sur
eux, à la hauteur des codes fondamentaux et en
vigueur ; des guerres civiles dans lesquelles le
fanatisme religieux et l'absolutisme monarchique
vident de sang nos veines et broient notre sol ;
d'autres guerres non moins cruelles qui attentent

par delà les mers à l'intégrité du territoire national ; des abdications royales qui n'ont pas été
présentées dans les formes légales et qui n'ont pas
été légitimement sanctionnées par les pouvoirs publics, une altération très profonde dans le droit
de succéder à la couronne, dans ce droit qui nous
a coûté vingt ans de guerre civile en ce siècle... »

A ce moment même, et même après tant de
désillusions, Don Emilio Castelar ne s'était pas,
en doctrine, détaché de la démocratie : « Ma
croyance la plus intime, affirmait-il, ma conviction la plus profonde, est que l'Espagne a besoin
d'une politique essentiellement gouvernementale
et démocratique Ma croyance la plus intime, ma
conviction la plus enracinée et la plus profonde,
est que la politique vraiment gouvernementale
et démocratique consistait à conserver les principes fondamentaux de la Révolution de Septembre et à gouverner avec eux, en ajoutant aux
libertés individuelles proclamées dans les Codes
et constituées dans la pratique, à la plénitude
du gouvernement national, la sécurité qui s'obtient en jetant l'ancre d'une véritable et puissante
autorité, remplie, saturée de l'esprit moderne.
Nous nous sommes écartés de ces principes et
nous sommes entrés dans une série d'aventures
sans terme, à la fin desquelles je prévois, je
pressens une autre série de catastrophes sans
remède. *(Grandes rumeurs.)* Vous croyez-vous
si heureux que rien ne puisse troubler votre félicité? Si vous ne craignez pas les catastrophes
de demain, vous êtes bien oublieux de ne pas vous
rappeler les catastrophes d'hier. Pour moi, je
puis dire qu'elles ne s'effacent pas un seul instant de mon cœur et de ma mémoire. »

Toutefois, on est revenu de loin, on a repris les voies régulières : « les hommes les plus avancés, les plus insensés même » ont dû ou confesser leurs erreurs ou du moins abandonner leurs prétentions. « Quand ces portes s'ouvrent, quand cette tribune s'élève, quand ces grandes discussions s'engagent, on voit l'impossibilité de ces projets qui tendent à fonder, sur la vague de tant de passions, de tant d'idées et de tant de vie, des pouvoirs permanents et éternels. »

Il faut se conduire suivant les temps, bâtir selon les lieux, agir d'après les circonstances, marcher au pas des événements. La politique est chose non de l'absolu, mais du relatif. Le républicain, plus que radical la veille et fédéraliste l'avant-veille, Emilio Castelar, a été rendu, par l'exercice du pouvoir, opportuniste, possibiliste, c'est-à-dire que de politicien, il est devenu politique. Un rêveur impossibiliste ne saurait aspirer à ce titre, puisqu'il n'y a, évidemment, de politique que du possible. (Il est d'ailleurs curieux de voir combien, en ces années, beaucoup de républicains espagnols, et Castelar tout le premier, ont subi l'influence de M. Thiers, exprimé leur admiration pour son œuvre, et invoqué l'exemple de la récente République française, qui, avant de s'être acoquinée aux républicains professionnels, toute jeune, promettait d'être sage.)

Définissant sa position par rapport à la monarchie restaurée, Castelar faisait valoir d'abord, pour ce qu'elle valait, une raison personnelle : « Je me trouve dans une situation véritablement extraordinaire, née, Messieurs, d'invincibles affections de mon cœur. Je me trouve en face d'un président du Conseil des ministres contre lequel

j'ai une inimitié politique irréconciliable, et pour
lequel je professe une admiration littéraire et scientifique inextinguible. Il sait que cette admiration
n'est pas d'aujourd'hui, que cette admiration
date de ces temps où, avec un autre compagnon
appartenant à une autre Chambre, et que je vois
devant moi, nous discutions les grands problèmes
littéraires, les grands problèmes scientifiques,
les grands problèmes historiques. Et presque
toujours, Messieurs, lorsqu'il y avait à défendre
une cause ou à élucider un problème difficile,
presque toujours, M. Cánovas prenait sur lui
cette défense, de son propre mouvement, et nous,
jamais nous n'en doutions ; quant à moi, j'ose
bien dire que je n'ai jamais douté de sa supériorité, de son intelligence, de son éloquence,
de ses grandes et vastes connaissances.

« Oh ! Messieurs les députés ! Si les causes politiques pouvaient se confier, comme se confient
les causes privées, à des avocats, je choisirais
pour avocat de ma cause, — chose qui est impossible, parce que l'empêchent ses opinions
anciennes et enracinées, — je choisirais pour
avocat de ma cause M. Cánovas, et je suis sûr
que je gagnerais le procès. *(Rires.)* Ainsi, tenez
pour certain, si, dans votre conviction ou dans
votre esprit, mon idée prédomine, que cela est dû
à la supériorité de ma cause ; et si prédomine
l'idée de M. le président du Conseil, tenez pour
certain que cela n'est pas dû à la bonté de s
cause, mais à l'immensité de son talent. »

Sur le fond même du débat, Castelar sait parfaitement que le peuple espagnol est un peuple
« enamouré de l'impossible », et c'est pourquoi
« le type espagnol par excellence est Don Qui-

chotte, et la religion nationale est le quichottisme ».
Mais l'impossible n'en reste pas moins l'impossible, même en Espagne. La restauration est un
fait de cet ordre, Don Emilio le pose en thèse,
et, comme tous les faits de cet ordre, gros de périls. « La politique romantique des restaurations,
impossibles nous conduit directement à la guerre,
parce qu'elle nous conduit directement, en dépit
des bonnes intentions de M. le président du Conseil, à l'antique absolutisme, et je vais le démontrer. » C'est, en effet, ce qu'il eût fallu démontrer ; mais c'est ce que Cánovas avait rendu
d'avance indémontrable, sapé par la base et ruiné,
en faisant justement que la restauration de 1874
tournât le dos et allât *directement* au contraire
de l'absolutisme, antique ou nouveau.

Castelar attachait son raisonnement au dogme
de la souveraineté populaire. « Il n'y a, disait-il,
qu'une idée par siècle ; et cette idée se convertit
en lois, en institutions, en principes, en force, en
vie. Eh ! bien, quelle est l'idée la plus capitale
du siècle présent? Une idée que M. le président
du Conseil attribuait hier aux *frères* (aux religieux) des seizième et dix-septième siècles. Cette
idée est que la société s'appartient à elle-même,
qu'il n'y a pas de volonté supérieure à sa volonté,
qu'il n'y a pas de droit antérieur à son droit,
qu'il n'y a pas de souveraineté qui puisse « s'antéposer » ou se superposer à sa souveraineté... Les
anciens, a dit M. le président du Conseil des
ministres, les peuples anciens le croyaient déjà ;
quelques prêtres l'enseignaient. Je ne le nie pas :
comment nierais-je ce que, par des raisons savantes, affirme un des premiers érudits de notre
pays? Ce que je dis à M. le président du Conseil

des ministres, c'est que les peuples anciens n'entendaient pas le principe de la souveraineté nationale comme nous l'entendons, nous. Ainsi, ils croyaient que, hors de la société, loin de la société, dans le sein de Dieu ou dans le sein des temps, il se forgeait des pouvoirs capables de s'imposer à tous les siècles et de régner sur toutes les générations. Nous croyons le contraire ; nous croyons que le pouvoir de la souveraineté est immanent dans les nations, qui peuvent changer, quand il leur plaît, les lois fondamentales, et, quand il leur plaît, y déroger, changer, transformer, détruire, rénover les pouvoirs suprêmes. »

Seulement, l'illustre orateur ne prenait pas garde ou ne se rappelait pas que Cánovas lui-même n'avait jamais contesté, qu'il avait de longtemps formellement admis, en théorie, ce principe de la souveraineté nationale, interprété à la moderne ; mais qu'en pratique, il accordait beaucoup moins d'importance au siège, à l'origine de la souveraineté qu'à sa possession, à son exercice ; beaucoup plus à la souveraineté effective qu'à la souveraineté immanente. Et même, que les nations puissent, quand il leur plaît, changer leurs lois fondamentales ; que quand il leur plaît, elles puissent transformer, renouveler les pouvoirs suprêmes, c'était de là qu'il comptait tirer en partie la force évolutive, la fécondité de la Restauration. Lui non plus, il n'entendait pas le principe de la souveraineté comme les anciens, et, s'il n'y a qu'une idée par siècle, lui aussi, il avait l'idée de son siècle, ou du moins il avait, à la manière de son siècle, une idée de tous les siècles.

Dans l'instant même où il parlait, lorsque Cas-

telar jetait les regards autour de lui, que voyait-
il? « Si nous tournons les yeux vers la présidence
(du Congrès), vers l'homme d'État qui en est
investi, vers le premier vice-président qui l'occupe à cette heure, nous rencontrons des reflets
de la révolution de Septembre ; si nous les tournons vers le *banco azul* (le banc bleu, le banc des
ministres), nous rencontrons des éclats de la révolution de Septembre ; si nous les promenons
par toute cette majorité, nous rencontrons de
toutes parts, et surtout en des groupes illustres,
une grande partie des révolutionnaires de Septembre. Et qu'est-ce que cela veut dire? Qu'est-
ce que cela signifie? Que, comme l'air et comme
la lumière, elle a tout envahi, et qu'il a été nécessaire de bâtir une politique vraie sur ce fait
immanent qui n'est pas achevé, qui survit à
sa ruine, qui se développe en notre temps. Et
qu'avez-vous fait, Messieurs du gouvernement?
Vous avez inauguré une politique de restauration. »

Cette restauration, Don Emilio la définissait
à sa façon, qui ne correspondait ni au plan de
Cánovas, ni à l'image de la réalité. N'empêche
qu'il tranchait : « Votre conception du pouvoir
public, votre conception de l'État, votre conception du serment, votre conception de la justice, votre conception de l'Église, votre conception de la Monarchie, votre conception de la
légalité des partis, votre conception du parti-
carliste, votre conception des partis libéraux,
toutes vos conceptions sont exclusivement des
conceptions de la restauration, sur lesquelles vous
voulez fonder des choses éternelles, qui, pour
notre malheur et pour le vôtre, ne serviront que
d'aliment à d'éternelles perturbations. »

Castelar s'en prenait alors à la grande idée de Cánovas, à l'idée de la « Constitution interne », de la Constitution « perdurable, congénitale, naturelle ». Qu'est-ce, sinon là la dernière idée du dernier ministère de Doña Isabelle II, reproduite par le premier ministère de Don Alphonse? Constitution interne, constitution permanente, constitution naturelle! Le permanent est le mouvement, le naturel est la rénovation. Mais Cánovas n'y contredisait pas, et là était l'erreur de Castelar. Il complétait seulement cette formule où manquait l'un des deux termes : le permanent est le mouvement dans l'ordre, le naturel est la conservation par la rénovation.

Le député républicain en venait ensuite à critiquer le manifeste de Sandhurst. Un point surtout, une proposition surtout, l'arrêtait : les Cortès avec le Roi, le Roi avec les Cortès. Historien, professeur d'histoire, il voulait y regarder de plus près. En ce qui concerne le moyen âge, quoi qu'il eût encore à dire, il passait, « pour ne pas prolonger ces débats, en apparence académiques, au fond profondément politiques. Mais, quand commence l'histoire moderne, à partir du seizième siècle, chaque fois que les Rois sont forts, les Cortès sont débiles, et n'ont aucune importance. » Dans ces conditions, comment parler de « la Monarchie avec les Cortès » comme de la « constitution interne » de l'Espagne? Et Castelar accumulait les exemples. Il renvoyait son contradicteur, ou plutôt celui qu'il contredisait, aux cahiers des Cortès de 1570, aux cahiers des Cortès de 1679. La vérité, à son avis, était que « la Monarchie moderne ne veut pas les Cortès ».

Ici, nouvelle et superbe fresque. « Le Roi ne les veut pas, qui étouffe les communiers *(comuneros)* de Castille dans le sang et menace les grands de Castille de les jeter par la fenêtre de son magnifique alcazar de Tolède; le Roi ne les veut pas, qui décapite le *Justicia*, le grand juge d'Aragon; le Roi ne les veut pas, qui expulse les Morisques sans consulter la nation et qui reçoit les plaintes des députés aragonais contre cette mesure barbare comme un mémoire méprisable; le Roi ne les veut pas, qui insulte les députés de Valence à Monzón; le Roi ne les veut pas, qui cède par testament la couronne d'Espagne à la dynastie de France, sans consulter les Cortès; le Roi ne les veut pas, qui abroge les Constitutions de Valence et de Catalogne par un mouvement de son esprit et par une invocation à l'absolutisme de son autorité et au droit de conquête; le Roi ne les veut pas, qui les voit une fois quand elles le reconnurent Prince des Asturies et ne les revoit plus de sa vie; le Roi ne les veut pas, qui les consulte pour déclarer patronne de l'Espagne l'Immaculée Conception, et qui ne les consulte pas pour consentir le Pacte de Famille; le Roi ne les veut pas, qui cède à Bayonne, comme un héritage, le territoire national aux exécrables Bonapartes; le Roi ne les veut pas, qui raye la Constitution de 1812 et amène l'intervention de 1823; et nos législateurs ont gravé sur les murs du Temple des Lois, en lettres d'or pareilles à des lettres de feu, ces noms immortels : les noms de Padilla, de Lanuza, de Bravo, de Maldonado, de Riego, pour nous montrer dans leur martyre la haine éternelle, inextinguible des pouvoirs historiques contre les inviolables représentants des peuples. Et ainsi, considérez l'histoire moderne, et vous verrez que les Cortès sont fortes en 1812, quand les pouvoirs historiques étaient faibles ; en 1820, quand ils ont été vaincus par la révolution de Las Cabezas ; en 1836, quand ils ont été humiliés par l'émeute de La Granja ; en 1854, quand ils sont suspendus par la révolution ; en 1868, quand ils ont disparu, à l'affirmation définitive de la souveraineté nationale. Non, Messieurs les députés, il n'est pas exact que l'union de la Monarchie et des Cortès forme la constitution interne de notre patrie. Cette théorie, que soutint le dernier gouvernement de Doña Isabelle II, est soutenue par le premier gouvernement de Don Alphonse XII, uniquement pour nous dire que nous naissons assujettis aux pouvoirs historiques, comme nous naissons assujettis à la maladie et à la mort. »

Ce sont de grands mots, et ce sont de belles phrases, mais ce sont des mots et des phrases. Pratiquement, il ne s'agissait pas de savoir ce qu'avait été l'Espagne de 1570 et de 1579, l'Espagne de Philippe II, ni celle de Charles II, ni celle de Philippe V, ni celle de Charles IV ou de Ferdinand VII, ni même celle d'Isabelle II, mais de ce que pouvait être celle de 1876, et de ce que le premier gouvernement de Don Alphonse XII déclarait que serait l'Espagne de Don Alphonse XII. Et, au surplus, de ce que, dans telle ou telle occasion, tel ou tel Roi s'était peu soucié des Cortès, il n'en découlait pas que la maxime : le Roi avec les Cortès, n'ait pas fait le fond du droit constitutionnel, de la Constitution interne de l'Espagne.

En vain Don Emilio Castelar reprenait l'un

après l'autre tous ses griefs. — Le serment,
d'abord. — Vous avez rétabli le serment, que
n'avaient pas prescrit les Cortès constituantes
de 1869, que nous n'avions pas réclamé de vous !
Mais moi, « vous m'avez fait passer par les
fourches caudines du serment ! Et j'ai juré ;
mais Dieu, que vous m'avez obligé à invoquer,
et qui repose au fond de la conscience, sait qu'elle
est éternelle, qu'elle est irrévocable, qu'elle durera
autant que ma vie, la fidélité [que je garde] à
de grandes institutions, qui pourront bien être
vaincues, mais non déshonorées ni mortes. Oui,
Dieu a vu cela ; mais il a vu aussi que vous n'avez
exigé le serment que pour donner aux pouvoirs
historiques un caractère divin et pour démontrer
au monde qu'il en est de ces pouvoirs comme d'un
majorat de la conscience humaine ». — Ensuite,
la justice : « Ah ! vous avez restauré le conten-
tieux administratif ; vous avez rompu l'unité des
juridictions ; vous avez détruit le jury ! » Le
peuple italien a le jury, le peuple portugais a le
jury, l'Autriche peut l'avoir, la Russie peut
l'avoir ; « et le peuple qui a promulgué le premier Code des civilisations modernes, le peuple
des *Justicias*, des grands juges, des conseillers
et des alcades, ne distingue pas le bien du mal,
ne définit pas le vol et l'assassinat, ne peut
exercer la plus rudimentaire des facultés, la
faculté de la conscience, et ne peut avoir le plus
digne des attributs, l'attribut de la justice ! »

Et puis, qu'est-ce que cette fausse notion de la
légalité et de l'illégalité des partis ? Comme si,
toutes les opinions étant libres, tous les partis
n'étaient pas légaux ! Comme si les périodes de
paix civile et de tranquillité n'avaient pas été

celles où tous les partis étaient représentés, présents dans les Chambres ! « Le gouvernement du général O'Donnell, — son gouvernement de cinq années, *los cinco años*, — nous a donné, sinon une paix absolue, du moins une paix relative. Certainement, cette période est la période de repos la plus longue qu'ait connue notre histoire moderne. Et alors, qu'est-il arrivé? Que tous les partis étaient représentés dans ce Congrès. MM. Nocedal et Aparici représentaient le parti traditionaliste et historique; le parti progressiste avait pour représentants MM. Sagasta, Ruiz Zorrilla et un autre homme jamais assez pleuré par la tribune espagnole, l'immortel orateur M. Olózaga ; et il y avait ici, représentant le parti démocratique en toute son intégrité, un des plus illustres républicains de notre histoire contemporaine, mon cher et admiré ami, Don Nicolás Maria Rivero. Quels inconvénients y avait-il à cette situation, à ce que tous les partis, depuis le plus absolutiste jusqu'au plus avancé, fussent représentés dans les Cortès? Quels inconvénients y avait-il à cette situation? Aucun... Je demande au gouvernement : quel intérêt avez-vous, quel intérêt pouvez-vous avoir à rejeter d'ici des partis qui, quelles que soient leurs aspirations, ont représenté une grande légalité dans notre histoire?... Il n'y a ni illégalité ni légalité dans les idées; il y a légalité ou illégalité dans les actes. Un parti conservateur, s'il se soulève, est un parti illégal ; un parti démocratique, s'il demeure en repos, est un parti légal... La théorie de la légalité des partis est une théorie qui a produit les maux les plus graves. Lorsqu'on a mis en doute le droit de tous les citoyens à participer aux réunions électorales sur une pétition du parti démocratique, a commencé la politique des *retrai- mientos*, et, avec la politique des *retraimientos*, a commencé aussi la politique des révolutions. »

Mais on n'a d'attentions que pour les carlistes. Chez les carlistes seulement, le gouvernement croit trouver le nombre qui forme vraiment le parti des anciens pouvoirs historiques, et c'est pourquoi il les flatte, c'est pourquoi il veut les unir à son drapeau, et c'est pourquoi certaine- ment il suit en beaucoup de choses le procédé gâté qui fut suivi dans les derniers temps de l'an- cien régime... Et quoi, enfin? Le ministre de Grâce et de Justice n'a-t-il pas dit qu'une grande partie de la victoire obtenue sur les carlistes est due à des concessions faites au clergé? Nous y sommes. Tout ce que vous avez concédé, c'est la liberté religieuse, mais votre liberté religieuse m'a l'air, déclare Castelar, d'une simple abstraction, sans réalité dans la vie. La liberté religieuse est le droit pour tous d'accéder aux emplois publics, quelles que soient la religion et les croyances qu'ils professent : où donc est cet article dans votre projet de Constitution? Liberté religieuse veut dire liberté de la science... Comment l'attendre de vous, quand on vous voit offrir à la réaction implacable qui vassalise tout une victime aussi illustre que l'Université?... Vous avez mis ses maîtres hors la loi, vous les avez persécutés avec rage, vous les avez arrachés de leurs chaires. Votre autorité, ou, pour mieux dire, votre force a triomphé, mais l'Université est morte. L'erreur de la Restauration ressemble tout à fait à l'erreur de l'ancien régime; elle remonte trop au delà des temps modernes, elle se perd dans le moyen âge pour y chercher sa conception de la science...

En résumé, conclut Emilio Castelar, « je vous demande, Messieurs les députés : est-il possible, par cette politique, de résoudre les questions pendantes en Espagne? Après tout, quelles sont les questions pendantes en Espagne? Premièrement, le problème de l'ordre. Croyez-vous que, par cette politique de proscription des idées, par cette politique de proscription des partis, vous allez restaurer la paix dans les esprits, base inébranlable de l'ordre public? Il y a encore un autre problème, le problème de l'éducation nationale. Et croyez-vous que, par cette guerre à l'Université et avec cet esprit théocratique, vous allez faire quelque chose en faveur de l'éducation nationale? Autre problème : le problème de la liberté religieuse, parce qu'il est indispensable que nous entrions dans le commerce des peuples libres? Et croyez-vous que vous allez le résoudre avec vos complaisances, avec votre complaisance pour Rome? Enfin, il y a un autre problème, le problème de la légalité. Et croyez-vous que vous allez le résoudre avec les éloquentes invectives que M. le président du Conseil des ministres adressait hier au suffrage universel? Ce que j'admire le plus et ce qui m'étonne le plus, c'est votre complaisance à voir tant maltraiter votre origine. Car, si le suffrage universel est si insensé, si le suffrage universel est si aveugle, comme, par une loi naturelle, les enfants ressemblent à leurs pères, nous devons être, nous aussi, insensés et aveugles. Mais quoi! le suffrage universel n'a-t-il pas produit cette illustre Chambre? Mais quoi! le suffrage universel n'est-il pas représenté dans cette grandiose Assemblée, qui, selon ce qu'a dit M. le président du Conseil, va résoudre tous les problèmes politiques, économiques et sociaux? Mais quoi ! si le suffrage universel est si mauvais, s'il est si pervers, comment nous a-t-il donné une Chambre si excellente, si libérale, cette Chambre parfaite?... »

A la bonne heure, la France républicaine ! la France de M. Thiers et du maréchal de Mac-Mahon (avant le Seize-Mai ; mais encore, de la République sans les républicains ou avec très peu de républicains, très peu républicains (1) !) « Comparez cette situation si sûre de la France avec notre situation présente, avec nos doutes, avec nos hésitations, avec notre incertitude. Nous ne savons pas si notre Monarchie est ou non purement héréditaire ; nous ne savons pas si elle est ou non une conséquence de la souveraineté nationale. Une fois elle nous paraît l'une, une autre fois elle nous paraît l'autre. M. le président du Conseil a voulu associer le Roi au Pouvoir constituant, mais seulement pour éviter un péril : le péril qu'ici (sa franchise me le dira), le péril qu'ici nous discutions, le péril qu'ici nous votions la Monarchie. N'est-il pas vrai? *(M. le président du Conseil des ministres :* Non.) M. le président du Conseil croit que nous n'avons pas autorité pour discuter, ni juridiction pour voter la Monarchie ni la dynastie. *(M. le président du Conseil des ministres :* C'est vrai.)... »

____

(1) C'était le temps où Don Emilio Castelar, quoique lié avec des républicains plus avancés, prodiguait ses félicitations et ses encouragements à notre Centre gauche, en la personne de M. de Marcère. — Voy. E. DE MARCÈRE, *Histoire de la République*, 1876-1879, seconde partie, p. 110, 204. Librairie Plon, 1910.

Par ce court dialogue, par cet échange d'assertions et de répliques, se trouvait circonscrit le débat fondamental qui, le mois suivant, mettrait aux prises les divers partis, — et les mêmes orateurs, — au sujet de la Constitution. En dehors et au-dessus, Cánovas plaçait la forme de l'État, le principe de la Monarchie, qui ne recevait pas de l'Assemblée son droit, qui le retrouvait, qui n'était ni déférée, ni consentie, mais héréditaire ; et en cela il ne laissait à Castelar et à ses amis ni incertitude, ni doute. La Monarchie était et se transmettait : c'était le fait primitif, primant, primordial. Maintenant, que serait-elle? Dans quelles limites renfermerait-elle son pouvoir? C'est ce que la Constitution fixerait, et c'est ce qui était livré aux discussions du Congrès. Et Cánovas était tout prêt à poser à son propre pouvoir ces limites. On lui disait que ce ne serait pas « le Roi avec les Cortès ». On verrait. On lui disait que la Restauration n'admettrait pas la légalité de toutes les opinions, qu'elle n'accueillerait pas dans la légalité tous les partis. On verrait bien. On lui disait qu'elle n'accorderait pas la liberté religieuse, qu'elle ne la reconnaîtrait pas pleinement, qu'elle ne donnerait pas dans leurs chaires la liberté aux professeurs des Universités, qu'elle n'accepterait ni le jury ni le suffrage universel. On verrait, le temps venu. Mais tout cela, on le verrait dans la Monarchie, et il fallait se convaincre qu'on ne le verrait que dans la Monarchie.

En supposant qu'il y eût quelque chose de fondé dans les plaintes et dans les craintes de Castelar, les unes étaient tardives et les autres prématurées ; les unes et les autres déformaient les faits par le grossissement de la tribune. Il captait la foudre et la maniait pour enfoncer, sinon une porte ouverte, au moins des portes qui peu à peu, progressivement, allaient s'ouvrir sous la main même de Cánovas ou sans que cette main les repoussât et les refermât. Jamais ! s'écriait encore Castelar, qui avait déjà prononcé beaucoup de « jamais ! » Les hommes ne devraient jamais dire jamais. Douze ans ne s'étaient point écoulés depuis 1876 que la Monarchie avait donné presque tout ce que ses adversaires, ses négateurs de la première heure avaient prédit qu'elle ne donnerait pas, et que Castelar, dans la loyauté de son esprit droit, dans la candeur de son âme pure, se croyait obligé de le confesser.

III

LA CONSTITUTION DE 1876

La bataille, — si c'en fut une, car il y avait dans le Congrès, entre les partis, une trop grande disproportion de forces, et le pays, qui n'en pouvait plus, n'en voulait plus, mais enfin ce qu'en style parlementaire il faut bien appeler la bataille, — se livra les 6 et 7 avril 1876. Les protagonistes furent encore, pour l'attaque, Castelar, et, pour la défense, de par sa fonction, Cánovas. La volonté du président du Conseil des ministres était aussi ferme que sa pensée était claire. Il venait, par l'autorité et au nom du roi Don Alphonse XII,

« continuer l'histoire d'Espagne », une antique et glorieuse histoire, agitée, certes, et pleine de vicissitudes, mais, jusqu'au commencement du dix-neuvième siècle, ou même jusqu'en 1868 et sauf l'interruption des deux années 1873-1874, toute monarchique. La Monarchie héréditaire était donc, comme il le disait, le gouvernement naturel, la « Constitution interne » de l'Espagne : le principe monarchique ne devait pas être discuté. Pour empêcher qu'il ne le fût, pour le placer au-dessus des controverses auxquelles tout le reste serait livré, Cánovas fit déposer, sur les titres du Statut relatifs à la Monarchie et à ses attributs essentiels, une motion : « Il n'y a pas lieu à délibérer. »

Don Emilio Castelar n'était pas homme à la laisser adopter en silence. Elle le blessait à la fois dans ses convictions et dans ses sentiments. Si la Monarchie était le gouvernement naturel, la Constitution interne de l'Espagne, si elle se confondait et avec l'être national et avec l'histoire nationale, tout ce qui avait existé en dehors d'elle, et par conséquent tout ce qu'il avait fait, tout ce qu'il avait été, tout ce qu'il se plaisait à nommer son « histoire » à lui, — *mi historia*, — était anormal, illégal ; or il prétendait, et il s'en enorgueillissait, avoir, chef du pouvoir exécutif de la République espagnole, « représenté une légalité ». Dès qu'il avait connu cette motion, il avait résolu de s'y opposer à fond, comme immobilisant toute la suite en liant l'avenir au passé, et de donner contre elle un gros effort. Bien qu'il se déclarât un peu surpris par la rapidité du débat, et se plaignît d'être contraint à une improvisation qu'il n'aimait pas, il prononça, en

cette occasion, une de ces amples et majestueuses
harangues où l'éloquence n'est pas toujours
exempte de grandiloquence, mais savantes, puissantes, fortement nourries, et, sous leur mouvement, dans leurs digressions historiques, dans
leurs échappées poétiques, dans leurs fugues
lyriques elles-mêmes d'une composition serrée,
telles en un mot que seule une immense culture
les peut permettre et, qu'auprès d'elles, on prend
en pitié les pauvres et parfois misérables choses
sur lesquelles sont fondées, par le jeu du puf-
fisme et de la flagornerie, certaines renommées
d'orateurs.

Que le débat ne passionnât point la Chambre,
Castelar le constata et le marqua dans son
exorde. « Ces grands sujets des pouvoirs publics,
dit-il, n'intéressent plus comme autrefois, sans
doute parce que nous nous sommes accoutumés à
leur fragilité... Pourquoi tant de froideur, pourquoi tant d'indifférence? » Il le demandait, mais
il avait la réponse sur les lèvres : parce qu'il y
avait trop de lassitude. L'expérience républicaine était trop près encore, et elle avait été trop
douloureuse. L'Espagne presque entière n'avait
qu'une opinion : « Tout, mais plus cela ! » C'est
ce que l'ancien Chef du pouvoir exécutif de la
République, qui s'était efforcé d'atténuer le mal,
ne pouvait pas avouer sans se désavouer lui-
même, sans renier ses principes et condamner son
action. Or, il ne voyait, dans sa vie, rien de bas,
rien dont il dût rougir, rien dont il ne pût demeurer fier. En politique, il n'y a de vil, et qui
ternisse le nom, et qui salisse l'honneur, que ce
à quoi l'on gagne, non ce à quoi l'on perd. « A
d'autres, d'avoir changé de croyances a valu de

s'élever au pouvoir ; d'en avoir changé m'a coûté, à moi, de tomber du pouvoir. » Mais il en avait changé délibérément, volontairement, sous la leçon des faits, dans le sens de l'ordre. La distance avait donc plutôt diminué entre ses adversaires et lui.

Pourtant, il fallait prendre garde : « A déclarer certains principes incompatibles avec le libre examen, objectait Don Emilio aux monarchistes, vous les déclarez réellement incompatibles avec tout ce qu'il y a de plus profond et de plus vivace dans l'esprit moderne... » Tout député, même s'il fait partie du gouvernement, a le droit de proposition (et, à plus forte raison, le gouvernement comme tel) : « En vertu de ce droit, que je ne vous refuse ni ne vous dispute, vous avez conçu, vous avez écrit, vous avez formulé une Constitution, et, après l'avoir conçue, après l'avoir écrite, après l'avoir formulée, vous l'avez présentée ; à quoi? à qui? à la délibération de la Chambre. Messieurs les députés, écoutez-moi avec attention : à la délibération de la Chambre... Alors?... Au nom de quel principe, au nom de quelle raison, au nom de quels précédents, me refuse-t-on, à moi, le droit de délibération?... Les majorités ne peuvent en aucune façon exiger des minorités qu'elles renoncent à leur droit de délibération. Cela s'appelle dans toutes les langues un *coup d'État parlementaire*, parce qu'un coup d'État, en général, est ce qui méconnaît le droit des majorités et des minorités et ferme violemment des Cortès... C'est ainsi que vous avez méconnu et violé notre droit de délibération, et puis vous avez introduit ici le pouvoir monarchique, le pouvoir suprême, le pouvoir permanent, le droit héréditaire, le veto, la faculté de dissolution, par un coup d'État parlementaire. »

Mais prenez-y garde aussi : « Vous reconnaissez notre droit de discuter la Monarchie, et le principe héréditaire, et le veto, par le simple fait de nous présenter ce projet, car, si vous ne nous aviez pas présenté ce projet, nous n'aurions peut-être discuté aucun de ces principes... Eh bien ! en apportant ici ces titres de la Constitution, vous nous dites : Nous les retirons de votre droit de proposition, et vous ne pouvez pas les amender ; nous les retirons de votre droit de discussion, et vous ne pouvez délibérer sur eux ; nous les retirons de votre droit de vote, et vous ne pouvez en aucune manière décider ni voter sur eux. De sorte que, après tant de débats, après tant d'événements, nous en sommes à ce que la Monarchie espagnole, à ce que les attributs essentiels de la Monarchie espagnole ne sont ni discutés, ni élucidés, ni examinés, ni votés par cette Chambre. Au-dessus de la Chambre, au-dessus des pouvoirs publics, au-dessus du corps électoral, il ne reste que la tyrannie d'un fait : le fait de Sagonte, qui n'a encore reçu aucune légitimation. »

A cette allusion, le président du Congrès se lève : « Monsieur Castelar, interrompt-il, je demande à Votre Seigneurie d'expliquer ses dernières paroles ; je ne puis, en effet, comprendre que Votre Seigneurie les ait dites de propos réfléchi, puisque, depuis le fait de Sagonte, il y a eu la réunion des Cortès, et toute une série d'actes parlementaires qui sont très supérieurs sans aucun doute au fait de Sagonte ; il y a eu le suffrage universel, qui est pour Votre Seigneurie, je crois, une autorité suffisante. »

Après les explications d'usage en pareil cas, Emilio Castelar traça à grands traits l'historique du principe de la souveraineté nationale en Espagne, principe proclamé par les Cortès de Cadix, et réalisé dans la Constitution de 1812, dont il fit un pompeux éloge. Il le prit à ses origines et le conduisit ou le déduisit, à travers les siècles, jusqu'au dix-neuvième. Il montra le prestige monarchique éteint en Henri IV de Castille, ressuscité par Ferdinand V et Isabelle la Catholique, leurs vertus, leurs talents politiques, leur gloire s'imposant à leurs peuples, et ces peuples « rompant et ébranlant le principe héréditaire pour nous donner des rois électifs, véritablement électifs, de qui les noms furent la base de la grandeur nationale ». Survint « la trahison de Bayonne », l'abandon à l'étranger du territoire de la patrie ; la révolte de la souveraineté nationale « reforgea, au feu de la guerre, la couronne espagnole, et la dora avec l'électricité de l'idée révolutionnaire ». Puis l'orateur passa d'un saut à 1836, année où les Cortès votèrent la Constitution et se prononcèrent sur la régence de Marie-Christine, de cette mère « qui n'avait pour la défense de sa fille que ses beaux bras et les larmes que distillaient ses yeux célestes ». « La reine vint dans cette enceinte, dans ce même Congrès, au milieu de la milice nationale qui l'acclamait ; la Reine entra par ces portes, elle monta à ce trône, et il y eut autour d'elle un vrai délire d'enthousiasme ; la Reine sortit et retourna à son palais, et le sol était jonché de fleurs, de ces fleurs propres aux printemps des grandes espérances. Néanmoins, ce fait qui s'imposait à tous, ce fait qui avait toute la sanction de la popularité ; ce fait qui venait entouré de la grande auréole de la douleur et du sacrifice ; ce fait qui était un fait, non seulement auquel tous les Espagnols se soumettaient, mais qu'ils prenaient pour le refuge de leurs âmes, pour la pensée au moins des libéraux, ce fait fut discuté, fut controversé, fut nié dans la Chambre. Oui ; il y eut une discussion sur le point de savoir si la régence de l'Espagne appartenait ou n'appartenait pas à Marie-Christine... Je vous le demande : voulez-vous comparer cette époque-là avec celle-ci, ces espérances avec nos désillusions, cet enthousiasme avec notre froideur, ce système constitutionnel à son aurore avec notre système ccnstitutionnel à son crépuscule? »

En 1845, les Cortès étaient plus conservatrices. Cependant, « si elles ne discutèrent pas la Monarchie,... si elles n'en discutèrent pas le principe, elles en discutèrent les attributions, elles discutèrent les limites de l'autorité, les prérogatives, les pouvoirs (de la Monarchie), tout ce que vous ne voulez pas que l'on discute ni que l'on vote aujourd'hui. Dans les Cortès de 1854, on discuta à loisir tout le droit monarchique, tout le droit héréditaire... « Le veto (admirez, Messieurs les députés !) ne fut-il pas voté par ces Cortès à trois ou quatre voix de majorité? — *Un député* : A onze voix. — *Castelar* : Ou à onze... Je n'ai pas eu le temps de consulter l'*Officiel*... Cela démontre, jusqu'à l'évidence, que la Monarchie, que ses attributs essentiels, que tout a été discuté, a été proclamé dans cette enceinte, sans que jamais, à aucune époque, ces matières aient été soustraites à la proposition, à la discussion et à la délibération de la Chambre. »

Quelle est donc la limite? Quelle est la ligne de

séparation? Quel est le juste partage? « Vous (le gouvernement), vous avez le droit de proposition, et, en vertu de ce droit, vous avez présenté un code fondamental. J'ai le droit de délibération, et, en vertu de ce droit, je veux le discuter. Quand je ne vous nie pas le droit de présentation, pourquoi, en vertu de quels précédents, en vertu de quelle loi, en vertu de quelle raison, me niez-vous, à moi, le droit de délibération? [Ce droit de me nier mon droit,] vous ne l'avez pas, vous ne pouvez pas l'avoir. » Réfléchissez, rentrez dans la vérité, « reconnaissez et confessez que la Monarchie est une loi, que le droit héréditaire est une loi, que les relations de la Couronne avec les Cortès sont une loi, et qu'étant des lois, c'est à nous, les législateurs, qu'il appartient de les régler... Mais vous dites : Nous ne voulons pas, nous n'avons pas envie que le pouvoir suprême soit maltraité par ces messieurs de la gauche. Et qui vous a dit que nous allions le maltraiter?... Si j'étais monarchiste, je dirais du pouvoir suprême ce qu'a dit le poète persan : Ne craignez point : la Monarchie est, comme le santal, capable de parfumer même la hache qui la frappe. »

Eh! quoi, n'est-on pas dans des Cortès constituantes, et de telles Cortès n'ont-elles pas le dépôt de la souveraineté, dont elles disposent, qu'elles administrent, qu'elles dispensent et distribuent? « Dans des Cortès ordinaires, je me garderais bien de faire allusion directement ou indirectement au pouvoir qui serait indiscutable et sacré. Mais nous sommes dans des Cortès constituantes... Ceux qui se trouvent dans la période constituante, ceux qui ne connaissent pas les limites des pouvoirs publics, ceux qui ne distinguent pas d'une

manière certaine quelle part il y a ici de principe
électif et quelle part de principe héréditaire, ceux
qui n'ont pas encore défini et concrété leur doctrine, ce sont les membres de la majorité. Mais
nous avons beaucoup grandi et nous sommes déjà
très loin de la période constitutionnelle. Ces
Cortès sont donc constituantes non par notre
volonté, mais par la vôtre. Et qu'est-ce que des
Cortès constituantes? Celles qui sont chargées
de donner une Constitution, et cela, par sa simpli-
cité, ressemble aux demandes et réponses du
catéchisme du P. Ripalda. — Et qu'est-ce qu'une
Constitution? — La loi des lois. — Et pourquoi
est-ce la loi des lois? — Parce qu'elle constitue,
définit, règle, organise les pouvoirs publics. —
Est-ce un pouvoir public que le pouvoir suprême?
Est-ce un pouvoir public que la Monarchie? En
est-ce un ou n'en est-ce pas un? Si c'est un pouvoir public, elle est dans la Constitution, et si
elle est dans la Constitution, elle doit se discuter
par la même méthode que se discutent les autres
articles concernant les autres pouvoirs constitutionnels... Ou c'est un pouvoir constitutionnel,
et elle doit se discuter comme se discutent les
autres pouvoirs, ou ce n'est pas un pouvoir constitutionnel, auquel cas c'est une menace à toute
la Constitution. Ceci n'est pas de la rhétorique
(croit devoir avertir Don Emilio), c'est un argu-
ment sans réplique et sans issue. »

Castelar passe ensuite en revue les différents
attributs de la Couronne, et les examine par rapport aux relations des pouvoirs publics dans
l'État constitutionnel. D'abord, le privilège souverain par excellence : le droit de grâce. S'il y en
a un, qui puisse paraître extra-constitutionnel

et supra-constitutionnel, au point que logiquement il ne se conçoive guère en dehors de la Monarchie, ni ailleurs que dans la personne du Prince,
par émanation ou délégation de la Divinité,
c'est assurément celui-là. « Mais déclarer hors de
la Constitution le pouvoir qui dispose de la grâce,
qui détient la force, qui distribue les récompenses...
équivaut à menacer tous les autres pouvoirs... »
Et le principe héréditaire lui-même? Est-il donc
préétabli? Va-t-il donc de soi et sans le dire? Castelar n'en saurait convenir; il pense qu'en le
prétendant, on lui fait tort et presque injure :
« Je ne comprends pas, je ne puis pas comprendre
qu'on traite aussi légèrement un principe aussi
transcendantal, aussi grave que le principe héréditaire. » Ne supporterait-il pas l'examen, la discussion, la critique? Comparez, maintenant, entre
elles les différentes formes de gouvernement. « On
dit que la mobilité du pouvoir cause de grands
malheurs aux démocraties, mais réfléchissez aux
malheurs que nous a valus, dans l'espace de deux
siècles, le principe héréditaire. Étendez votre
pensée de la guerre de Succession à la guerre
civile et de la guerre civile à la révolution de Septembre (1868), et vous verrez comment se con-
firment mes observations... »

Mais il faut aller droit au fait : « Je demande à la
commission : le seul grand pouvoir de l'État est-il
le pouvoir monarchique? (ou, plutôt, proposition
renversée : le pouvoir monarchique est-il le seul
grand pouvoir de l'État?) N'y a-t-il pas d'autres
pouvoirs qui importent autant, qui valent autant,
pour le moins, que la monarchie? Voici les Cortès.
On conçoit qu'il existe des peuples cultivés, des
peuples civilisés sans monarchie, sans roi. Avez-

vous vu un peuple cultivé, avez-vous vu un peuple civilisé sur la terre qui n'ait pas de Cortès, qui n'ait pas d'assemblées délibérantes? » Si la monarchie ne peut être discutée, si le pouvoir monarchique n'est pas dans la Constitution, à plus forte raison, l'Église, le pouvoir religieux ne doit-il pas y être. « En soumettant ce pouvoir (celui de l'Église dans le domaine temporel et dans les matières mixtes) à la discussion, vous déclarez que d'autres pouvoirs vous importent bien davantage, et que vous aimez l'Église tout au plus comme les Romains aimaient les dieux termes, pour qu'elle garde vos propriétés. »

A ce moment du discours, Cánovas entre en séance. Don Emilio s'adresse aussitôt à lui; il précise qu'il ne vise nullement la politique ministérielle : « Je crois que la discussion des codes fondamentaux ne peut en aucune manière être subordonnée à l'existence d'un cabinet. » Et il développe longuement ce point par des arguments théoriques et surtout par des considérations historiques, tirées, outre l'histoire récente de l'Espagne, de celle de tous les temps et de tous les pays, d'où ni les castes orientales, ni les classes de la Grèce et de Rome, ni la féodalité, ni la théocratie, ni la réforme, ni le gallicanisme, ni le régalisme, ne sont absents, pour en arriver à conclure : « Aujourd'hui se combattent aussi deux principes : le principe héréditaire et le principe électif. Qu'a voulu faire la commission? Elle a voulu joindre les deux principes en un, et elle a dit : « Partisans du pouvoir électif, la Monarchie est dans cette Constitution ; vous n'avez donc pas sujet de vous plaindre. Partisans du principe divin, du principe sacré, du principe héréditaire, la Monarchie ne se discute pas ; vous n'avez donc pas sujet de vous plaindre. » Eh bien ! je vous dis qu'avec ces procédés on s'est détaché des principes vraiment monarchiques et des principes vraiment populaires, et que la commission n'a pas fait autre chose que de substituer aux axiomes et aux idées les plus fondamentales du droit public ses conceptions arbitraires. Comme s'il y avait, en ce siècle, des pouvoirs indiscutables ! comme s'ils avaient survécu à la prétention de ne pas être discutés ! « Les pouvoirs indiscutables sont morts, parce qu'ils n'ont pas voulu admettre le principe de contradiction ; et les pouvoirs discutables ont vécu, parce qu'ils ont accepté le principe de contradiction, et qu'en acceptant le principe de contradiction, ils ont accepté non seulement une loi de la logique, mais une loi de la vie. »

Au surplus, s'il eût été permis de discuter, qu'en fût-il résulté? « Il se serait peut-être trouvé un député qui aurait dit : le peuple espagnol est une démocratie, non, comme le peuple français, par une révolution, mais par l'histoire. Si nos rois absolus nous ont fait beaucoup de mal, ils n'en ont pas moins laissé réellement fondée une démocratie... » Les monarchistes auraient remarqué : « Nous croyons que le système parlementaire est un système de défiance entre le trône et le peuple... Les deux peuples les plus parlementaires sont le peuple aragonais au moyen-âge et le peuple anglais dans les temps modernes... Or le parlementarisme, en Aragon et en Angleterre, est né de la lutte des Cortès contre la Monarchie. Le *fuero*, plus ou moins authentique, mais traditionnel, de Sobrarbe menaçait les rois de les déposer et de les remplacer par un More ou un Juif, s'ils manquaient aux pactes jurés. » En Angleterre, à quoi cette défiance a-t-elle abouti? A une sorte de compromis, d'équilibre, de mélange. « L'Angleterre est une République que couronne, par une contradiction dont l'explication est dans le caractère anglais, le grand ornement d'une magnifique, mais illusoire Monarchie. »

Les Monarchies, que sont-elles devenues? Ce pouvoir, de source surnaturelle, d'essence divine, qui faisait sacrée la personne royale, où est-il? Où est le mystère dont il s'enveloppait, le voile tendu entre les peuples et les princes, qui ne devait être ni déchiré ni écarté? « Jamais on n'a autant écrit dans les Constitutions l'irresponsabilité des rois, et jamais elle n'a été moins effective dans les faits. L'irresponsabilité des rois n'était pas, auparavant, écrite dans les Constitutions, elle était écrite dans le cœur des sujets. » Pour défendre les approches du trône, on a construit une machine compliquée. Mais, « jadis, quand les rois se trompaient, les ministres et les favoris payaient. Maintenant, les ministres se trompent, et les rois le paient. *(Rires.)...* » Aussi « qu'eût dit un vrai monarchiste? Il eût dit : Retranchons aux rois de leur pouvoir. Otons-leur le veto et le droit d'ouvrir les Cortès. Ils gouverneront moins et seront moins responsables. Voilà ce qu'eût dit un vrai monarchiste. » Il eût fait la part du feu, jeté du lest pour sauver le vaisseau. (Mais n'était-ce pas ce qu'on avait fait, ce qu'on voulait faire, et qui parlait de rétablir une monarchie à l'antique?)

Infatigable, Castelar pressait de questions le gouvernement, la commission, le Congrès : tour à tour, il les interrogeait : « Je vous demande donc, je demande à toute la Chambre : Quand la restauration d'un ancien sentiment politique a-t-elle été une solution? Les restaurations n'ont jamais été des solutions. Je ne connais pas une restauration qui ait été une solution définitive. La restauration des Stuarts en Angleterre ne l'a pas été ; la restauration des Bourbons en France ne l'a pas été... Elles ne l'ont pas été, elles ne le seront jamais, elles ne peuvent jamais l'être, les restaurations passées et à venir, et, bien moins que toute autre, la restauration de votre sentiment politique. Ce mal très grave, la restauration, ne vient jamais par sa propre force et par sa propre vertu, mais par les fautes et par les erreurs de ses adversaires. Vous êtes ici, je le répète, non par votre force, mais par nos malheurs, par nos erreurs... Les idées progressives ne meurent pas, mais elles s'éclipsent. Savez-vous pourquoi s'éclipsent les idées progressives? Elles s'éclipsent par les exagérations... Mais si nos exagérations nous ont perdus, vos exagérations vous perdront. »

Ne vous croyez pas inébranlablement rassis sur un sol qui ne tremble plus ; ne croyez pas rebâtir pour l'éternité. « Nous sommes, — dites ce que vous voudrez, — dans une période révolutionnaire, éminemment révolutionnaire ; c'est un acte de la révolution de Septembre. La révolution eut sa période de préparation après le *retraimiento* des progressistes jusqu'à l'événement de Cadix ; sa période d'expansion depuis Cadix jusqu'au célèbre 29 décembre à Sagonte ; maintenant, elle est dans sa période de réaction, et cette période de réaction lui donnera la solution définitive. Et maintenant nous réfléchissons, nous

nous instruisons, nous autres. Nous avons déjà appris que le pouvoir, qu'il s'appelle République ou Monarchie, doit être ponctuellement obéi. Nous avons apppris que toutes les libertés, de la pensée, de la parole, de la tribune, de la presse, doivent exister, mais que c'est comme si elles n'existaient pas, quand manque la sécurité, parce que, si l'on ne peut pas sortir de sa maison, l'on n'est pas libre, car il faut avant tout et surtout la sécurité. *(Rires* ironiques, manifestement inspirés par le souvenir de ce qu'avait été la sécurité sous la domination de la République fédérale.) ...Nous avons appris qu'il faut à l'armée une grande discipline... Nous avons appris que la Cónstitution de 1869, avec de légères modifications, suffit pour notre état politique... »

Nous ne sommes pas si loin les uns des autres : il est possible que nous nous rapprochions, mais c'est à vous de marcher. « Vous pouvez venir à la légalité que je proclame, nous ne pouvons pas aller à la légalité que vous proclamez, vous ; nous ne pouvons absolument pas y aller... Le sentiment commun de l'humanité et l'histoire entière pardonnent les conversions dans le sens progressif ; ils ne pardonnent jamais les conversions dans le sens réactionnaire. *(Murmures sur les bancs de la majorité.)* Non, mille fois non ; ma conversion a été pour assurer davantage le triomphe de la démocratie, le triomphe de la liberté, et je ne veux pas dire un autre mot qui est dans votre esprit à tous (la République)... »

A l'appui de cette affirmation, Castelar invoque et « montre » en antithèse le double exemple d'Émile Ollivier et de Thiers, l'un allant de la République à l'Empire, l'autre venu de la Monarchie à la République, l'impopularité où est tombé le premier, la popularité glorieuse du second (peut-être oublie-t-il un peu trop la guerre, comme cause de faveur et de défaveur). Puis, se retournant vers le gouvernement et vers le Congrès, il relève une phrase prononcée dans une séance précédente : « Ce ministère, — le ministère Cánovas, avec Ayala, Romero Robledo et d'autres — est composé de désenchantés et de repentis. » « Si l'on nomme repentis, désenchantés, s'écrie-t-il, les restaurateurs de la veille, que dira-t-on de ceux qui soutinrent la régence du général Serrano, de ceux qui soutinrent la dynastie de Savoie? Que dira-t-on de ceux qui appartinrent à la République fédérale? Que dira-t-on de ceux qui appartinrent à la République unitaire? Que dira-t-on surtout des vaincus du 29 décembre? Ah! Messieurs, pour gouverner les peuples, il faut, avant tout, la force qui naît du prestige ; le parti libéral ne l'aura jamais dans cette Constitution, et nous ne pouvons nous ranger à votre conception de l'État, à votre conception du droit, à votre conception de la Restauration, à votre conception du pouvoir. Vous, au contraire, vous pouvez, si vous le voulez, venir dignement à nous ; vous pouvez venir aux droits naturels,... à la souveraineté nationale,... au suffrage universel,... à la démocratie (1)... »

Dès ce premier jour, Castelar et la Monarchie restaurée étaient en marche l'un vers l'autre. Il

(1) *Discursos parlamentarios y politicos de* Emilio Castelar *en la Restauración*, 6 et 7 avril 1876. Su tema la proposicion de *No ha lugar a deliberar sobre los titulos* de la Constitucion de 1876, relatives a la monarquia y a sur atributos esenciales, t. I, p. 221-303.

est inutile de compter les pas pour savoir qui en a fait le plus. Retenons seulement que, — comme les hommes ne devraient jamais dire : *jamais*, — jamais non plus, ils ne devraient dire : *absolument*.

On devine sans difficulté les raisons que Cánovas opposa à cette argumentation majestueuse : des faits et non des mots ; l'acte et non le verbe. Tout d'abord et tout de suite, la Constitution elle-même. Il y avait dans ses treize titres, particulièrement dans les huit premiers, de quoi dissiper les appréhensions des plus méfiants d'entre les libéraux. Le caractère de la Monarchie restaurée, — moderne, légale, parlementaire, — y était, dès le début, marqué d'un trait fort, par la distribution même des matières, par la détermination des pouvoirs et des droits, des droits avant les pouvoirs. Le titre premier était mieux qu'une vague et amphigourique, autant que générale, Déclaration des Droits de l'homme et du citoyen ; de l'homme de tous les temps et du citoyen de tous les pays. C'était une définition exacte et positive des droits des Espagnols sous le régime de la Constitution de 1876. Les titres II, III, IV, V, étaient consacrés aux Cortès, divisées en deux Chambres, Sénat et Congrès des députés. Le titre II, très court, puisqu'il tenait en deux articles, posait le principe. Il donnait plus que le manifeste de Sandhurst n'avait promis, puisque le Manifeste avait dit seulement : « Les princes espagnols... ne décidaient pas les affaires sans les Cortès, » et que l'article 18 du nouveau texte disait : « La puissance de faire les lois *réside dans les Cortès avec le Roi.* » Ainsi, dans la forme elle-même, la Constitution reconnaissait aux Cortès une espèce de priorité ou de prépondérance, ou du moins de préséance, ou tout au moins et strictement d'égalité législative. Sans le Roi, et par elles seules, il n'y avait pas de loi ; mais sans elles, et par le Roi seul, il n'y en avait pas non plus. Et déjà, de par cet article 18, la Monarchie était non seulement constitutionnelle, mais représentative et parlementaire.

Aux termes de l'article 19, les Cortès se composeraient de deux assemblées : le Sénat et le Congrès des députés. L'organisation du Sénat (titre III) était compliquée, comme tout ce qui veut enfermer dans le présent du passé et de l'histoire, comme tout ce qui se soucie plus de la vie que de la logique, et qui, en conséquence, ne peut être simple, parce que la vie n'est pas une logique. Le Sénat se composerait d'une part de sénateurs de droit, « par droit propre », et de sénateurs nommés par la Couronne ; d'autre part, de sénateurs « élus par les corporations de l'État et par les plus haut imposés », soit trois catégories distinctes : les deux premières inamovibles, la troisième renouvelable par moitié de cinq ans en cinq ans, 180 des uns, 180 des autres. Seraient sénateurs de droit : les fils majeurs du Roi et du Prince héritier ; les grands d'Espagne, sous de certaines conditions, les capitaines-généraux de l'armée (maréchaux) et l'Amiral de la flotte ; le Patriarche des Indes (survivance honorifique d'une dignité) et les archevêques, le président du Conseil d'État, celui du Tribunal suprême (Cour de cassation) et du tribunal (Cour des comptes) du royaume, celui du Conseil suprême de la guerre et celui du Conseil suprême de la marine, après deux années d'exercice de leurs fonctions. Pourraient être sénateurs nommés par le Roi ou élus par les corporations de l'État et par les plus haut imposés, les Espagnols appartenant ou ayant appartenu à l'une des douze classes suivantes (abrégeons) : le président du Sénat ou du Congrès des députés ; les députés ayant appartenu à trois Congrès ou siégé pendant huit législatures (sessions annuelles) ; les ministres de la Couronne ; les évêques ; les grands d'Espagne ; les lieutenants généraux et les vice-amiraux après deux ans de grade ; les ambassadeurs après deux ans et les ministres plénipotentiaires après quatre ans de service effectif ; les conseillers d'État, les membres du Tribunal suprême et de la Cour des comptes, etc., après deux ans d'exercice ; les présidents ou directeurs des Académies royales, Académie espagnole, Académie d'Histoire, Académie des Beaux-Arts, Académie des Sciences mathématiques, physiques et naturelles, Académie des Sciences morales et politiques et Académie de Médecine ; les membres titulaires de ces Académies appartenant à la première moitié par rang d'ancienneté d'élection ; les inspecteurs généraux des chemins de fer, mines et monts ; les professeurs titulaires des Universités, après quatre ans d'ancienneté et d'exercice ; le tout, à de certaines conditions de cens ; enfin, les possesseurs de 20 000 pesetas de rente annuelle, ou les contribuables taxés à 4 000 pesetas d'impôts directs, pourvu d'ailleurs qu'ils fussent « titres du Royaume » (nobles ou anoblis avec titre, marquis ou comte), ou bien qu'ils aient été députés aux Cortès, députés provinciaux, ou alcades d'un chef-lieu de province, ou d'une ville au-dessus de 20 000 âmes ; et par surcroît, le douzième paragraphe « repêchait », si pareille expression n'est pas inconvenante, ceux qui « autrefois, avant la promulgation de cette Constitution, auraient exercé la charge de sénateur, et par suite auraient justifié des conditions nécessaires pour la remplir. On le voit : bien des temps du passé, bien des tranches d'histoire, plusieurs couches de « géologie sociale » se trouvent réunis ici ; et, en cela, la Monarchie de la Restauration s'affirmait, en effet, dans sens institution, historique, traditionnelle, conservatrice.

Le titre IV, qui traitait du Congrès des députés, laissait flottante et indécise cette ligne, pourtant principale, du plan constitutionnel. Ce n'était évidemment qu'un cadre, qu'une pierre d'attente. Sur le point essentiel, le mode d'élection, il s'en remettait à une loi future. Il disposait simplement qu'il y aurait un député au moins par 50 000 âmes de population, et que les députés seraient élus et pourraient être réélus indéfiniment, « par la méthode que la loi détermine. » Il réglait en quelques mots les incapacités et les incompatibilités, et fixait à cinq ans la durée du mandat législatif.

C'était tout, et, manifestement, ce n'était que du provisoire. On se contentait d'une ébauche, volontairement molle et floue, pour laisser le champ libre aux constructions de l'avenir, dont le dessin ne devait s'affirmer que quatorze ans après, dans « la loi électorale pour les députés aux Cortès » du 26 juin 1890. Œuvre considérable, en six titres et plus de cent articles, sur laquelle il faudra revenir, mais dont il est bien permis de dire dès cette heure que, tandis que ce qui concernait le Sénat était fait plutôt des restes encore subsistants du passé, en ce qui concernait le Congrès, elle engagerait l'Espagne, une des premières, la première, peut-être, parmi les nations, dans les voies de l'avenir, vers la représentation organique, la représentation des forces sociales, la représentation réelle du pays.

Cette loi de 1890, interprétant et complétant la Constitution de 1876, édicterait en son article 21 que « les députés aux Cortès seraient élus directement par les électeurs des districts et *des collèges spéciaux* »; collèges spéciaux, — c'est la nouveauté, pleine d'intérêt, dans laquelle était le germe de vie, — que constitueraient, par groupes de cinq mille électeurs, « les Universités littéraires, les *Sociétés économiques d'amis du pays*, et les Chambres de commerce, d'industrie et d'agriculture organisées officiellement. » L'amorce, sans doute, serait faible, mais elle y serait. De plus, un geste, sinon un pas, serait fait vers la représentation proportionnelle ou du moins vers la représentation des minorités, par un essai prudent de vote limité : dans les circonscriptions, qui auraient à élire plus d'un député, jusqu'à quatre, on aurait le droit de ne voter que pour un, deux ou trois, laissant de la sorte une chance aux minorités de n'être pas entièrement privées de représentants. Mais ce qui importe surtout, ce qui était vraiment un germe de rénovation, ce qui se retrouvera même dans les mesures par lesquelles, plus tard, on croira abolir et remplacer la Constitution de 1876 et les lois qui en furent le développement, ce qui par conséquent mérite d'être mis en lumière, c'est l'idée et la tentative d'une représentation organique, d'une intégration ou réintégration dans l'État des « corps intermédiaires » qui vivent, des forces sociales qui agissent dans la nation. Aujourd'hui même, presque tout le problème est là, et pour demain, toutes les solutions vont là.

« Les rois ne décidaient rien sans les Cortès », avait rappelé le manifeste de Sandhurst. « La puissance législative réside dans les Cortès avec le Roi, » disait l'article 18 de la Constitution. De cette union proclamée par le titre II, le titre V dressait le contrat. « Les Cortès se réunissent tous les quatre ans. Il appartient au Roi de les convoquer, de les suspendre, de clore leurs sessions, et de dissoudre simultanément ou séparément la partie élective du Sénat et le Congrès des députés, avec l'obligation, en ce cas, de réunir le corps ou les corps dissous dans les trois mois. Les Cortès seront nécessairement convoquées, en cas de vacance de la Couronne, ou si le Roi se trouvait d'une manière quelconque dans l'impossibilité de gouverner. Le Congrès des députés nomme son président, ses vice-présidents et secrétaires. Le Roi nomme pour chaque législature, parmi les sénateurs, eux-mêmes, le président et les vice-présidents du Sénat, et celui-ci élit ses secrétaires. Le Roi ouvre et ferme les Cortès en personne ou par l'intermédiaire de ses ministres. Les corps colégislateurs ne peuvent délibérer ensemble, ni en présence du Roi. Le roi et chacun des corps colégislateurs ont l'initiative des lois. Outre la puissance législative que les Cortès exercent avec le Roi, leur appartiennent les facultés suivantes : 1º Recevoir du Roi, du successeur immédiat à la Couronne, et de la Régence ou du Régent, le serment d'observer la Constitution et les lois ; 2º Élire le Régent ou la Régence du royaume, et nommer tuteur au Roi mineur, quand la Constitution le prescrit ; 3º Rendre effective la responsabilité des ministres, qui seront mis en accusation par le Congrès et jugés par le Sénat. »

La Monarchie est donc une Monarchie parlementaire, et le Roi est un roi constitutionnel. Le titre VI définit ses prérogatives, ses pouvoirs et ses droits. Au sommet, l'intangibilité de la personne royale : « La personne du Roi est sacrée et inviolable. » Et sa couverture par les ministres : « Les ministres sont responsables. » Contre les assurances théoriques, contre la certitude dogmatique de ces deux articles, ou plutôt, en face d'eux, car il n'en approuvait nullement la transgression, Castelar, on l'a dit, élevait la protestation des faits, enregistrait les démentis de l'histoire. « En fait, remarquait-il, les ministres se trompent, et les rois expient leurs erreurs. » La Constitution faisait le partage *(articles 49 et suivants)*; plus exactement, elle réglait les rapports et définissait les formes, car, en réalité, il n'y a pas de partage, les ministres n'ont pas de pouvoirs propres, et leurs attributions ne sont que des pouvoirs royaux, conventionnellement exercés par leur moyen. « La puissance de faire exécuter les lois (d'un mot, le pouvoir exécutif) réside dans le Roi, et son autorité s'étend à tout ce que demandent la conservation de l'ordre public à l'intérieur et la sécurité de l'État à l'extérieur, conformément à la Constitution et aux lois. » Les ministres sont la main et la plume du Roi. Mais la main dont il ne peut pas ne pas se servir, la plume qu'il ne peut pas laisser dans l'encrier. « Aucun ordre du Roi ne peut être mis à exécution s'il n'est contresigné par un ministre, qui, de ce seul fait, s'en rend responsable. » Le Roi sanctionne et promulgue les lois. Il a le commandement suprême de l'armée et dispose des

forces de terre et de mer. (L'Espagne, qui se souvient de l'empire où jamais le soleil ne se couchait,
dit : de mer et de terre.) Il appartient, en outre,
au Roi d'expédier les décrets, règlements, instructions qui sont nécessaires pour l'exécution des
lois ; de veiller à ce que, dans tout le royaume,
s'administre promptement et complètement la
justice ; de faire grâce aux délinquants, conformément aux lois, de déclarer la guerre et de faire
la paix, en en rendant ensuite compte documenté
aux Cortès ; de diriger les relations diplomatiques
et commerciales avec les autres puissances ; de
faire frapper la monnaie, qui portera son effigie
et son nom ; de conférer les grades et les avancements militaires, les emplois civils, les honneurs
et les distinctions de toute sorte, de nommer ses
ministres, et de s'en séparer librement ; tout cela,
parce qu'il est le Roi, de sa certaine science, puissance, qualité et autorité : *Yo, el Rey*. Par surcroît, — mais alors, préalablement autorisé par
une loi spéciale, — il peut aliéner, céder ou échanger une partie quelconque du territoire espagnol ;
incorporer au territoire national un autre territoire ; admettre dans le royaume des troupes
étrangères ; ratifier les traités d'alliance offensive,
les traités de commerce, ceux qui stipuleraient des
subsides à une puissance étrangère et tous ceux
qui peuvent obliger individuellement les Espagnols ; il peut abdiquer la Couronne en faveur de
son successeur immédiat ; mais, rien de cela, le
Roi ne le peut sans autorisation spéciale et préalable de la loi. De même, avant de contracter
mariage, il en doit donner connaissance aux Cortès,
à l'approbation desquelles seront soumis les con-
trats matrimoniaux et stipulations matrimoniales,

qui, eux-mêmes et elles-mêmes, devront être l'objet d'une loi. Et, de même que pour le Roi, pour le successeur immédiat à la Couronne ; ni l'un ni l'autre ne pourront contracter mariage avec une personne qui serait, par la loi, exclue de cette succession.

Ici, aux titres VII et VIII, la Constitution porte la marque, on sent la prise d'une histoire encore toute récente. Il faut éviter le retour de grandes querelles, de grands troubles et de grands malheurs. C'est, avant tout, une pacification. Et il n'y a de pacification sûre que s'il n'y a pas de contestation possible. Aussi l'article 59 dit-il, d'une manière un peu insolite pour une Constitution, qui est une loi fondamentale, permanente, indépendante des circonstances : « Le Roi légitime d'Espagne est Don Alphonse XII de Bourbon. » L'article 60 tranche, ou du moins résout par une manière de compromis, de moyen terme, la question de la loi salique, d'où étaient sorties, au cours du siècle, les deux terribles guerres carlistes. « La succession au trône d'Espagne suivra l'ordre régulier de primogéniture et représentation (le fils, à défaut du père), la ligne antérieure étant toujours préférée aux lignes postérieures ; dans la même ligne, le plus proche au plus éloigné ; au même degré, le mâle à la femelle, et, dans le même sexe, la personne la plus âgée à la moins âgée. — *Art.* 61. Une fois éteintes les lignes des descendants légitimes de Don Alphonse XII de Bourbon, accéderont à la Couronne, dans l'ordre qui demeure établi, ses sœurs ; sa tante, sœur de sa mère, et leurs descendants légitimes, et ceux de ses oncles, frères de Don Ferdinand VII, s'ils n'ont pas été exclus (réminiscence de Don Carlos déclaré rebelle). — *Art.* 62. Si toutes les lignes énumérées viennent à s'éteindre, les Cortès feront de nouveaux appels (de nouveaux choix), comme il conviendra le mieux à la nation (reconnaissance du principe de la souveraineté nationale, mais on se rappelle que Cánovas attachait l'importance non point au siège théorique de la souveraineté, mais à son exercice effectif : le reste était pour lui vaine dispute d'école). Tout doute de fait ou de droit qui se présenterait par rapport à la succession au trône sera résolu par une loi. Les personnes qui seraient incapables de gouverner ou qui auraient fait chose par laquelle elles mériteraient de perdre le droit à la Couronne seront exclues de la succession par une loi (contre une résurrection, toujours à craindre, du carlisme). Quand régnera une femme, le Prince consort n'aura part aucune au gouvernement du royaume. (C'est la précaution habituelle contre les surprises de la tête et du cœur.)

Mais les difficultés de la succession, de l'ordre de succession, n'étaient pas les seules ; cet ordre même étant respecté, et précisément pour qu'il le soit, il y a celles provenant de la minorité possible de l'héritier. Le Roi est mineur jusqu'à l'âge de seize ans accomplis. Lorsque le Roi est mineur, son père ou sa mère, ou, à leur défaut, le parent le plus proche dans l'ordre de succession à la Couronne, tel qu'il est établi par la Constitution, sera appelé à exercer la Régence et l'exercera tout le temps de la minorité du Roi. (A la condition d'ailleurs d'être Espagnol, d'avoir vingt ans accomplis, et de n'être pas exclu de la succession.) Le père et la mère du Roi ne pourront exercer la Régence que restés et restant veufs. S'il n'existe

aucune personne à laquelle revienne de droit la
Régence, les Cortès en nommeront une (une Régence, un conseil de Régence), qui se composera
d'une, de trois ou de cinq personnes... Comme le
souvenir de Don Cárlos pour l'ordre de la succession, le souvenir des tracas éprouvés par la première Marie-Christine et de l'intrusion tyrannique
d'Espartero a inspiré, à coup sûr, ces dispositions dont la Régence de la seconde Marie-Christine allait bientôt démontrer l'utilité et recueillir
le bénéfice. Le surplus du titre VIII concerne
la Régence en cas d'impossibilité pour le Roi
d'exercer son autorité, impossibilité reconnue par
les Cortès, et la tutelle, privée ou civile, du Roi
mineur.

Les cinq derniers titres, — IX à XIII, — de la
Constitution du 30 juin 1876 sont très courts.
Eux, plus particulièrement, ils ne sont que des
amorces ; et, en effet, dans les dix ou quinze
années qui suivirent, on les vit successivement,
pour la plupart, compléter par des lois. Le
titre IX, relatif à l'administration de la justice,
portait, aux articles 78 et 79 : « Les lois détermineront les tribunaux et juridictions qu'il doit
y avoir *(que ha de haber)*, l'organisation de chacun d'eux, ses pouvoirs, et les qualités qui seront
exigées de leurs membres. Les jugements en matière criminelle seront publics, dans la forme
que détermineront les lois. » Ces articles trouvèrent leur expression finale dans la loi qui,
plus tard, par l'action du ministère libéral, ins-
titua le jury. Le titre X concernait les députa-
tions provinciales et les *ayuntamientos*, municipalités et conseils municipaux. Les principes posés
par l'article 84 furent mis en application dans les

lois, provinciale du 19 août 1882 et municipale du 2 octobre 1877. Elles forment, à elles seules, tout un code, et l'attention infinie, le soin extrême dont. elles furent l'objet, témoignent de l'importance vitale qu'elles présentaient dans un pays à tendances régionalistes, cantonalistes, communalistes, qui, pendant longtemps avaient été, pour l'Espagne de toutes les Espagnes, autant de menaces de dissidence, de dislocation, de dissociation, de dénationalisation.

Les titres XI, XII et XIII traitaient respectivement des contributions, de la force militaire, du gouvernement des provinces d'outre-mer : à vrai dire, ils ne décidaient pas de ces objets, ils les effleuraient, et les réservaient pour une législation future, les expédiant tous les trois en cinq articles et en une trentaine de lignes. Cette législation complémentaire intervint par les décrets royaux du 27 décembre 1892 pour les élections des députés à Cuba et à Puerto-Rico, et par les lois sur la police de la presse du 26 juillet 1883, sur les réunions publiques du 15 juin 1880, par la loi réglant le droit d'association du 30 juin 1887. Pour les mesures destinées à assurer l'ordre public en général (qui sont rarement populaires, mais dont toute la vertu est dans leur exécution), la Monarchie restaurée s'en référait à une loi qui ne pouvait lui être imputée, puisqu'elle avait été promulguée sous le signe de la révolution de 1869, le seing du maréchal Serrano, durant sa première présidence, et le contre-seing du républicain exemplaire Don Nicolás María Rivero ; celle du 23 avril 1870. Semblablement, pour l'administration et la comptabilité des finances, la Restauration s'en rapportait à une loi de la même période : 25 juin 1870, endossée par le ministre républicain Laureano Figueroa (1).

Considérée en elle-même, dans l'ensemble de sa composition et dans les détails de son texte, la Constitution du 30 juin 1876 était ce qu'on appelle familièrement de l'ouvrage bien fait. Mais Cánovas n'avait jamais cru que ce fût une lettre morte, en ce sens qu'elle immobilisât tout, qu'elle ordonnât et disposât une fois pour toutes et pour toujours. La Monarchie, comme il la concevait, était, en ses origines, historique et traditionnelle : la Constitution respectait donc et conservait, de ce qui avait été, ce qui pouvait être encore ; mais, dans sa direction, dans son orientation, elle voulait être moderne, et elle attendait, elle appelait ce qui pouvait être, de ce qui n'avait pas encore été. Si la caractéristique d'une bonne législation est d'être assez prompte pour suivre la vie à chaque pas et assez souple pour se modeler à chaque instant sur elle, il fallait que, par cette qualité aussi, la Constitution monarchique apparût comme la loi des lois. Le président du Conseil des ministres de Don Alphonse XII avait avancé deux maximes, il avait en quelque sorte planté deux jalons sur la route royale. Il avait dit deux choses ; la première : que « une fois l'heure arrivée, il sera facile pour un prince loyal et un peuple libre de s'entendre et de se concerter sur toutes les questions à résoudre » ; et la seconde : que l'avantage du régime parlementaire était de permettre à un parti,

<hr>

(1) *Manual de los señores Diputados*, par Don MANUEL CALVO MARCOS, *passim*.

parvenu au pouvoir, de faire ce que l'autre n'aurait pas fait, et à l'autre, revenu à son tour, de ne pas défaire ce que son rival avait fait et que lui-même n'eût pas pu ou n'eût pas aimé faire. C'est à la lueur de ces vérités expérimentales qu'allait se dérouler, de 1876 aux environs de 1890, et jusqu'à la mort tragique de Cánovas en 1897, l'évolution constitutionnelle de la Monarchie, restaurée selon sa doctrine et manœuvrant selon sa tactique.

IV

LES PARTIS DANS LA CONSTITUTION
LE RALLIEMENT PAR LE GOUVERNEMENT

Je ne me suis point proposé d'écrire l'histoire, — avec l'ampleur et la plénitude que ce mot comporte, — des vingt-deux années (1875-1897) qui virent l'épanouissement de la Restauration ; les années de Cánovas, plus longues et plus fécondes que les fameuses cinq années d'O'Donnell (non pas que Cánovas soit resté au pouvoir tout ce temps, mais, même lorsqu'il n'y était pas, son influence s'y faisait sentir, ne fût-ce que par une espèce d'effet contraire, et son ombre, au moins, n'en fut jamais absente). Ce que nous cherchons ici, c'est une leçon et un exemple. Arrêtons-nous seulement sur deux points culminants de cette courbe très tendue, deux sommets de cette ascension : le ralliement de la gauche démocratique, et la transmission du gouvernement des conservateurs aux libéraux, dans la redoutable crise qu'ouvrit la mort prématurée de Don Alphonse XII.

Au lendemain de « l'événement de Sagonte », les partis d'extrême droite et d'extrême gauche, plus ou moins surpris, saisis et frappés, demeurèrent d'abord en armes. Sans métaphore, pour les carlistes, des mains desquels il fallut les faire tomber. Ce qui se fit assez vite, diplomatiquement, par la paix du Baztán, et, militairement, en exécution d'un plan tout pareil à celui que Cánovas del Castillo, dans sa biographie d'Estébanez Calderón, expose comme conçu par Don Luis de Córdova, si je ne me trompe, pour mettre fin à la première guerre civile. Du côté de l'extrême gauche, si les armes elles-mêmes étaient brisées ou émoussées, les cendres de l'incendie étaient encore chaudes ; çà et là, quelque foyer fumait encore, et pouvait se rallumer. Les fédéralistes forcenés, cantonalistes et communalistes, vaincus, ne se rendaient pas. Les républicains, de nuances moins écarlates, les tenants de ce qu'on nommerait, par antithèse de l'autre, la République raisonnable, unitaires, progressistes, radicaux et libéraux, mais tous modérés par comparaison, portaient le deuil de leurs espérances, s'enfermaient chez eux, ou boudaient dans leurs cercles aménagés en Mont-Aventin confortable. Au *pronunciamiento*, chose d'Espagne, ils répondaient, autre chose d'Espagne, par le *retraimiento*. Mais, Bismarck l'a dit, l'indignation n'est pas une position politique, et ni la mauvaise humeur ni la vertu rigide ne peuvent durer toujours.

Voici de nouveau Castelar ; nous le reprenons comme témoin, comme symbole, et nous retenons sa conduite dans les Cortès de la Restauration, depuis les premières, depuis les Cortès constituantes de 1876, son attitude, son langage, comme la meilleure indication de la température des sentiments de la gauche avancée, à l'égard de la Monarchie qui se relevait. Non, sans doute, qu'on n'en pût citer d'autres ; bien d'autres que lui, dans les diverses fractions de ce parti, combattaient, résistaient, se défendaient, mais aucun d'aussi haut ni aussi fort. Le 9 mai 1876, dans les débats sur la Constitution, Castelar se plaignait qu'on fît trop étroite mesure à la liberté religieuse, la réclamait large et égale, soustraite aux usurpations, aux entreprises de l'État : « La conscience est incoercible, la conscience est inviolable. Vous pouvez la persuader, vous ne pouvez pas la dominer. Vous pouvez la mouvoir avec une idée, vous ne pouvez pas la mouvoir avec un commandement. » Le 20 juin, il revendiquait, professeur de l'Université de Madrid, la liberté d'enseignement. Le 15 juillet, il flétrissait et condamnait, — déjà rétrospectivement, — la Dictature. « Si vous en avez tant besoin pour votre politique, comment l'avez-vous discréditée et l'avez-vous perdue par tous vos actes? Dictature, et vous convoquez les comices qui exigent une complète liberté. Dictature, et vous faites les élections qui suspendent les attributions les plus essentielles du gouvernement. Dictature, et vous réunissez des Chambres qui ne peuvent consentir ni diminutions de leurs prérogatives ni menaces à leur inviolabilité. Dictature, et vous promulguez le code fondamental dont les articles sont tous de même lignée, donnant au pouvoir et aux citoyens des droits mutuels et [leur imposant] de mutuels devoirs, en ce qu'il les assujettit tous à l'auguste impersonnalité de la loi. Mais la politique de ce gouvernement est essentiellement une politique antilégale. Machiavel disait que la dictature passagère a mille fois sauvé Rome et que la dictature perpétuelle l'a perdue pour toujours. Et vous allez à la dictature perpétuelle. Machiavel disait que mille fois la dictature de la légalité a sauvé Rome et que la dictature illégale l'a perdue pour toujours. Et vous exercez une dictature illégale. Vous ne l'avez reçue de personne, vous l'avez prise de votre propre arbitre et par votre caprice. Vous ne la conservez par aucune sanction légale ; vous la conservez par votre caprice et de votre propre arbitre. Cette Dictature n'est pas sortie des Cortès, elle est sortie des casernes. Elle a rompu d'abord les lois du pouvoir qui l'avaient précédée, et elle rompt maintenant les lois qu'elle-même a données, comme si elle se réjouissait dans l'illégalité... »

Castelar est infatigable, son éloquence intarissable : de sujet en sujet, elle se surpasse elle-même. Le 17 novembre, discours sur les lois municipale et provinciale ; le 13 décembre, discours sur la loi militaire, contre la faculté du remplacement, pour le service obligatoire ; le 2 janvier 1877, discours sur la politique du gouvernement conservateur ; le 22 mai, discours en défense du suffrage universel. Le 8 juillet 1878, discours sur le régime auquel sont soumis les journaux, et, le 25 novembre, discours sur la liberté de la presse : le 12 du même mois, Don Emilio avait parlé sur la loi électorale. Le 2 juin 1879, il revient à la question du serment, qui lui tient à cœur ; entre temps, et, à trois reprises, en cette année d'élections, il dénonce les interventions illicites qui corrompent et faussent les scrutins. Le 8 juillet, il discute le message à la Couronne, dans le même esprit qu'en 1878 et qu'en 1876 ; et il le discute encore, le 14 novembre 1881, comme, le 21 septembre 1881, il a encore attaqué le serment. L'enceinte du Congrès ne lui suffit d'ailleurs pas, et Emilio Castelar porte au dehors la magique puissance d'une des paroles les plus riches qui aient jamais fleuri sur des lèvres humaines ; devant « la Démocratie historique » d'Alcira (2 octobre 1880) ; dans une réunion publique à Huesca, dont il est député (7 août 1881) ; sans compter ce qui n'a pas été recueilli. Avec quels accents ! Et au milieu de quelle fureur, de quel délire d'admiration ! A Alcira, par exemple, « les applaudissements, les vivats, les cris d'en-« thousiasme, les manifestations d'adhésion à « l'orateur interrompent pendant longtemps son « discours (1). »

Dans les Cortès et au dehors, au long de ces cinq années (1876-1881), le thème de Don Emilio est le même, son programme est invariable : la loi, l'ordre, la liberté. Les libertés plutôt, les libertés, filles de l'ordre et de la loi, et d'une liberté à l'autre. Lorsqu'on en a conquis, lorsqu'il en a été concédé une, tout aussitôt, que l'on réclame la suivante. Et, à chaque fois que l'on en avait conquis une, à chaque fois qu'il en avait été concédé une, Castelar et la Monarchie se rappro-

_____

(1) *Discursos parlamentarios y políticos de* EMILIO CASTELAR *en la Restauración*, dix années, 1874-1884, t. I, II, III, IV.

chaient ; par la Monarchie, s'accomplissait ce
qu'il y avait d'acceptable et de réalisable dans le
programme républicain, qui se vidait. Mais le
groupe de ces républicains assagis était très faible,
insignifiant numériquement dans les Cortès ; au
début de la Restauration, rien que deux ; et il ne
prenait de signification que des personnalités de
ses deux membres, de celle surtout d'Emilio Castelar. Entre eux et les conservateurs, monarchistes de la veille, du jour, ou du lendemain
matin à la première heure, s'étendait tout un
marais parlementaire, où les opinions, comme le
sol, étaient incertaines et flottaient, pour ainsi
dire, sur des eaux troubles. Si Castelar, homme de
la doctrine, se sentait, devant la Monarchie, de
jour en jour plus désarmé, qu'en pouvait-il bien
être des hommes de l'ambition, de l'intérêt et de
l'occasion? Il avait beau railler, dire qu'il y avait
moins de monarchistes dans cette Chambre que
dans d'autres qui se croyaient et que l'on croyait
républicaines : ces républicains n'étaient là que
parce qu'ils étaient passés ou pour passer à la
Monarchie, et, en effet, peu à peu ils y passaient.
La Restauration les attirait à la légalité par
l'ordre et les y attachait par la liberté. Ils étaient
aux portes de la Constitution, aux portes du régime qu'elle organisait : un pas de plus, et ils
seraient dedans. Les anciens ministres, les derniers soutiens, les rares fidèles de Serrano, les
tenants les plus obstinés de la République modérée et unitaire, hésitaient, s'observaient, observaient, et on les observait. De même qu'ils étaient
entrés dans la République pour la « désanar-
chiser », pour la discipliner, s'ils entraient dans la
Monarchie pour la libéraliser, — ils se couvraient

de ce grand mot, — pour la démocratiser? Pourquoi la gauche démocratique ne deviendrait-elle pas la gauche dynastique? Pourquoi ses chefs, s'étant accommodés de Serrano, de Don Amédée, de la République fédérale, tout en en déplorant, mais en en subissant les excès, s'étant faits les dévots de la République unitaire, puis étant revenus à Serrano quand lui-même était revenu, puis étant partis avec lui, sans trop savoir où aller, pourquoi ne s'arrangeraient-ils pas avec la Monarchie? Après tout, elle était constitutionnelle et parlementaire, c'est-à-dire (les consciences vacillantes trouvent toujours de ces poids à jeter dans la balance) à demi démocratique, un peu républicaine. Pourquoi n'iraient-ils pas à elle? Oh! bien entendu, dans l'opposition, du côté du progrès, et pour la pousser!

Dès que leur mouvement se dessina, Castelar, qui le jugeait précipité, les fustigea de son ironie, les couvrit de ses invectives. Qui? Eux, ces hommes d'hier et d'avant-hier, ces radicaux, ces républicains, presque les mêmes hommes que lui, les mêmes! « Si grand, leur criera-t-il (1) (22 décembre 1882), si grand que soit notre désir de marquer des différences entre nous, nous avons au fond une même histoire, puisque, contre le trône de Doña Isabelle II, nous avons été conspirateurs, vous, et conspirateurs, nous ; révolutionnaires du 22 juin, vous, et révolutionnaires du 22 juin, nous ; condamnés, vous, en la personne de vos chefs, à la mort dans le garrot vil, et condamnés, nous, en notre propre personne ; vainqueurs d'Alcolea, vous, et vainqueurs, nous ;

____

(1) *Discursos* de Emilio Castelar, 22 décembre 1882, *Sur la formation de la gauche démocratique*, t. IV, p. 192-193.

auteurs, vous, des trois *Jamais!* qui proscrivaient la Maison de Bourbon, et auteurs, nous ; ministres et présidents de la République, vous, et ministres et présidents de la République, nous ; tous, à la fin et au fond, les mêmes, parce que tous nous portons plus ou moins les mêmes armes sur notre écu, et les mêmes souvenirs autour de nos noms honorés : différents seulement par une faculté, par la mémoire, en nous brillante, en vous effacée et éteinte ! »

Ces gens de gauche ne marchaient pas, ils couraient, et si vite qu'ils avaient l'air de courir au secours de la victoire. (Pourtant, depuis le fait de Sagonte, huit ans déjà s'étaient écoulés, et six depuis le vote de la Constitution ; dans l'intervalle, la Monarchie légalitaire, parlementaire, moderne, avait fait ses preuves.) Alors encore, tout ce que Castelar pouvait promettre au gouvernement restauré, c'était la bienveillance, — *benevolencia,* — une bienveillance passive et qu'il définissait ainsi : « Cela ne signifie pas tant une bonne volonté, un continuel concours, que la réprobation et l'éloignement des moyens révolutionnaires. Le mot *bienveillance,* en son acception politique, est le contraire du mot *violence* (1). »

(1) C'est par là aussi que Sagasta avait commencé, par « l'expectation bienveillante ». Mais il ne tarda pas à déclarer publiquement que « le parti constitutionnel était le parti de gouvernement le plus libéral dans la Monarchie », et, en conséquence, ses amis constituèrent dans les Cortès « l'opposition de Sa Majesté ». En 1880, Sagasta, se séparant des éléments extrêmes des gauches, unit son groupe avec les *centralistes,* et cette fusion permit, par l'opération de Cánovas, son accession au gouvernement (8 février 1881). Enfin il fusionna les *fusionnistes* eux-mêmes, en juin 1885, avec les partisans de Martos et de Montero Rios, ce qui, à la mort d'Al-

Mais comment la gauche démocratique, venant, pour l'opposition, à la Monarchie, ne serait-elle pas devenue, dans l'opposition même, et par cette opposition elle-même, une gauche dynastique? Discuter avec quelqu'un, en propres termes, s'opposer à quelqu'un, c'est reconnaître qu'il existe. Lorsqu'on se prête un peu, on se donne tout à fait. Pour avoir définitivement ces nouveaux venus, pour faire d'eux sans retour un parti monarchiste, il n'y avait qu'à leur passer le gouvernement. Cánovas l'avait vu d'un coup d'œil génial, et, dès qu'il en avait eu l'intelligence, il en avait eu la volonté. Cette opposition, capable de fournir un gouvernement parallèle au sien, alternant avec le sien, ne lui était-elle pas nécessaire pour construire, animer et mouvoir une Monarchie vraiment parlementaire où les partis se suppléeraient et la compléteraient, en se succédant au pouvoir et en en usant chacun en vue de son but, et tous les deux en vue du bien public?

Oui, c'était nécessaire, mais ce n'était pas facile ; ce n'était pas possible, sans un artifice. Cánovas m'a dit, quinze ans plus tard, qu'à ce moment sa situation était telle que, quand bien même il eût voulu perdre la majorité, il ne l'aurait pas pu, les électeurs ne l'auraient pas suivi. Ç'a été longtemps la mode en Espagne, et le trait pas le plus honorable des mœurs politiques d'outre-monts, que le gros du corps électoral se piquait d'être ou de paraître plus gouvernemental que le gouvernement ; et comme, nulle part, le suffrage universel n'entend finesse aux jeux de la politique, il était fidèle au point qu'un gouvernement, le voulût-il, ne pou-

phonse XII, en novembre, désigna Sagasta pour présider, avec les plus grandes chances de paix, à la transmission de la Couronne.

vait pas se faire renverser. Mais particulièrement, en ce temps-là, du temps de la toute-puissance de Cánovas. Le président du Conseil, inamovible malgré lui, fut donc dans l'obligation de recourir à un stratagème. Quand les choses furent à point et l'instant arrivé, il feignit un dissentiment avec le Roi ; il présenta à la signature un décret auquel Don Alphonse XII refusa son approbation ; sur quoi, il lui offrit la démission du Cabinet : à la surprise générale, à l'étonnement des ministres eux-mêmes, elle fut acceptée, et M. Sagasta fut appelé. Même après, tout le monde ne sut pas, et beaucoup de ceux qui surent ne comprirent pas. Mais, par le gouvernement, l'opposition devenait pleinement constitutionnelle. La gauche démocratique était bien désormais la gauche dynastique. Lorsqu'elle retomba du pouvoir, elle resta « l'opposition de Sa Majesté ». La Monarchie était maintenant sur ses deux pieds ; toutes ses pièces étaient en place ; il n'était plus possible de faire échec au Roi. *Bellissimo inganno :* c'était un magnifique coup, magnifiquement joué.

V

UN PASSAGE DIFFICILE
LA MORT DU ROI DON ALPHONSE XII

Ce coup dut être répété, au bout de quatre ans, dans une circonstance difficile. La mort de Don Alphonse XII (1), enlevant ce prince aux confins

---

(1) 25 novembre 1885.

de la jeunesse et de la maturité, alors qu'il semblait que l'on pût espérer de lui pour la Restauration une longue vie, posait devant l'Espagne une énigme redoutable, et de la mauvaise solution de laquelle il y avait à craindre un recommencement de ses maux. Le Roi ne laissait comme héritiers connus que des filles, dont l'aînée était encore enfant, mais une nouvelle naissance se préparait. Or, la Constitution de 1876, semi-salique, n'habilitait les femmes à succéder à la Couronne qu'à défaut de mâle dans la même ligne et au même degré. Si l'enfant à naître était un fils, ce serait donc lui l'héritier légitime, et c'est en son nom que la Régence gouvernerait (1). Mais qu'est-ce que le Seigneur allait donner à ce cadavre, et, s'il est de principe que le mort saisisse le vif, comment ce mort saisirait-il ce vif qui n'était pas encore inscrit parmi sa descendance, au livre des vivants?

Le régime restauré achevait seulement sa dixième année. Le vieil arbre monarchique était bien replanté, mais n'était peut-être, après tant de secousses, qu'imparfaitement réenraciné. La tempête pouvait venir des deux extrémités de l'horizon : du nord et du sud, du carlisme ou du régionalisme, de droite ou de gauche. De droite, c'était moins probable : le carlisme, vaincu depuis peu, n'était pas réorganisé, s'il n'était à jamais découragé, et, s'il n'abandonnait point théoriquement ses droits, il se contentait de les réserver,

_____

(1) Ce fils posthume naquit le 17 mai 1886. Il fut proclamé Roi le jour même sous le nom de Don Alphonse XIII, et atteignit sa majorité (à seize ans) le 17 mai 1902. Jusque-là, la Régence fut exercée par sa mère, la reine Marie-Christine, qui montra, dans ce rôle, des qualités d'homme d'État éminentes.

ce qui est une manière de ne pas les faire valoir.
Le péril immédiat était plutôt à gauche. Du côté
de la gauche, ou des gauches, tout fraîchement ral-
liées, amenées ou ramenées, un reflux pouvait
se produire ; et, comme, de proche en proche, les
plus modérés avaient attiré les plus avancés,
la marée, en se retirant, pouvait, derrière les plus
avancés, entraîner, remporter les plus modérés
eux-mêmes. Mais il y avait un moyen de parer
à ce danger : il n'y en avait qu'un, et il était
héroïque, aventureux, il n'était sûr que si l'on
s'était d'abord assuré, jusqu'à n'en avoir aucun
doute, de la loyauté, de la fidélité de l'homme qui
aurait à le mettre en œuvre, et l'on n'en serait
absolument sûr que si l'on avait fait de lui, par
l'intérêt, le prisonnier de son devoir, et, par
la vanité ou l'amour-propre, par « l'honneur »,
l'esclave de sa fonction.

Que se passa-t-il alors? Je relis dans un vieux
journal (1) : « Il y eut un moment, qui fut extrêmement critique, dans le cours quotidien et assidu
de ce travail (de la Restauration), un moment où
il put être interrompu ; un moment où il fut nécessaire de déployer d'insignes vertus pour que ce
labeur salutaire ne fût nullement menacé : c'est
quand la mort du Roi livra sa succession à une
impénétrable énigme. La difficulté fut hautement
et glorieusement surmontée par l'attitude pré-
voyante et la décision anticipée, qui, dès qu'il eut
fallu désespérer de la vie du jeune monarque,
furent prises fermement dans l'esprit et les résolutions irrévocables de M. Cánovas del Castillo.

____

(1) *El Estandarte*, lundi 11 juin 1894 ; article signé Juan Pérez
Guzmán.

Lui-même, avec son admirable éloquence et son autorité indiscutable, il a expliqué les actes et les inquiétudes d'un pareil instant. Put-il avoir une hésitation en face d'aussi graves déterminations? Put-il ne pas peser et la responsabilité personnelle qu'il assumait, et les conséquences prochaines ou éloignées, susceptibles d'en résulter pour le soutien de la Monarchie? Il ne lui manqua ni les critiques de ceux qui se méfiaient, ni la constante soumission de ceux qui avaient placé en lui toute leur confiance. Mais cette confiance, dans l'esprit du grand homme, ne repose jamais que sur les persuasions intimes et cachées de sa conscience. La preuve, bien qu'apparemment compromise, était en sa conviction solidement assurée. La base de la concorde commune, fondée entre lui et son parti et les partis fusionniste et démocrate unis, ne pouvait être exempte de garanties. Cette garantie ne pouvait se trouver que dans le sentiment de sa supériorité reconnue par tous, acceptée par tous, par ses amis et par ses adversaires, aux degrés convenables de cette subordination respective, qui se prête, se rend et se professe sans humiliation et sans offense, quand, outre la supériorité du talent, la supériorité de l'action et la supériorité de la fortune, toute droiture et toute loyauté ne peuvent refuser de reconnaître ces dons, ces gages, joints à un grand désintéressement, à une grande abnégation, à un patriotisme exemplaire et passionné.

« Il ne pouvait donc y avoir de doute sur la loyauté des hommes, quand on possédait déjà les assurances de la soumission. Mais, en cet acte d'une telle gravité, toutes les conséquences ne dépendaient pas de la loyauté des hommes, et elle ne

pouvait être l'unique mobile dans la haute pensée
de M. Cánovas del Castillo, pour l'exécution de son
dessein médité. *A nouveau règne*, a dit quelqu'un,
moules nouveaux, et quoique, au fond, il y eût
beaucoup de vrai dans cette déclaration, ces nouveautés qu'on invoquait ne pouvaient provenir
d'improvisations subites, ni de noms, ni de procédés, ni de directions, ni de conduites, qui auraient
équivalu à une réaction des idées et des faits,
qui auraient évidemment causé des perturbations
sans doute périlleuses, et, de toutes façons, tôt ou
tard, un recul qui aurait pu en venir à ensevelir
la patrie, les institutions et les conquêtes réalisées,
dans l'antre obscur et dans l'abîme sans fond
de l'ancien chaos. (On voit que nous nous atta-
chons à respecter, même en sa forme et en sa
lettre, le texte espagnol, ce qui ne va pas toujours
sans que la traduction française, — et le traduc-
teur, — en souffrent.) L'œuvre commencée depuis
l'auguste proclamation de Sagonte ne se pouvait
interrompre ; mais il fallait la continuer en la consolidant, en ne résistant pas à l'invasion des idées
qui grandissaient dans l'opinion publique, et
qui, dans un ordre régulier, se présentaient
comme des solutions planes et faciles du temps
et de l'occasion ; en ne s'adonnant pas à la lente
tâche d'aller organisant et mûrissant les conquêtes
déjà atteintes et obtenues ; mais en permettant
par étapes successives de presser la venue de solutions qui, par leur caractère réformateur, ne pouvaient être inscrites dans le programme du parti
qui achevait d'organiser la Monarchie, et qui enve-
loppaient des intérêts de suprême importance dans
l'ordre moral, dans l'ordre politique et dans l'ordre
économique. La parti conservateur ne pouvait

arracher ce programme des mains de ceux qui le soutenaient légitimement, quand la Monarchie, privée du Roi, soumise à la longue régence d'une femme, quoique douée de qualités aussi excellentes que celles qui ornaient l'illustre mère de Don Alphonse XIII, et dévolue à un successeur encore inconnu, peut-être à une fille et, de plus, à une enfant de peu d'années, comme l'était l'aînée des héritières de la Couronne, [quand cette Monarchie] avait besoin de l'appui de toutes les forces morales du pays, et, surtout, comme en 1834, bien qu'il ne restât plus, en campagne ni dans les villes, de partis en armes, de l'appui de ceux qui représentaient plus directement les principes de liberté, desquels ne peut se passer, pour vivre, aucune espèce d'institution de nos jours.

« Il ne peut y avoir de plus grande victoire sur soi-même que celle remportée alors par M. Cánovas del Castillo. Fort de son pouvoir, de son droit, de sa force que lui octroyaient conjointement la confiance toujours intacte de la Couronne et le vœu toujours vif de l'opinion, la seule chose qui eût pu lui imposer de demeurer au ministère aurait été la moindre crainte de quelque péril effectif que la Monarchie eût pu courir du fait de circonstances anormales. Mais ce péril ne se faisait sentir d'aucun côté. Les ennemis des institutions entretenaient leur curiosité en surveillant la vie du Roi et en se communiquant leurs impressions et leurs espérances ; mais, en réalité, ni carlistes ni républicains n'avaient aucune force sérieusement organisée pour se lancer en aucun cas dans une entreprise condamnée à l'avance. Ce qui présida, pour toutes ces raisons, à l'acte souverain de désintéressement et d'abnégation de

M. Cánovas del Castillo, dans ces heures suprêmes
pour son patriotisme affligé de la perte prématurée d'un monarque aussi jeune, aussi loyal et
nourri de pensées élevées, ce fut la portée supérieure de son jugement sur les nécessités impé-
rieuses de chaque événement et de chaque moment,
sa longue prévision dans les calculs de l'avenir, son
èsprit sincèrement ajusté à tous les courants impérieux de notre temps, qui ne s'épouvante d'aucune
réforme, surtout parce qu'il possède le précieux se-
crèt de savoir assigner à chaque droit la limite de
son action et la manière de l'exercer, enfin la notion profonde du devoir que lui imposait la solution la plus certainement appropriée au soutien de
l'édifice monarchique, resserré par la rigueur du
destin, comme, après les jours glorieux des Rois
catholiques, par la mort du prince Don Juan, du
prince Don Miguel, et, jusque par celle du jeune
époux de la reine Doña Juana, et même par celle
de cette Jeanne la Folle, épreuves qui sont, dans
l'histoire l'enclume et le creuset des grands hommes
et des peuples dignes de hautes récompenses. »
Parlons plus simplement et plus clairement.
Laissons parler Cánovas lui-même. Une contestation s'étant élevée, entre Sagasta, président du
Conseil, et lui, sur quelques points, notamment
sur la part d'initiative que chacun d'eux avait
prise en cette angoissante conjoncture, Cánovas,
au Congrès, le 2 juin 1894, s'exprima en ces termes :
« M. le président du Conseil vient d'entasser erreurs
sur erreurs ; faute qui, après tout, lui est familière ;
il me paraît qu'entre les insignes qualités que
sans conteste Sa Seigneurie thésaurise, chancelle
quelque peu sa mémoire politique. Ces équivoques
ont commencé dès le commencement de son dis-

cours. Il a dit que jamais la minorité que Sa Seigneurie dirigeait, quand le parti conservateur était au pouvoir, n'avait combattu le gouvernement conservateur pour ses résolutions sur des sujets internationaux ; et, parmi les exemples qu'il a cités, puisque, semble-t-il, il a voulu en citer, l'un était celui de ce qui est arrivé lors de la très déplorable mort de S. M. le Roi Don Alphonse XII. Comme s'il pouvait y avoir une question moins internationale, plus nationale et intérieure que celle-là ! *(M. le président du Conseil des ministres — Sagasta — : Ce n'est pas cela !)*

« Ce qui s'est passé alors, quel que fût le caractère de la question, n'est ni peu ni prou ce qu'a dit M. Sagasta. Ce que j'en sais (je ne sais pas ce que sait M. Sagasta) est que, quelques jours avant la mort de S. M. le Roi Don Alphonse XII, un haut personnage militaire, à qui m'unissent des liens très spéciaux de considération et d'affection, a voulu savoir par moi, et non par une tierce personne, quel était l'état du Roi. Je lui répondis, alors, que je ne devais pas le dire ou le déclarer définitivement, parce que je ne le savais pas d'une manière certaine ; mais qu'aussitôt que j'aurais acquis la certitude que, par malheur, les jours de S. M. le Roi étaient en péril, je le porterais à sa connaissance, à celle de la personne dont il s'agit. Et déjà, dans cette conversation, je lui exposai toutes mes idées pour le très triste cas où le Roi viendrait à manquer, et le même personnage me dit : « Eh ! bien, je désire beaucoup, pour des « raisons particulières, que vous communiquiez la « même chose à M. Sagasta. »

« A cela je répliquai que je n'y voyais aucun inconvénient, et, en effet, M. Sagasta se présenta ensuite chez moi pour entendre ce que le personnage en question avait entendu, mais non pour m'offrir, et ce n'était pas nécessaire, quoi que ce fût. Je dis donc à M. Sagasta ce que j'avais dit au personnage à qui je fais une allusion répétée, et qui, plus ou moins, fut ce qui suit : « La vie de « Sa Majesté est en péril ; les docteurs disent qu'il « faut, pour le moins, qu'Elle quitte Madrid sans « délai. Ce départ offre assez de difficultés, parce « que les Cortès sont convoquées pour une date « prochaine ; sans doute, tant que vit S. M. le Roi, « je conserverai le pouvoir à tout prix, même dans « le cas où Sa Majesté devrait s'absenter de « Madrid et où j'aurais à ouvrir les Cortès en son « absence ; mais, si Sa Majesté mourait, je ne suis « pas disposé à présider le premier Ministère du « nouveau règne. »

« Voilà ce qui s'est passé. Depuis, je n'ai plus parlé avec M. Sagasta, sinon quand il était déjà ministre ; et je me réjouis que cette occasion se soit présentée de dire ce qu'il en est de la fable du pacte du Pardo. Il n'y a eu rien de plus ni de moins que ce que je viens de rapporter, et de tout cela est absente, complètement absente, une démarche de M. Sagasta pour s'adresser à moi et m'offrir des appuis de n'importe quelle espèce.

« Je ne crois pas, après avoir ainsi rappelé les faits qui sont d'une exactitude absolue, que M. Sagasta puisse les rectifier. Au surplus, par bonheur, il existe l'intermédiaire, auquel je me réfère ; il sait qu'il s'est passé cela, et pas autre chose. (*M. le président du Conseil des ministres :* Et que je suis allé m'offrir à Sa Seigneurie, comme je me suis offert au nom du parti.) — *Cánovas :* Et pourquoi? Pour rien. (*M. le président du Con-*

seil : Pour rien? Eh ! bien, les circonstances étaient bonnes !) — *Cánovas :* Je le reçus par l'entremise et sur les instances de la personne dont il s'agit, et Sa Seigneurie n'avait pas pensé spontanément... (*M. le président du Conseil des ministres :* Ce fut spontanément que j'ai été me renseigner, car, moi, personne ne m'avait informé du mauvais état du Roi, en allant au Pardo, comme j'y fus. En rentrant chez moi, je trouvai ma maison pleine d'amis et de partisans, et je leur dis : Je vais voir M. le président du Conseil (c'est-à-dire Cánovas) pour lui offrir l'appui du parti en tout ce qui peut être nécessaire, parce que le Roi est très mal. Voilà ce qui s'est passé. — *Cánovas :* Quel jour Sa Seigneurie est-elle allée au Pardo? (*M. le président du Conseil des ministres :* La veille de la mort du Roi.) *Cánovas :* Eh ! bien, ce que j'ai rapporté, — et le témoin dont je n'ai pas à donner le nom, mais que tout le monde aura reconnu, le confirmera, j'en suis sûr, — s'est passé quatre ou cinq jours avant. *(Rumeurs.)* Je me rappelle le fait avec tous ses détails, et ce fait est complètement différent. Je n'avais pas demandé, et je n'avais pas besoin que l'on m'offrît rien. *(Fortes rumeurs.)* Résolu à me maintenir à tout prix au pouvoir tant que vivrait le Roi, sûr qu'en ce cas je serais terriblement combattu par mes adversaires, et bien résolu aussi à ne pas présider le premier ministère de la Reine-Régente, quelle nécessité avais-je de cette offre?

« J'ai eu nécessité, nécessité d'honneur, de conférer avec la personne à qui j'ai fait constamment allusion, à cause du lien singulier, extraordinaire, unique, qui m'a uni à elle dans les événements de la Restauration ; et j'ai cru que, quand ce règne, aux commencements duquel nous avions eu si grande part tous les deux (1), allait se terminer de cette manière funeste, je ne pouvais faire moins que de conférer avec elle, d'avoir avec elle une conversation, ni plus ni moins ; avec aucune autre personne, je n'ai pas pensé que je dusse avoir d'explications. »

Vu à juste distance dans le temps et dans l'espace, cet incident n'a plus aujourd'hui pour nous que le simple intérêt d'une curiosité historique, et même, — comment le cacher? — la controverse paraît un peu mesquine. Quel que soit de ces deux hommes, Cánovas et Sagasta, celui dont la mémoire ait été la plus fidèle : que la visite de Sagasta à Cánovas ait eu lieu la veille de la mort du Roi ou bien quatre ou cinq jours avant ; que Sagasta ait offert spontanément son concours ou que Cánovas le lui ait demandé ; que le personnage voilé soit venu de lui-même interroger Cánovas ou qu'il ait été envoyé ; que sa phrase finale, demandant « que la même communication fût faite à M. Sagasta », ait été ou non une invitation indirecte à entrer en rapports avec le parti libéral, il n'importe guère : l'important est que, dès avant la mort de Don Alphonse XII, Cánovas eût résolu de ne pas garder sous la Régence un pouvoir que nul, s'il eût voulu le retenir, s'il n'eût pas estimé politiquement nécessaire de le céder, n'eût été en situation de lui prendre, et que, dès ce moment aussi, Sagasta fût prêt soit à l'aider, soit à se charger

---

(1) Le « haut personnage militaire », qui avait pris une si grande part aux événements de la Restauration, paraît être Martínez Campos, en dépit de la sévérité avec laquelle Cánovas l'avait traité jadis, dans un mouvement de *malhumor*, quand le Maréchal avait manifesté certaines prétentions politiques. Voir plus haut, livre III, chapitre II, par. V, p. 273-275.

des affaires. Toute l'importance du fait, redisons-le, tient à ceci qu'en cette transition d'un règne à l'autre, en cette transmission de la Couronne dans l'inconnu, le grand danger pouvait venir, non pas, bien entendu, du parti conservateur, dont Cánovas était le chef, monarchiste d'avant la Restauration et qui l'avait faite, mais du parti libéral, que représentait Sagasta, et qui n'avait adhéré, suivant ses nuances, que par résignation, par fatigue ou par désespoir. Un jour lui réapparaissant, qui sait ce qu'il aurait pu faire? Cánovas, en le liant de nouveau à la Monarchie, ou Sagasta, en s'y liant de nouveau, supprimaient ce danger, puisqu'ils engageaient à le vaincre ceux-là mêmes et ceux-là seuls qui eussent été en mesure de le créer. Les dispositions, les décisions, où ils se rencontraient aux heures anxieuses qui précédèrent la mort du roi Don Alphonse XII, furent donc très honorables pour tous les deux, que ce fût également ou inégalement, et il n'y a pas lieu de disputer du plus ou du moins. On peut dire de la Monarchie espagnole qu'elle a été rétablie deux fois : fondée en 1874, sauvée en 1885.

VI

RÉSUMÉ

« LA MONARCHIE, FORMULE DE CETTE GÉNÉRATION »

Le secret de la politique de Cánovas, — je l'ai noté, lui vivant, il l'a su et ne m'a pas désavoué, — le secret du succès de la Restauration, dont la fortune et la *virtù* furent les deux artisans, est là presque tout entier. Sous ce rapport, l'événement le plus considérable, peut-être, de ces vingt-deux années (1875-1897) a été la formation d'une gauche dynastique, d'un parti libéral, capable de faire pendant et opposition à la droite conservatrice, agissant sur elle, tantôt comme stimulant et tantôt comme frein. Par lui, la Monarchie restaurée a acquis son organe de progrès après son organe de conservation, un organe de liberté après un organe d'ordre. La Monarchie moderne a véritablement existé, en Espagne, du jour où M. Sagasta s'est dressé en face de M. Cánovas, sur le champ de bataille parlementaire, clos de toutes parts et circonscrit par la Constitution. Le parti libéral, venant, lui aussi, à son heure, a rempli son rôle, qui était de moderniser la Monarchie, et presque de la démocratiser, à cause des origines de la plupart de ses membres, des origines de M. Sagasta, parti des bords de la République, et autrefois « conspirateur contre le trône d'Isabelle II », ainsi qu'on ne lui permettait pas de l'oublier. Et, de la sorte, harcelé par ses anciens amis ou ses anciens alliés, qui reprenaient article par article son programme et le sommaient de faire, comme ministre, ce qu'il avait demandé ou promis comme député, M. Sagasta modernisait et démocratisait la Monarchie, et faisait courir une sève jeune et fraîche dans les vieilles racines que M. Sagasta avait renouées.

« Ses adversaires intransigeants se voyaient peu à peu désarmés et réduits par leurs victoires mêmes ; chaque fois que le gouvernement cédait sur telle ou telle de leurs revendications, il leur enlevait une raison d'être. A mesure que la Monarchie changeait ses institutions de jadis, — ses « institutions pharaoniques », comme les appelait M. Castelar, — contre d'autres institutions, vraiment libérales et modernes, c'était, comme le disait encore M. Castelar, la révolution qui devenait « archéologique », qui se voyait reléguée dans le passé, avec ses procédés connus, et le plus usité de tous : l'abstention érigée en système. La Restauration se développait et croissait, tout ensemble, directement, par une poussée interne, d'une manière organique, et indirectement, sous la pression extérieure des partis d'opposition (1). »

Nous sommes aux environs de 1890 ; mesurons encore, par le même moyen qui nous a déjà servi à marquer les étapes de la reconquête monarchique, le chemin parcouru, le terrain gagné depuis la fin de 1874. « Tout est en paix, disait Castelar aux Cortès, le 15 juillet 1876. Les démagogues, qui troublèrent tant de périodes de la Révolution et qui firent tant de mal aux gouvernements de la République, paraissent avoir disparu dans le froid de la réaction, à la façon dont certains animaux disparaissent dans le froid de l'hiver. La guerre civile a cessé. Les provinces du Midi expient les folies d'hier dans le silence et la pénitence d'aujourd'hui. Les provinces du Nord semblent résignées à perdre les privilèges sans lesquels elles concevaient à peine leur existence. Ici, nous assistons aux funérailles de la liberté d'une race, avec le recueillement et la douleur qui accompagnent toujours les sublimes tristesses de la mort. Et là, les feuilles de l'arbre de Guernica

---

(1) *L'Espagne, Cuba et les États-Unis.* — Vingt ans de monarchie moderne, p. 263-264.

tombent séchées, sans produire, sur ce pavé, même le bruit qu'elles produisent sur la terre mouillée par les pluies d'automne (1). »

Pendant douze ans, comme Don Emilio n'avait d'abord cessé de crier : La paix ! il ne cessa de crier : L'ordre ! « Assurez-nous l'ordre, — l'ordre dans la nation, — afin que l'Espagne ne soit pas une Pologne méridionale, ou une Turquie de l'Occident ; » l'ordre dans l'armée, — la discipline, — « afin de nous sauver du *messianisme armé*. Donnez-nous ou rendez-nous l'esprit de légalité, afin que nous ne périssions pas. » Puis il cria : « La liberté ! La liberté ! Donnez à l'Espagne la liberté religieuse, la liberté de la presse, la liberté d'enseignement, la liberté d'association et de réunion, afin qu'elle reprenne sa place dans le monde et prenne son rang parmi les États modernes. » Ainsi tonnait la voix éclatante, et puis elle gronda plus sourdement, et puis elle alla baissant.

Le 7 février 1888, avant même que fussent votées les lois introduisant, sous le ministère Sagasta, le suffrage universel et le jury, on l'entendit une dernière fois. Castelar dit : « Je viens déclarer, le front bien haut, la voix bien claire, et dans une phrase bien simple, que j'appuie ce gouvernement, parce que ce gouvernement donne la liberté religieuse, la liberté scientifique, la liberté de la presse, la liberté de réunion, le jury, le suffrage universel. Et je n'ai aucun intérêt à le faire. Je ne puis rien être dans la Monarchie, je ne veux rien être dans la Monarchie, je ne dois rien être dans la Monarchie. Je suis un républicain historique,

____

(1) *Discursos* de D. Emilio Castelar. (*En la Restauración*), t. II, p. 44, *sur la Dictature*, 15 juillet 1876.

républicain intransigeant, républicain de toute la vie, républicain par conviction et par conscience. Qui doute de mon républicanisme m'offense et me calomnie : je ne veux donc rien être dans aucune Monarchie. Eh ! bien, je viens vous dire : Votre Monarchie, avec les libertés qu'elle comporte aujourd'hui, est une Monarchie libérale. Sera-t-elle une Monarchie démocratique? Ah ! Messieurs, voilà la question. Mais, si votre Monarchie est aujourd'hui une Monarchie libérale, elle sera demain une Monarchie démocratique, en tant qu'elle aura institué le jury populaire et le suffrage universel. Et, comme je l'ai dit aux miens dans une nuit célèbre (celle du 2 au 3 janvier 1874), — et ils ne m'ont pas écouté — : « Notre République sera la formule de cette génération, si vous réussissez à la faire conservatrice ; » je vous dis maintenant, à vous autres : « Votre Monarchie sera la formule de cette génération, si vous réussissez à la faire démocratique (1). » Six ans encore après, l'écho de cette voix, avant de s'éteindre, se prolongea sous forme de conseil, dans une lettre publique à Don Buenaventura Abarzuza, Don Juan Alvarado, Don Adolfo Calzado, etc. (8 avril 1894). « Persévérez, écrivait Castelar à ses amis (persévérez à appuyer le parti libéral de toutes vos forces, contribuez à ce que la durée de ce gouvernement et de ce Parlement achève son œuvre), vous aurez rendu un immense service à la patrie ; et, si vous ne rencontrez pas dans l'opinion d'autrui toute la justice que vous méritez, vous la trouverez aujourd'hui dans votre conscience, de-

____

(1) *Discurso que* D. Emilio Castelar *dijo en el Congreso de los Diputados* (7 de febrero de 1888), p. 57.

main dans l'Humanité et dans l'Histoire (1). »

Cette œuvre, qui s'accomplissait même par ses adversaires, Cánovas, vieillissant dans la plénitude de ses facultés, de sa puissance et de sa gloire, pouvait la contempler, et la juger bonne. Certes, elle n'était pas allée sans résistances ni sans traverses. Dès le début, il avait eu à se défendre, — c'est le sort de toutes les Restaurations, qui toutes ont leurs *Ultras*, — contre les rancunes, les impatiences, les maladresses de ses partisans. Il avait connu les attaques, les défections, les crises, les syncopes de la confiance. Le Ministère de conciliation qu'il avait formé pour remplacer, au plus tôt, le Ministère-Régence avait dû se retirer, au bout de quelques mois, en septembre 1875, devant les exigences du parti conservateur extrême. Rappelé le 2 décembre de la même année, Cánovas s'était maintenu aux affaires jusqu'en mars 1879. Il y revint de nouveau en décembre de cette année 1879, jusqu'en mars 1881 ; à partir d'où, Sagasta ayant définitivement opéré sa conversion et reçu le baptême du pouvoir dans la Monarchie, ce fut « l'alternative », la « rotative » dans un régime parlementaire pseudo-britannique, tories et whigs, fortement hispanisé. Plus tard survinrent des dissidences, pénibles surtout en ce qu'elles tuèrent ou blessèrent gravement des amitiés. Mais ce n'étaient encore que les petites misères.

La fin de la vie de Cánovas fut assombrie, as-

(1) Lettre à MM. Buenaventura Abarzuza, Juan Albarado, Adolfo Calzado, Manuel Camo, Ramón Castillo Garcia y Soriano, José-Maria Celleruelo, Ramón Cepeda, Teodoro Ladico, Angel Pulido, Justo Martínez, Modesto Martínez Pacheco, Luis del Rio y Ramos, Pedro Rodriguez de la Borbolla, Bruno Pascual Ruilópez, José-Tomás Salvany ; Madrid, 8 avril 1894, p. 3 et 4.

siégée de soucis et d'épreuves, où se vérifia le pressentiment qu'il avait eu, une dizaine d'années auparavant, et exprimé par l'amertume de cette phrase : « Un rôle triste, mais honorable, m'est échu dans l'histoire de mon pays. » A l'intérieur, le provincialisme, si ce n'était le fédéralisme et peut-être une sorte de séparatisme, couvait, sous les apparences, moins nocives, d'un régionalisme économique. L'anarchie avait allumé à Barcelone un de ses foyers internationaux les plus ardents. Mais c'était une question de force, que l'on avait, de volonté, que l'on avait : il y avait pire crainte, pire mal, et pire danger. Aux colonies, Cuba et les Philippines insurgées, convoitées, guettées, travaillées : poids trop lourd, avouait Cánovas, pour les bras de l'Espagne, aux deux bouts du monde. Je suis témoin qu'il était obsédé de la pensée d'une agression américaine, et que le pressentiment qu'il en avait nourrissait en lui le dédain de l'*hidalgo* pour le *businesman* exaspéré. Pendant l'automne de 1896, il m'avait fait remettre tout un dossier sur l'intrigue quasi-séculaire que les États-Unis avaient menée dans les Antilles espagnoles, coups de main de flibustiers et marchandages, tentatives d'intervention et d'achat, qui s'étaient succédé, à intervalles de plus en plus rapprochés, depuis la présidence de John Adams. Je suis témoin aussi que, par la rage de la clique anarchiste de Barcelone, sa vie était perpétuellement menacée, et qu'il le savait. Le soir d'octobre 1896 où j'allai, avec Castelar, dîner à La Huerta, la maison était surveillée de si près qu'au moindre bruit de pas, des agents sortaient de tous les massifs du jardin. Il le savait. Mais il n'en portait pas la tête d'un millimètre moins haute, et il n'en laissait pas l'autorité fléchir d'une ligne entre ses mains. Si lâche et si cruelle qu'elle ait été dans sa manière de le frapper, la mort lui fut donc clémente et même bienveillante. Elle épargna à son cœur patriote les transes d'agonie et les douleurs qui l'eussent brisé.

Eut-il, sous les balles de l'assassin, cette lucidité surhumaine qui, comme dans une vision déjà éclairée d'un autre soleil, fait que l'homme, en les quittant, aperçoit, dit-on, ramassées, résumées, toute sa vie et toute son œuvre? Si cette minute de grâce lui fut donnée, elle put être une minute de fierté et même d'orgueil, où la *soberbia* n'était plus ni un défaut, ni un travers, mais une satisfaction légitime. On lui avait reproché son pessimisme, son manque de foi, sa conception d'une Espagne modeste et casanière, qui, pour ne pas avoir d'affaires, ne voulait pas d'alliances, se tenait à l'écart dans le coin du continent européen où ses malheurs l'avaient reléguée, et réduisait au minimum sa politique extérieure. Mais c'était sa fierté, son orgueil, encore, qui lui avaient inspiré, imposé la pratique de cette modestie. L'Espagne, à ses yeux, et dans son esprit imprégné de tous les sucs de la terre de Charles-Quint et de Philippe II, était une trop grande dame pour qu'on l'exposât à être, chez des nations plus jeunes qu'elle, traitée en parente pauvre. Mais il avait eu par elle, ou, ce qui valait mieux, elle avait eu par lui, quelques dédommagements, quelques consolations, et même quelques triomphes aussi. Ce n'était pas moins qu'un triomphe, d'avoir tenu en suspens et finalement fait reculer, dans le différend sur les Carolines, le plus formidable empire et le plus formidable homme d'État du temps.

Ce qu'il n'avait pu éviter, ce qu'il y avait eu de « triste » dans son rôle politique, venait des fatalités du passé que, plus que personne, il avait ressenties, des causes de décadence qu'il avait discernées, et qui n'avaient point cessé d'agir au moins depuis le dix-septième siècle, depuis l'effondrement militaire de Rocroy. Mais, somme toute, la Restauration était faite. La Monarchie était debout. Elle était telle qu'il la concevait : consubstantielle au peuple espagnol, Constitution interne de l'Espagne ; héréditaire, traditionnelle, et telle qu'il l'avait voulue, représentative, parlementaire, moderne. Elle avait ramené avec elle, rien qu'en étant ce qu'elle était, la paix, l'ordre, les libertés. Elle était majeure. Le carlisme semblait avoir renoncé, sinon abdiqué. La révolution était endormie, Castelar disait glacée ; le *pronunciamiento*, désappris des généraux et des sergents, dans les juntes et dans les quartiers. Peu à peu, le trône avait tenu la promesse de l'exil ; le Roi avait dégagé la parole du prétendant. Lui-même, Cánovas avait atteint l'objet de toute politique, en réalisant le nécessaire dans la limite du possible... L'histoire d'Espagne continuait...

J'ai dit que ce que nous cherchions dans la vie et dans l'œuvre de Cánovas del Castillo, c'était un exemple et une leçon. Il ne nous reste plus qu'à les en tirer, à nous en assimiler la substance, et à nous en appliquer la vertu, pour conclure.

CONCLUSION

LA RESTAURATION RÉNOVATRICE

EADEM MUTATA RESURGO.

L'invitation d'Emilio Castelar : « Nous ne pouvons aller à vous, mais vous pouvez venir à nous, » était sûrement honnête, mais inacceptable. Même si les programmes s'étaient rapprochés, même s'ils s'étaient rejoints, s'ils s'étaient confondus dans la plupart de leurs articles, l'union sous le signe de la République était-elle possible? aurait-elle été efficace? Eût-elle réalisé tout le nécessaire?

De quoi s'agissait-il? De fonder un gouvernement stable et durable, afin de : 1º faire la paix intérieure ; 2º rétablir l'ordre ; 3º assurer les libertés ; par là, dans la paix, par le mouvement régulier de l'ordre, permettant le développement des libertés, susciter le progrès ; 4º et ainsi, conserver, rénover et perpétuer la vie de la nation. La paix, non seulement en faisant tomber les armes ; — l'ordre, non seulement dans la rue ; — les libertés, non seulement dans les lois ; — le progrès, non seulement dans les discours ; — mais tout cela, dans la pensée et dans la pratique, dans les esprits, dans les faits, dans les mœurs. Et cela, qui était nécessaire, n'était possible qu'à de certaines conditions, dont la première, elle-même nécessaire, est celle-ci : pour rétablir l'ordre dans l'État et dans la société, il faut d'abord le porter en soi. Ce n'est point assez dire : il faut être soi-même un principe d'ordre.

379

Constatations. — Par cette nécessité seule, ce n'était pas possible sous le signe, au nom, dans le cadre de la République. De la République démocratique. Ce sont toutes choses dont la démocratie est incapable, et plus la République sera démocratique, plus elle en sera incapable. La République, même unitaire, même constitutionnelle, même légalitaire, même raisonnable, même sage, l'aurait-elle pu? Mais, d'abord, il fallait la supposer possible; puis, supposée telle, ne lui eût-il pas encore manqué le nécessaire?

Toutefois, nous ne voulons ni en parler *in abstracto*, ni en juger *a priori*. Nous écartons les hypothèses, pour ne retenir que les faits. En fait, ce n'est pas entre une République de cette espèce et la Monarchie que l'alternative se posait dans l'Espagne de 1874, mal remise des criminelles insanités de 1873, et que la République de Serrano, comme celle de Castelar, malgré tous leurs efforts, s'était montrée hors d'état de ramener à la santé.

Dilemmes. — Il n'y avait en réalité de choix qu'entre l'Anarchie et la Monarchie. Au reste, d'une manière générale, ces sortes d'alternatives se posent entre les termes et les formes extrêmes : Anarchie ou Monarchie, Anarchie ou Dictature. Dans les cas récents : Bolchevisme ou Tsarisme, Révolution ou Fascisme, Décomposition ou Dictature; plus complètement : Révolution ou Monarchie *et* Fascisme, Décomposition ou Monarchie *et* Dictature. Rarement entre termes moyens, par *vie del mezzo*.

Pendant un an, pour se sauver de l'anarchie

fédéraliste de 1873, l'Espagne avait essayé de la République légalitaire, sous la présidence militaire du maréchal Serrano. Elle en sentit toute l'insuffisance. L'échec ne fut pas dû seulement au caractère hésitant, indécis du Maréchal. Après le 3 janvier 1874, Manuel Pavia, avec sa République unitaire et autoritaire, aurait-il mieux réussi? D. Juan Prim, en dépit de tout son prestige, à la fois militaire et politique, avait, dès 1870, éprouvé le besoin de sortir vite du provisoire, et c'est ce qui l'avait incliné à une solution monarchique. Mais, trop près encore de la révolution de Septembre, il avait eu le tort de s'arrêter à mi-chemin et de s'en tenir à un Prince élu et étranger, ce qui était se contenter d'une Monarchie vidée de toute force.

Même la monarchie héréditaire et traditionnelle proclamée les 29 et 30 décembre 1874, Cánovas, quelles que fussent ses opinions, ses résolutions et ses intentions, ne la voulut pas tout de suite constitutionnelle. Il lui imposa le stage de la Dictature, et, même la Dictature abolie, la fit passer par une période, si l'on peut ainsi dire, de légalisme dictatorial : légalisme dans les formes, dans le fond dictature encore. Il l'adoucit, la constitutionnalisa graduellement (juin 1876), mais il mit sept ans à lui ouvrir toutes grandes les voies libérales (1881), et ce n'est qu'au bout de quinze ans (1890) qu'il la laissa s'engager dans celles de la « démocratie ».

La réponse des faits. — Les faits répondent donc ; ils ont répondu. Ce qui a été vrai de l'Espagne, pourquoi ne le serait-ce pas des autres pays? La solution monarchique permet soit de faire l'économie de la dictature, soit de l'adjoindre et de l'utiliser. La Monarchie est la dictature naturelle. Elle est le premier article du nécessaire, la première condition du possible. Dans la détresse de la Cité, elle seule peut donner un gouvernement. En dehors d'elle, il n'y a, dans la dictature, que l'anarchie, et, avec la dictature, que l'aventure. Aussi tous les esprits éclairés et sensés en conviennent-ils, même si leurs sentiments ne suivent pas encore leur pensée : là où quelque révolution du passé ne l'a pas bannie, il faut la conserver ; et là où elle n'existe plus, il faudrait, si c'était possible (c'est leur dernière défense), il faudrait la rétablir.

D'où la question subsidiaire : est-ce possible? Les faits, — les faits toujours, — répondent : oui. — Oui, à de certaines conditions. Lesquelles, et comment?

A quelles conditions une restauration est possible. — 1º Condition générale et préalable. — D'abord, une condition générale et préalable est que le pays souffre, qu'il soit arrivé même au paroxysme ou à un très haut degré du mal, et qu'il se sente souffrir ; comme l'Espagne de 1873, qui se sentait mourir, et qui ne voulait pas mourir, par un sursaut de cet instinct de salut qu'ont les nations dangereusement malades. A présent, le malheur est qu'elles sont chloroformées par ce qu'on appelle, par ce qui s'intitule soi-même « la grande presse d'information » ou « la presse de grande information ». En vérité, presse « de grande déformation »,

qui a trouvé le moyen de faire du silence lui-même
un instrument de mensonge et qui ne nourrit
son public, — de beaucoup le plus nombreux, —
que de balivernes, de feuilletons et de crimes ;
plus aisément à mesure que les masses s'accou-
tument à lire, que l'appétit s'en ouvre, et que le
journal devient un « vice » comme l'alcool et le
tabac. Considérez que cet immense et vulgaire
public, par le suffrage universel, décide en dernier ressort ; que le lecteur de cette presse, volontairement anesthésiante, est le Sublime Élec-
teur, et que tous ensemble, ces gobe-mouches
composent le divin corps électoral, qu'ils sont la
toute-puissante Démocratie. « N'est-ce pas une
des caractéristiques les plus singulières de ces
différentes maladies que nous paraissions ne pas
tenir à guérir? » imprimait, à propos d'un livre
nouveau, le plus grave des journaux, un soir qu'il
était d'humeur à rire, et que, comme on le voit,
tout lui était motif de plaisanterie. Notez que
chaque semaine, depuis des années, un de ses
collaborateurs, en gémissant, dénonce ces mêmes
maux, dans sa première page.

Ne tiennent pas à guérir de ce mal ceux qui
en profitent. Il n'empêche que général, et généralement ressenti, c'est le mode *lent* par lequel
peut apparaître, à l'évidence, la nécessité d'un
changement de régime. Hors de là, il n'y a guère
que des modes *violents*, le mode foudroyant, la
catastrophe ; intérieure ou extérieure. *Extérieure*,
nul ne peut la désirer, parce que nul n'en peut
mesurer l'étendue, ni limiter les conséquences,
et celui qui certainement la désire le moins est
Celui-là même dont elle paraîtrait servir les desseins. *Intérieure*, des bagarres, des troubles, des

luttes civiles? Mais c'est encore jouer un trop gros jeu. Un coup de force? Premièrement, il faut avoir la force, et, deuxièmement, si l'on est conduit à l'employer, il faut avoir celle d'en borner au plus près l'usage, de l'arrêter, de la couper et de la rendormir aussitôt. De toute manière, il vaut mieux pouvoir s'en passer, car ses coups s'engendrent l'un l'autre, et l'on voit bien quel est le premier, mais on ne sait jamais quel sera le suivant, encore moins lequel sera le dernier.

C'est l'histoire des *pronunciamientos* espagnols. Même faits à bonne intention, on peut en dire que le remède était pire que le mal ; le remède même entretenait, ravivait le mal ; et ce rappel brutal à l'ordre créait plus de désordre qu'il n'en supprimait. Il corrompait profondément l'armée où il détruisait la discipline, et, bouleversant la hiérarchie des pouvoirs, attaquait la substance même de l'État. L'exemple de la Restauration de 1874, bien qu'issue immédiatement du *pronunciamiento* de Sagonte, prouve qu'il n'était pas indispensable. Cánovas l'a déclaré en toute circonstance ; jusqu'à la fin de sa vie, il a désavoué et déploré ce geste. On objectera qu'il n'aurait été possible de l'éviter que parce que l'Espagne, excédée de la République fédéraliste, et déçue par la République constitutionnelle, sentait alors son mal et son péril au point de préférer tout à ce qu'elle avait. Mais, si elle ne l'eût pas senti à ce point, la Restauration, par n'importe quel moyen, même par celui-là, eût été impossible, puisqu'elle se présentait dans des conditions militaires paradoxales : ce ne sont pas « les deux bataillons » de Martinez Campos et de Daban qui auraient maîtrisé les trois armées de Serrano.

2º Conditions particulières aux trois temps de l'opération. — Il faut, par conséquent, que le pays n'en puisse plus et n'en veuille plus. Cette condition préalable remplie, l'excès de la souffrance ou la catastrophe, il y a tout un ensemble de conditions particulières : toute une série de précautions à prendre et tout un code de règles à observer. Ce sont celles qui présidaient aux trois temps de la conjuration classique, quoique, ici, il n'y ait pas de conjuration proprement dite, et que la conjuration se résume en un mouvement d'opinion provoqué, combiné, dirigé, autant que possible, par un seul chef, dans ses trois temps : avant, pendant, après.

1º Avant.

Dans la préparation. Avant de songer à agir, il faut une doctrine, un programme, un personnel. Une doctrine certaine et clairement exposée. Un programme bien étudié, simple, sobre, concis, précis, et pourtant assez large, car, comme on ne peut tout prévoir, il faut laisser la place pour ajouter. Un personnel, complet et choisi, non seulement de gouvernement, dans ses cadres supérieurs, mais d'administration, dans ses cadres secondaires, sinon subalternes ; mais aussi des organisations capables de fournir immédiatement une ossature à la masse amorphe des indifférents, où tous les régimes ont toujours recruté les adhésions qui, s'ils ne les font pas naître, les font vivre et durer, en leur apportant celle des fidélités qui s'use le plus lentement, la fidélité d'habitude ; celle même à quoi tiennent les pouvoirs qui ne sont ni respectés, ni estimés, ni aimés, la fidélité passive des multitudes muettes qui ne lèveraient pas le petit doigt pour soutenir le gouvernement, mais qui ne le lèveraient pas non plus pour le renverser.

2° *Pendant.*

Dans l'exécution. Comme il faudra être accepté, adopté, à défaut d'avoir été porté par l'opinion, l'avoir pour complice au moins de consentement, il ne peut être question de secret, et, comme on ne peut compter sur le secret, on ne peut escompter la surprise. Mais, si, soi-même, on ne surprend pas, il faut du moins n'être pas surpris, n'être pas pris au dépourvu par l'événement, ne pas laisser échapper l'occasion, faute d'avoir prévu, et davantage, faute d'avoir préparé ce qu'il y aurait à faire si elle passait.

Il faut donc se tenir toujours prêt à tout événement, en toute occasion, de façon à pouvoir agir avec rapidité, avec décision, avec modération aussi. Avec rapidité, pour entraîner ; avec décision, pour ne pas s'égarer ; avec modération, pour ne pas effrayer ni écarter. Par-dessus tout, il faut éviter de paraître douter de soi, de paraître ne pas savoir où l'on va, ni comment on y va. Il faut donner sur-le-champ l'impression de l'assurance, de la certitude, faire goûter par avance le bienfait de l'ordre qu'on veut restaurer, prouver que l'on fera mieux et que déjà l'on vaut mieux que ce qu'on travaille à remplacer. Il serait funeste d'être obligé de changer le dispositif en cours d'exécution. Outre que, matériellement, le désarroi qui en résulterait pourrait tout faire manquer, moralement, on perdrait le bénéfice de l'imitation que l'on détermine quand on démontre le mouvement en marchant.

3º *Après.*

Dans l'organisation. La première chose à faire, avant d'organiser, avant de *constituer* (il sera bon, au surplus, d'arriver avec une Constitution toute bâtie, qu'on n'aura ensuite qu'à mettre au point, rédiger et faire approuver), la chose urgente est d'attirer à soi : cela se fait par l'oubli, par l'amnistie, par la justice ; la deuxième, de rallier : cela se fait par la bonne grâce, par la bienveillance, par la liberté ; ensuite, d'attacher et d'absorber : cela se fait par l'égalité, par le partage du pouvoir et des fonctions. Ne pas fermer la porte, l'ouvrir, la refermer quand tout le monde est entré, et faire que personne n'ait plus envie de sortir.

Tels étaient les trois temps de la conjuration classique : tels sont, de par la nature des choses, du fait qu'il y aura toujours un « Avant », un « Pendant » et un « Après », et maintenant encore qu'elle n'a plus rien d'une « conjuration », ceux de toute opération de ce genre. Il importe qu'ils soient reliés l'un à l'autre, dès le début et jusqu'à la fin, dans une même intention, par un même esprit, comme par un courant continu d'intelligence et de volonté. En vue de quoi, le plus simple et le plus sûr est que tout soit conçu par une seule tête et conduit par une seule main. L'opération moderne garde ceci de l'ancienne conspiration, que le risque croît avec le nombre. Autre danger que celui d'autrefois, moindre du point de vue personnel de la sécurité, plus grand peut-être du point de vue général du succès. Une tête, si c'est possible : deux ou trois sont beaucoup ; quelques-unes ou plusieurs sont trop. Péril d'indiscrétion, et ce n'est encore rien, par rapport à ce que c'était jadis, mais péril de division. L'idéal est le désir de tous, alimentant et échauffant la volonté d'un seul.

La Restauration espagnole, modèle du genre. — A cet égard, la Restauration espagnole de 1874 peut être considérée comme un modèle.

Elle l'a été dans ses trois temps : dans sa préparation : délégation de la somme des pouvoirs à un chef, élaboration d'une doctrine, publication d'un programme, propagande, organisation dans les différentes classes, aristocratiques, moyennes et populaires, rapprochement en vue de la formation d'un gouvernement à base large, recrutement d'une administration supérieure, secondaire et subalterne, déjà sur place et qu'il n'y aurait qu'à substituer à l'autre ; dans bien des cas, le plus possible, les mêmes personnes sous une autre direction, avec d'autres instructions. Dans son exécution (sauf le *pronunciamiento*, dont elle aurait pu se dispenser, avec le seul dommage d'attendre quelques mois de plus et l'avantage de s'en épargner le reproche et de n'avoir plus à en craindre la contagion) : marche ferme et directe au but ; aucun détour, aucun arrêt, aucun retard, aucune tergiversation ; pas une faute, pas une erreur ; pas de cruautés, pas de sévérités inutiles. La vieille maxime florentine, que « les cruautés doivent être commises au commencement des règnes », rayée du *Livre du Prince*, du Manuel de la Politique : les cruautés ne doivent être commises à aucun moment des règnes. Dans son organisation : pas de vengeances, pas de revanches, pas de rancunes, pierre d'achoppement sur laquelle ont buté et n'ont cessé de trébucher d'autres restaurations que l'on croyait réussies ; tous les hommes de tous les partis aimantés vers ces deux pôles de la Monarchie relevée et rajeunie : l'ordre et la liberté. Aucun de ces retours de spectres, de ces entêtements, de ces aveuglements, aucune de ces étroitesses, de ces obstructions, de ces superstitions, de ces phobies, qui en perdirent d'autres et qui faisaient dire à Castelar que les restaurations ne sont point des solutions. Mais si, elles le sont ; et même, quand le travail de désagrégation, de dissociation, de décomposition nationale et sociale a atteint un certain degré, il n'y a pas d'autres solutions qu'elles, à la condition qu'en même temps que des restaurations, elles soient des instaurations. Qu'elles soient les mêmes, avec ce que la nécessité commande et ce que la possibilité permet qu'elles aient de changé. *Eadem mutata resurgo.*

C'est ce que fut en Espagne celle de 1874. Dans l'espace de vingt années, on l'a dit et redit à bon droit, elle avait sur l'antique monarchie espagnole enté une Monarchie nouvelle et, ainsi, de l'antique Espagne, fait surgir une Espagne nouvelle.

Sans doute, malgré le juste éloge que nous en avons fait, tout n'y était-il pas, tout n'y allait-il pas à la perfection. Il y avait bien quelque chose d'artificiel, et même d'un peu paradoxal (cela aussi, nous l'avons remarqué) dans l'introduction en Espagne du système britannique, et le gouvernement alterné des deux partis lui-même y était et y demeurait très exotique. Mais ce n'étaient que les formes. Au fond de ce régime, il y avait la paix, il y avait l'ordre, il y avait la liberté, et tout ce que l'Espagne n'avait pas eu depuis longtemps, et tout ce que ni la Révolution, ni aucune République n'avaient jamais pu lui donner, et tout ce que la Restauration lui avait donné.

, Néanmoins, la Monarchie renouvelée était vulnérable en un point : Cánovas y avait mis beaucoup de sa puissante personnalité. L'étonnant n'est donc pas que sa mort, à lui, ait été pour elle une dure épreuve. On pouvait la redouter plus funeste encore et plus subite. Le jour où j'appris l'attentat parricide de Santa-Agueda, j'écrivis : « Que Dieu sauve l'Espagne et la Monarchie ! » Je n'aurais pas cru alors que l'œuvre eût survécu si longtemps à « ce grand ouvrier qui savait comme on fonde »; ou plutôt qu'elle lui survécût, car elle vit encore, même dans les nouveautés qui visent ou qui tendent à la remettre au moule.

Digression sur un ou deux phénomènes contemporains. — Je ne veux parler qu'avec une discrétion extrême de ce qui, étant pleinement actuel, est éminemment un sujet de polémiques. Mais voici le Directoire espagnol, ses desseins et ses projets de loi, documents publics. Un esprit chagrin, soupçonneux, et qui aurait encore plus d'imagination que de mémoire, voudrait peut-être, de prime abord, y voir comme une revanche des militaires sur les civils qui les avaient, dès le 30 décembre 1874, dépouillés des fruits de leur « victoire » du 29, leur arrachant la Restauration toute chaude ; une revanche posthume de Martinez Campos et du premier Primo de Rivera, par le second, son neveu, et, par eux, de tous les généraux sur Cánovas del Castillo, si naturellement enclin à détester en toute initiative armée, la dictature de *campamento*. Cependant, à y regarder plus attentivement, on s'aperçoit que cette œuvre de Cánovas, gâtée du reste et compromise après lui, par ses épigones, de 1897 à 1923, le Directoire, s'il en rompt l'équilibre, ne la détruit pas dans ses parties vitales, mais que, le voulant ou non, ou même voulant le contraire, même quand il y touche un peu gauchement, d'une main inexpérimentée, il la continue et il la développe.

En construisant la Monarchie parlementaire, jamais Cánovas n'avait pensé qu'il dût s'en tenir servilement aux modes de représentation pratiqués dans le passé ni même dans le présent. Il avait eu le souci d'y incorporer des éléments ou des germes d'avenir. Les yeux ouverts, comme le montrent ses *Problèmes contemporains*, sur les dangers du suffrage universel inorganisé, il avait introduit ce qu'il avait pu de corporatif, d'organique, dans la représentation populaire, en hommage sans doute aux formations de l'histoire, mais aussi en prévision des transformations de la vie. La Constitution de 1876, ne l'oublions pas, organisait une Monarchie à la fois traditionnelle et moderne, car son auteur ne concevait et ne voulait la Restauration que rénovatrice et même innovatrice. Ces restaurations-là peuvent être des solutions ; étant au plus haut point de celles-là, la Restauration de 1876 en fut une.

Plus tard, à mesure que le problème de la représentation a sollicité davantage les méditations des théoriciens, de 1885 à 1895, par exemple, Cánovas, qui se tenait soigneusement informé de leurs études, en Angleterre, en Allemagne, en Italie, en France (et l'Espagne elle-même ne s'en désintéressait pas, témoin, chez les républicains, un Azcárate), il s'était attaché à en tirer parti, à en emprunter ce qui lui paraissait mûr. Lorsque la mort le saisit, il avait dans son tiroir, à la présidence du Conseil, une trentaine de décrets, prêts pour la signature, qui auraient appliqué, avec les adaptations réclamées par les circonstances locales, quelques-unes de ces réformes, à titre d'essai, m'avait-il dit, d'abord à Cuba et à Puerto-Rico. Ainsi, après avoir rajeuni les institutions représentatives en Espagne, et en avoir laissé élargir la base jusqu'au suffrage universel, il était disposé à les moderniser jusqu'à la représentation des forces sociales, jusqu'à la reconnaissance officielle, la consécration de « l'économique » par « le politique » et dans le politique même.

Je le répète, je ne veux pas mêler, à ces conclusions, qui n'ont de valeur qu'autant qu'elles participent de la sérénité de l'histoire, les discussions de l'actualité. Mais pourtant, il est bien permis de l'indiquer d'un mot : quant à sa besogne constructive, le Directoire espagnol (comme le Fascisme italien) n'a guère fait autre chose, en poussant, du reste, à l'excès (surtout le Fascisme), que de réintégrer dans l'État les groupements sociaux qui en avaient été, il y a un peu plus d'un siècle, témérairement, — et vainement, — retranchés, et qui, depuis lors, avaient proliféré en marge de l'État, pour se dresser, dès qu'ils en auraient la force, et se ruer contre lui. Le Directoire, sous ce rapport (et le Fascisme, en son essence), est un syndicalisme d'État, un monopole syndical de l'État, l'État syndicalisé, le

Syndicat étatisé. L'État fasciste a dévoré les syndicats qui l'eussent rongé ; il les a traités, comme Ugolin traita ses enfants, afin de leur conserver un père. Le Directoire espagnol suit plus timidement. Mais le Directoire n'a été possible en Espagne (et le Fascisme en Italie) que s'appuyant sur un pouvoir stable qui le supporte et qui l'autorise ; pouvoir au moins d'ascendant et de prestige. Faisons le compte. Alphonse XIII serait, aujourd'hui, peut-être encore un peu moins roi, sans le général Primo de Rivera (et Victor-Emmanuel III, sans M. Mussolini). Mais le Directoire (et le Fascisme) ne serait rien sans la Monarchie. Aux forces nouvelles, la Monarchie a donné un cadre assez solide pour les recevoir, assez élastique pour n'en pas éclater. C'est justement parce que de grands changements se sont produits, ou sont en train de se produire et de se préparer dans le monde, que le monde ne les subira sans périr que s'il n'est pas, à leur approche, désorbité et désaxé. Or, il n'est pas douteux que la Monarchie soit l'axe autour duquel, historiquement, s'est opéré l'évolution des États. Unique point fixe dans l'universel mouvement, c'est en elle que peut se trouver l'unité qui confère la continuité et seule contient la durée (1).

Bref parallèle des formes de gouvernement. — Cette fixité, la Monarchie l'a seule, parce qu'elle

(1) Depuis que ces pages ont été écrites. le Directoire espagnol a passé. Pourtant, nous n'y avons rien changé, parce qu'elles demeurent vraies dans leur essence et dans leur fond. Le Directoire, en effet, a vécu tant que le Roi lui a tenu la main, et, dès qu'il l'a lâchée, il est tombé. — Il reste, néanmoins, que Cánovas était beaucoup dans la Monarchie, et qu'il y a plus de trente ans qu'il est mort.

seule est Une. La Démocratie ne peut l'avoir, ni
la continuité, ni la durée tranquille, n'ayant pas
l'unité. La preuve est désormais acquise, et faite
non par ses adversaires, mais par elle-même,
que c'est un gouvernement cher, un gouvernement lourd, un gouvernement flasque, un gouvernement grossier, un gouvernement débile. Son
incapacité est démontrée, son impuissance avec
ses meilleurs hommes, par sa faute bien plus que
par la leur : car c'est, pour elle, une espèce de loi
que les meilleurs y fassent ou laissent faire la
politique des pires, et ainsi le niveau s'établit
par en bas. A la longue, — et ce n'est pas très
long, — se révèlent les incompatibilités an-
noncées par les sages : l'incompatibilité de la
Démocratie avec l'armée, parce que leurs principes sont contradictoires, que l'une est subordination et que l'autre est égalité, que l'une est
hiérarchie et que l'autre a horreur de l'être, que
l'une est discipline et que l'autre est irrévérence,
persiflage et fronde, que l'une est sacrifice et que
l'autre est jouissance. Incompatibilité avec la
Culture et la Science (malgré les salamalecs hypo-
crites de l'Envie démocratique et les bouffissures
ridicules qui gonflent sa bouche). Incompatibilité
avec l'Ordre, dont la Démocratie ne fait jamais
que sauver les apparences ; avec la Liberté, qu'elle
ne connaît qu'à l'état métaphysique ou dérive
jusqu'à la licence, justifiant le trait dédaigneux
de Montesquieu sur « la liberté de la canaille » ;
avec le Progrès enfin, au mépris de ses prétentions de se l'annexer par privilège et de l'acca-
parer, mais qui lui est antinomique, et auquel
elle s'oppose par toutes les fibres de sa chair et se
ferme par tous les pores de sa peau. Trop faible

même pour donner un gouvernement en mesure de remplir son propre objet : la Monarchie peut être impunément « démocratique », la République ne le peut pas. La Démocratie ne peut rien faire de ce qui est la tâche d'un gouvernement, pour cette raison qu'il peut tout en sortir, excepté un gouvernement. Un illustre publiciste anglais a noté, voilà près d'un demi-siècle, l'action « abêtissante », disait-il, de la démocratie. Il nous suffit de dire « abaissante ». Mais, sans cesse tirée en bas, ramenée en bas, animée d'en bas, fonctionnant d'en bas, cette action abaissante est infaillible et irrésistible. Des deux fins, toutes deux misérables, qui lui ont été prédites, « le sang ou l'imbécillité », il faut craindre la seconde autant que la première, la démocratie tabétique autant que la démocratie hystérique, et la déliquescence autant que l'accès furieux. Tout ce qui abaisse, avilit. Quand l'esprit national s'altère, le sens national se perd, le nerf national se détend. Mais on ne gagne rien à se faire tout petit. Au contraire. Sans compter qu'à voir petit, on ne fait rien de grand, vivre petitement n'est même pas une garantie de vivre paisiblement. On n'en est, pour les peuples rapaces, qu'une proie plus sûre et plus facile. Or, il n'y a jamais eu, pour consentir à être une proie, que les nations à demi mortes. Ce sont les nations, surtout, qui ne meurent que lorsqu'elles le veulent bien, et, quand elles le veulent, elles le méritent.

Nous qui ne voulons pas mourir, nous ne pouvons aller au-devant de notre destin que sous un gouvernement fort, conscient de sa force, digne de sa fortune, maître du lendemain et de la suite des lendemains.

Quoi donc? La Dictature, non pas à la romaine, non pas juridique, établie par la loi, pour un objet spécial, pour un temps déterminé ; mais, au sens courant, la dictature de rue et de carrefour, de l'homme qui passe sur un cheval blanc ou noir, dans un refrain de chanson, la dictature tyrannique, despotique, satrapique, la dictature « nègre »? Dans la meilleure des hypothèses, la moins mauvaise de ces dictatures de rencontre, c'est le pays joué aux dés.

L'Empire, grade supérieur, suprême dignité, dans Rome déjà déclinante, divinisation de la Dictature? Il y a, — et celle-ci l'est par excellence, — des formes de gouvernement, créations spontanées du génie, qui supposent le génie à chaque génération. C'est leur faiblesse. La force de la Monarchie traditionnelle, c'est qu'elle peut s'en passer ; et, plus elle est ancienne, mieux elle s'en passe, parce que l'individu y est pris dans la série : il est lui, plus tout ce qu'il y a eu avant lui et tout ce qu'il y aura après lui. Ce qui compte, ce qui importe, c'est beaucoup moins le Prince que sa famille ; ce n'est pas le Roi, mais la lignée des Rois. Une dynastie toujours la même dans une Monarchie toujours renouvelée.

EXHORTATION A DÉLIVRER LA NATION DES BARBARES. — *Un des cris les plus beaux qui aient traversé les âges fut jeté à Florence, en 1513, par un pauvre secrétaire de la Chancellerie, républicain contraint à désespérer de la République. C'est l'im-mortelle* EXHORTATION A DÉLIVRER L'ITALIE DES BARBARES :

« On ne doit pas laisser passer cette occasion, afin que l'Italie voie, après si longtemps, apparaître son rédempteur. Et je ne puis exprimer avec quel amour il serait reçu... avec quelle foi obstinée, avec quelle piété, avec quelles larmes ! Quelles portes se fermeraient pour lui? Quels peuples lui refuseraient l'obéissance? Quelle jalousie lui ferait obstacle? Quel Italien lui refuserait le respect? A CHACUN PUE CETTE BARBARE DOMINATION. »

Dans la vie de tous les pays, il arrive toujours un moment où ils se sentent foulés par des barbares, dont ils aspirent à être délivrés : barbares du dedans ou du dehors; invasion de hordes étrangères, ou agression de bandes formées à l'intérieur, nées de l'audace du vice encouragée par la défaillance du pouvoir. Ni contre les unes, ni contre les autres, la République démocratique ne saurait être une protection, encore moins une sûreté. C'est un régime sans ressort, parce que c'est une République sans vertu, même en ne prenant le mot que dans son acception de VIRTÙ, *la qualité virile, ce qui fait l'homme.*

A ce moment, quand le pays n'en peut plus, et, sans vouloir peut-être encore autre chose nettement, n'en veut plus, il faut que le Prince veuille. Que le Prince veuille fortement. Point n'est besoin d'avoir la majorité dès la veille, on l'aura dès le lendemain. Depuis les commencements de l'histoire, il n'y a pas d'exemple qu'un changement de régime ait été l'ouvrage d'une majorité. Le vœu public a toujours été la volonté d'un homme ou de quelques hommes, si cette volonté a été assez puissante et assez persévérante pour produire l'événement.

La Restauration espagnole est venue de l'exil. Toutes les restaurations viennent de l'exil. Le jour où la nécessité s'impose, une frontière ne l'arrête pas. Non plus que ne l'arrête l'éternité qu'une Constitution se décerne à soi-même dans un article déclaré sacro-saint. Ce jour-là, sans qu'on sache comment, le nécessaire devient le possible, et le possible, à son tour, devenu le nécessaire, s'accomplit, sans qu'on sache pourquoi.

L'heure arrivée, la condition préalable remplie, alors,

Qu'il paraisse donc, Celui qui viendra délivrer la Nation de cette barbarie! « Qui que tu sois, implorait Barrès dans la fièvre de sa jeunesse, Axiome, Religion ou Prince des hommes! »

Non pas qui que tu sois.

Mais Vous, qui êtes l'héritier de quarante rois de votre sang, le successeur de soixante-dix rois de nos trois races, — rois, pendant quinze siècles, des Francs, de France et des Français, — Vous dont la Maison a fait la Patrie!

FIN

TABLE DES MATIÈRES

CONCLUSION

LA RESTAURATION RÉNOVATRICE

PARIS. — TYPOGRAPHIE PLON, 8, RUE GARANCIÈRE. — 39070. 1930.